西吉非遗概述

编 委 会

西吉非遗概述

XIJI FEIYI GAISHU

刘成才◎主编

黄河出版传媒集团
阳光出版社

图书在版编目（CIP）数据

西吉非遗概述 / 刘成才主编. -- 银川：阳光出版社，2023.11
ISBN 978-7-5525-7123-3

Ⅰ.①西… Ⅱ.①刘… Ⅲ.①非物质文化遗产－介绍－西吉县 Ⅳ.①G127.434

中国国家版本馆CIP数据核字（2023）第244024号

西吉非遗概述

刘成才　主编

责任编辑　李媛媛　丁丽萍
封面设计　石　磊
责任印制　岳建宁

黄河出版传媒集团
阳光出版社　出版发行

出 版 人　薛文斌
地　　址　宁夏银川市北京东路139号出版大厦（750001）
网　　址　http://www.ygchbs.com
网上书店　http://shop129132959.taobao.com
电子信箱　yangguangchubanshe@163.com
邮购电话　0951-5047283
经　　销　全国新华书店
印刷装订　宁夏凤鸣彩印广告有限公司
印刷委托书号　（宁）0028452

开　本　787 mm×1092 mm　1/16
印　张　22.5
字　数　230千字
版　次　2023年11月第1版
印　次　2023年11月第1次印刷
书　号　ISBN 978-7-5525-7123-3
定　价　168.00元

前　言

　　西吉位于宁夏南部，地处六盘山西麓，属古丝绸之路之咽喉，今共同脱贫治富之典例。中国首个文学之乡、红色圣地、丹霞奇景、民俗文化、民族风情五大文化名片，灼灼其华，光耀华夏。

　　西吉县主要有汉、回等民族聚居，产生了许多内涵丰富又各具特色的民俗民间文化，保留着丰富的非物质文化遗产。如民间文学、传统戏曲和传统音乐、民间体育、传统技艺、民俗乡医、民间饮食等。目前全县有国家级非物质文化遗产项目1个，省级非物质文化遗产项目7个，市级非物质文化遗产项目11个，县级非物质文化遗产项目41个。加强对非物质文化遗产保护、传承和发展，对于培育和弘扬民族精神，增强人民的凝聚力和向心力，维护祖国统一和民族团结，推动经济发展、社会进步和全面建成小康社会，具有重大的历史意义和现实意义。

　　西吉县文化馆（西吉县非遗保护中心）在上级政府部门的领导、指导下，组织专门力量，对这块厚土上的非物质文化遗产进行了长期及时挖掘，妥善保护，多次整理出版丛书文集，建构展馆，设立乡村文化大院，保护传承着民间艺术瑰宝，并让她在全县人民群众文化生活及旅游业中闪闪发光，再现永远的活力，再注新鲜的生机！

　　今春，西吉县文化馆再次组织力量，将近几年挖掘的非物质文化遗产进行梳理，整理，分门别类，图文并茂，结集出版，以求保护，以求传承，以求发展！

　　传承弘扬中华民族优秀的传统文化，应成为有识之士的行为自觉，编辑《西吉非遗概述》勉励自己，号召天下，是以为序！

刘成才

目 录

西吉县非物质文化遗产名录是经西吉县人民政府批准，由县文化旅游广电局确定并公布的非物质文化遗产名录。

为使西吉县的非物质文化遗产保护工作规范化，按照国务院发布《关于加强文化遗产保护的通知》，制定了"国家＋省＋市＋县"共4级管理保护体系，县文化馆及非遗保护中心贯彻"保护为主、抢救第一、合理利用、传承发展"的工作方针，切实做好非物质文化遗产的保护、管理和合理利用工作。

西吉县人民政府先后批准并分别于2008年、2014年、2017年和2020年命名了四批县级非物质文化遗产名录：

2008年12月第一批县级非物质文化遗产名录（共计10项）；

2014年12月第二批县级非物质文化遗产名录（共计9项）；

2017年12月第三批县级非物质文化遗产名录（共计14项）；

2020年12月第四批县级非物质文化遗产名录（共计8项）。

表 1.1 国家级非物质文化遗产代表性项目名单

序号	项目名称	项目保护地	代表性传承人	所在区域	批次	命名时间
1	六盘山区春官送福	西吉县		六盘山区	第五批	2020.12

表 1.2 自治区级非物质文化遗产代表性项目名单

序号	项目名称	项目保护地	代表性传承人	所在区域	批次	命名时间
1	花 儿	西吉县	李凤莲	宁 夏		
2	皮 影	西吉县	安维善 谢科选	宁 夏		
3	刺 绣	西吉县	姚占桂 施满义	宁 夏		
4	木 雕	西吉县	杨志忠	宁 夏		
5	砖 雕	西吉县	马凤章	宁 夏		
6	春官词	西吉县	王汉军 胥劲军	宁 夏		
7	剪 纸	西吉县	张淑芳	宁 夏		

表 1.3　固原市级非物质文化遗产代表性项目名单

序号	项目名称	项目保护地	传承人	所在区域	批次	命名时间
1	花 儿	西吉县	李凤莲	固原市	第一批	2009.7
2	口 弦	西吉县	李凤莲	固原市	第一批	2009.7
3	皮 影	西吉县	李 岐 安维善 谢科选	固原市	第一批	2009.7
4	砖 雕	西吉县	马凤章	固原市	第一批	2009.7
5	木 雕	西吉县	杨志忠	固原市	第一批	2009.7
6	剪 纸	西吉县	张淑芳	固原市	第一批	2009.7
7	劝力歌	西吉县	赵甲祥	固原市	第一批	2009.7
8	脸 谱	西吉县	尹德智	固原市	第一批	2009.7
9	刺 绣	西吉县	马 兰	固原市	第一批	2009.7
10	春官词	西吉县	司效堂	固原市	第一批	2009.7
11	民间社火	西吉县	吉强镇	固原市	第二批	2011.3

表 1.4　西吉县县级非物质文化遗产代表性项目名单

序号	项目名称	项目保护地	代表性传承人	所在区域	批次	命名时间
1	花 儿	西吉县	李凤莲 马少云 柯福宝 张丽霞	西吉县	第一批	2008.12
2	皮 影	西吉县	谢科选 曹志勤 李 岐 安维善	西吉县	第一批	2008.12
3	砖 雕	西吉县	马凤章	西吉县	第一批	2008.12
4	劝力歌	西吉县	赵甲祥	西吉县	第一批	2008.12
5	口 弦	西吉县	李凤莲	西吉县	第一批	2008.12

序号	项目名称	项目保护地	代表性传承人	所在区域	批次	命名时间
6	民间故事	西吉县	王炳忠 李振甲	西吉县	第一批	2008.12
7	刺绣	西吉县	白月英	西吉县	第一批	2008.12
8	剪纸	西吉县	张淑芳 马彦莲	西吉县	第一批	2008.12
9	木雕	西吉县	杨志忠	西吉县	第一批	2008.12
10	春官词	西吉县	司效堂	西吉县	第一批	2008.12
11	民间版画	西吉县	金占有	西吉县	第二批	2014.12
12	石贴画	西吉县	陈芳华 胡启超	西吉县	第二批	2014.12
13	书法	西吉县	李耀升 张满祥	西吉县	第二批	2014.12
14	地摊戏	西吉县	张守成 张善奎	西吉县	第二批	2014.12
15	传统接骨术	西吉县	李应东	西吉县	第二批	2014.12
16	武术	西吉县	刘德胜	西吉县	第二批	2014.12
17	脸谱	西吉县	尹德智	西吉县	第二批	2014.12
18	民间戏剧	西吉县	王仁	西吉县	第二批	2014.12
19	民间祭祀	西吉县	刘守宁	西吉县	第二批	2014.12
20	民间社火	西吉县	樊平义 张虎胜	西吉县	第三批	2017.12
21	木板年画	西吉县	任晓辉 何正强	西吉县	第三批	2017.12
22	唢呐	西吉县	张志忠 苟佐忠 杨德裕	西吉县	第三批	2017.12
23	掌萝	西吉县	陈建华	西吉县	第三批	2017.12
24	眉户剧	西吉县	王秀琴 刘梅	西吉县	第二批	2017.12
25	秦腔	西吉县	孙汉忠	西吉县	第三批	2017.12

续表2

序号	项目名称	项目保护地	代表性传承人	所在区域	批次	命名时间
26	国画	西吉县	宣爱芸	西吉县	第三批	2017.12
27	牧羊鞭	西吉县	樊智义	西吉县	第三批	2017.12
28	根雕	西吉县	马维军	西吉县	第三批	2017.12
29	手工打铁	西吉县	刘锐刚	西吉县	第三批	2017.12
30	泥哇呜	西吉县	程浩光	西吉县	第三批	2017.12
31	布贴画、蛋贴画	西吉县	马淑华	西吉县	第三批	2017.12
32	玻璃画	西吉县	汪雪莲	西吉县	第三批	2017.12
33	民间泥塑	西吉县	王少飞	西吉县	第三批	2017.12
34	泥塑彩绘	西吉县	宋里 李耀斌	西吉县	第四批	2020.12
35	土家醋	西吉县	董淑琴	西吉县	第四批	2020.12
36	手工编织	西吉县	赵继明 代彩霞 张锦	西吉县	第四批	2020.12
37	楹联习俗	西吉县	王力	西吉县	第四批	2020.12
38	埙制作	西吉县	李永勤	西吉县	第四批	2020.12
39	曲艺	西吉县	樊昌义	西吉县	第四批	2020.12
40	甜醅制作技艺	西吉县	马志华	西吉县	第四批	2020.12
41	栮榨土坊油	西吉县	董淑琴	西吉县	第四批	2020.12

第二章

非遗项目

民间文学

民间故事

　　西吉历史悠久，文化多元灿烂。三十多处氏族部落居住遗址及出土陶器、石器等大量文物的考证，早在五六千年前的新石器时代，就有典型的"齐家文化""马家窑文化"的先民在这里繁衍生息。至今，先后有猃狁、西戎、义渠戎、匈奴、鲜卑、羌、胡、柔然、敕勒、突厥、吐蕃、回纥、党项、女真以及蒙古族、回族、满族、汉族等民族徙居于此，他们用勤劳和智慧创造了古老灿烂的西吉文明。同时，也孕育和创造了独具特色、灿烂而丰富的西吉民间文学，并以口耳相传的形式流传下来了一些民间故事。

　　西吉民间故事（指神话、传说、故事、笑话、寓言等）内容无所不包，艺术形式丰富多样。其中以反映农业以及与农民生活故事为最多，其次为放牧故事、小商贩故事等。西吉民间故事的内容特色，充分反映了农业文化历来是西吉民间文化的主体。从这些富有思想性和艺术性的民间故事中，我们还可认识和了解到，传统的农业文化在孕育形成西吉劳动人民朴素的传统观念和思想意识过程中所产生的特殊作用。许多土生土长的西吉民间传说，以其鲜明的历史性、地方性和完整的艺术结构，给人们展示了一幅幅反映西吉人文地理、历史文化的多彩图画，也是认识西吉、了解西吉历史的一部生动教科书。如闻名于世的西吉火石寨丹霞地貌，因其奇特秀丽被列入宁夏风景名胜之一。在这里产生和流传的《火石寨的来历》《满四和石城》《寺口子》等传说，生动形象地描绘了当地的历史风物，赋予奇特的山水风光以无限的神韵。又如《白城子》（传说中的白天锁城）、《穆家营》（传说中的穆桂英营）、《硝河城》（传说中的萧银宗营）等传说，从侧面印证了历史上的西吉是一个充满战争的兵家必争之地。这类传说还以它形象可信、知识丰厚、结构完整、艺术精练等特色，长期在西吉人民中口口相传，经久不衰。《红军经过单家集》等红色革命传说，以红军长征经过西吉为背景，反映了红军严格执行纪律、发动和团结各族群众参加革命事业的情景。许多风俗传说，对西吉各族人民的风俗习惯作了解释和介绍性描述。从《爷爷为啥心疼孙子》这类古老的传说中，还可窥见远古人类丧葬习俗的影子。总之，斑斓多姿的西吉历史风物，孕育产生了丰富多彩的西吉民间故事传说。

存续现状：

随着时代的变迁，社会的快速发展，尤其受到现代多媒体的冲击，传统口述文学生存现状岌岌可危，加之老艺人随着年龄和身体原因已不能正常开展传承活动，传承群体呈现断代现象。对于如何更好地保护传承这个非遗优势项目已经显得非常紧迫。

代表性传承人

刘成才，自治区级非遗传承人（民间文学）。刘成才从小爱好文学，勤于写作，生于20世纪60年代，中国写作学会会员、宁夏分会理事，固原市民间文艺家协会会员，固原市民协副主席、西吉县民协主席，陇东文化研究会会员、江西于都红色文化红军学院落座教授。曾从事教育、文化旅游等方面工作，平时勤于学习，喜好历史文化，弘扬民族精神，守望民俗文化，传承优秀传统文化。大力挖掘富有特色的地方历史文化，讲好故事，曾编辑《走进西吉》《西吉民间故事》《西吉旅游文化》《西吉非物质文化遗产丛书》等民俗文化系列图书，为发展地方地域历史文化做出了一定的成绩和贡献。

代表性作品

红粉条

　　谁都知道，粉条是白的，可西吉县公易乡（现兴隆镇）西冶村的群众却把他们加工的洁白如银的洋芋粉条叫作"红粉条"，你说怪不怪？常言道："话出必有因。"那我就说说这红粉条的来历吧。

　　1936年9月的一天，西冶村耀州山梁上来了三个掉队的红军战士，被村民余恒义接到家中。吃饭间，一个操南方口音的红军战士指着碗里黑乎乎的粉条问："这粉条是啥子做的？"

　　余恒义抓了一把扁豆说："就是这豆子磨粉做的。"

　　那红军战士摇了摇头，指着洋芋说："用土豆做的粉条才好吃哩。"接着就把洋芋磨粉的方法比画着说了一遍。

　　余恒义听了虽然是似信非信的，但在热心的红军战士的催促下，他还是叫妻子按红军战士的指点，切了一背斗洋芋，和着扁豆一起磨了，过箩吊包，果然，粉条又白又多。

　　于是，村里的几位老年人，想让红军战士给他们传授洋芋磨粉做粉条的技术。三位红军战士虽然思念部队心切，但还是住了十几天，待余恒义他们把磨粉的技术学会后，才匆忙上路了。

　　打这以后，红军战士传授的洋芋磨粉的技术越传越广，粉条也越做越好。为了纪念红军战士，这里的人们就把这种洋芋做的粉条叫作"红粉条"，意思是红军留下的粉条。

搜集整理：火仲舫

流传地区：公易、单家集一带

红军经过平峰镇

那是民国二十四年（1935年）的秋里，传说有红军要打平峰镇经过。有人说，红军红军，浑身穿着红衣裳，是共产党的队伍，来了就要烧杀掠抢、共产共妻哩；也有人说，红军都是好人，是穷人的队伍，红军来了，我们穷人就有出头的日子了；还有人说，红军全是些刀戳不进、枪子儿打不穿的怪人。

庄稼人本来早被那"刮民党"刮怕了，一听说又要来兵，心里都惮惮地跳。一些富户人家的堡门都关起来了，有的甚至跑到远处避风去了。

一天，从那堡子梁红土壑岘里果然开过来了一股子队伍，队伍的前头有一杆子红旗。在地里做活的人一看有队伍来了，有谁喊了一声："快跑啊，队伍来啦！"这一喊，人都逢崖跳崖逢埝子跳埝子地乱跑起来。有的跑得猛了，一下子绊倒，在地里翻几个跟头，爬起来再跑；有的干脆从大埝子上栽了下去。胆大些的一看这势儿，索性不跑了，停下来看着队伍，看他们咋办哩，头割了也就碗大个疤儿。奇怪的是，这些兵没有一个乱追人的，一直排成队伍，向村里走来。队伍里有人大声喊着："乡亲们，别跑啦！我们是红军。""我们是共产党的队伍。我们是给老百姓打天下的。"大伙儿当上得太多了，谁敢相信那是真话还是假话！可一看那队伍和早来过的队伍确实不一样，不抓人，不抢东西，也就一个个回到地里拔粮食去了。

当晚，红军就在平峰镇临近的几个村子住了下来。红军们的穿着都很旧，有的还破破烂烂的，不是传说的一身儿红，一律是灰布衣裳，帽子也是灰布做的，有人数过，还有八个角儿哩，帽檐儿上头还有一个红色五角星。衣服领上有红领章，左大胳膊上戴着半截红袖筒儿，上面写有两个字。听识字的人说，那两个字就是"红军"。那衣裳大多补了补丁儿，可洗得干净得很。腰里都扎着腰带，腿上都打着裹腿，多的穿的是草鞋，一个个精明强干、和颜悦色的。

以前听人说，红军一个个青面獠牙，都像鬼人儿，很吓人的。可这些红军却一个个青眉俊眼的，咋那样亲近哩。他们一到村里，就在露天给自己搭锅灶，烧水做饭，还不时地给村里的这家担水，给那家扫院。一切庄稼活儿、家务活儿他们都帮着做，不怕脏不怕累的，一点儿也不闲着。他们一边做着活计，一边"大爷""大娘""大哥""大嫂"地叫着，问这问那，说笑话，拉家常，还讲些穷人打土豪、分田地、闹翻身的道理。镇子里家家都高高兴兴，欢欢闹闹的，从没见过这样的欢快劲儿。没有半天时间，大家就和红军亲热得像一家人一样啦。

记得那时节正拔莜麦，这家那家的地里，总有两三个的红军帮着拔莜麦，一到夜里，红军就组织穷人成立农会，还选了农会主席、农会委员。他们说："这是穷人的组织，专是为穷人出主意、想办法、办好事。大伙儿有什么事可给农会干部说说，大伙儿商量着去办。"

大概是红军上来的第三天，晌午刚缓起，听着有轰隆隆的飞机声，地里的人有的就往家里跑，红军把跑的人赶紧挡回来，大声喊叫："乡亲们，别怕，别怕。这是国民党的飞机，它在侦察我们红军的情况，你们不要怕，原地坐着，飞机来了就趴下，或者钻到粮食码儿里去，他们是不会扔炸弹的。"他们一边说着，一边组织大家。那飞机从南面低低地顺着沟飞上山来，在山头上嗡嗡地转了几个圈子。大概是没看到啥，向南半个飞走了。红军和大家又说说笑笑地一起拔莜麦。

隔天的后晌，那飞机又飞来了。这次的叫声老远就听出来和上回大不一样，怪里怪气地直往耳朵里钻。地里的人这回都不怕了，站着看。红军每个人头上都戴着个柳树梢儿编的帽圈圈。他们一看飞机那凶样儿，就喊："乡亲们，别站着了，快钻到粮食码儿里去，他们要丢炸弹了。"他们把老人都撵到粮食码儿里藏了起来。胆大些的人还是站在外面看，红军都仰天躺着把枪端在手里瞄着飞机。那飞机尖厉厉地叫唤着转了几圈，擦着梁皮子斜冲下来，刮起黄土。看着要到平峰镇壑岘里时，撒下来了个黑咕隆咚的东西。不知谁喊道："你看，飞机尼粪蛋儿了。"等那黑东西落下来，只听震天一声响，随着响声，有几百抱抱大的一个土柱儿从镇街上冲上天去，土珠子撒了一二里路远。

平峰镇街原来是个窄卡卡子，上街头有个实堡子墩。红军在这墩下面用铁丝网了个网。铁丝网里头住着些红军，多时间不出来。

这一天正逢赶集，集早散了。街上稀稀拉拉几个人，都在下街逛闲。敌机炸弹正落在铁丝网门前，炸了涝坝大的个坑，幸亏没撒在铁丝网上，也没炸伤一个人，只把一条大黑狗炸得汪汪地叫。

一霎儿，那铁丝网门开了，里头走出来了二三十个很精干的红军，把炸弹坑围了起来。这些红军穿得比再的红军稍微新些。他们一个个背着枪，定定儿站在坑边上。时间不大，里头又走出来了几个红军，这几个红军身材高大，像是军官，他们都走进圈起来的红军圈子里，起先站在坑边上看，看了一会儿就绕着坑边转。

下街里逛闲的里头几个胆大些的人，指住拾粪，拿着铁锨，提着筐子，到上街去看都是些啥人，和咱这些人一样不。那时节，人都叫国民党兵给害苦了，都怕兵，不敢正眼看他们，只能边走边斜着眼睛瞅瞅。

这些红军的脸色都不展脱。里头有几个怪显眼的：其中一个满脸都是大皱纹儿，四五十岁，一身旧灰军装，腰里系着个宽皮带，肩子上斜挎着个盒子枪，绑腿打得还紧。这个红军跟在一个大个子红军后头，手指着说着啥。话叽哩咕噜的，一点儿听不懂，不像是北方人的口音。看那个大个子红军，一看魁伟样子，一定是个大长官。他的个头比一般大个子人还高个头哩。一身新的灰军装，腰阔膀宽的。装裹和再的红军一样，只是他的头发很长，脸很白，脸盘儿很大，眼睛也很大，怪亮。记得最清楚的是他那饱满的下巴上有个豌豆那么大的瘊子。他一只手撑在腰里，一只手拿着纸烟，在坑边上走几步站一阵儿，走几步又站一阵儿，不住地抽烟。看他的脸色很沉，像有心事儿，眉毛攒得紧紧儿的。

去看红军的那几个人本来没啥事儿，只是想看看这些人，慢慢地走到上街，斜看上几眼，又折转过来，慢慢往下街走，再斜看上几眼。那些红军在坑边上转了好大一会儿，那个大个子红军说了些听不懂的话，就都进去了，铁丝网门关上了。门两边两个红军娃娃在站着岗。

国民党的飞机轰炸了平峰镇，当天就有人说国民党的头头派了几十万人追红军追上来了，只是远近的说法不一。有的说还有二三百里路哩，有的说已经到了静宁了，反正风声很紧。看那红军，一个个裹腿扎得紧紧的，比前几天忙活得多了，像是要撤走的样子。胆大点的人问红军是不是要开走啦，挽留他们不要走了，眼看都熟了，穷人的日头出来了，他们一走，穷人又要受大罪啦？红军解释说：国民党二十万大军在追寻我们。红军是北上抗日去的，不撤不行，硬拼是拼不过他们的。何况我们打小日本去呢，请乡亲们放心，我们用不了几年就会再回来的，你们受的苦和罪太多了，你们要和那些土豪劣绅斗争，他们那些人吃硬不吃软，只要大家团结一心，他们也奈何不得你们，有事儿多和农会的同志商量。

唉！商量啥哩，红军前脚走了，那些地头蛇就把农会的人赶跑了，抓住了会杀的。

农会上的人好多天连家也不敢回，有的晚上偷偷回来，天不亮又跑了。

红军真的要走了。听人说国民党的队伍离平峰镇只有四五十里地了。第三天的后晌午，红军一批一批开走了。他们是顺着沙河湾向东边开的，镇上有几个人还给红军带路走了，各村里都有那么几个人当了红军。

红军走了两三个时辰，国民党的马队冒着土从红土塄岘里过来了。他们一来就抓人问红军哪里去了，啥时走的，有多远了。正经人都知道他们是些鬼东西，一口咬定说红军上来一天也没歇，已经走了七八天了，听说已到黄河边上了。

国民党的队伍追红军扑了个空，又没打听到红军的实信，打了好多人，抢了好多东西走了。

给红军带路的人回来，说他们把红军带到兴隆镇，红军说什么也不让他们再带路了，还给了他们些盘缠。听红军说，他们要翻过六盘山到延安去哩。后来好几天没听到红军的音讯。大约过了半个月，有人说红军走到黄河边上，让国民党赶上了。红军不得过黄河，国民党围了个大圈子，把红军围在里头，说这下红军怕难逃劫难了，结果到了夜里，红军有的点一支火把，有的捏一个手电筒。国民党一看红军点着灯，认为是红军胆小，怕攻打，点上壮胆哩。那火整整着了一夜，到天亮，他们围上去，火还着着，灯还亮着，可红军不知道哪儿去了，连个人影儿也没有。他们以为把红军吓得都跳了黄河，正在得意，红军反在国民党的背后打了上来。嗨！红军真是神兵啦！原来红军在地上插了棍棍，把蘸了油的火蛋蛋和那手电筒绑在棍上，始终亮着，人都走了。国民党一看红军在屁股后头打上来了，心慌得不得了，乖巧些的缴枪投降了，不投降的全给赶到黄河里去了。

后来呀，听说红军到了延安，和一个叫刘志丹的陕北大红军联合了，开到前线上，把那些小日本鬼子打得哭爹喊娘哩！

讲述人：尤维国

搜集整理：尤屹峰

流传地区：平峰乡

穆家营的传说

元朝时候，皇帝做了三个梦，先梦见一头牛突然长出了两条尾巴，后梦见一个人横切了一座大梁，还梦见日月并行。第二天醒来，他叫来军师圆梦，说："昨晚我做了奇怪的梦。梦见牛长双尾；梦见一个人横切一座大梁；梦见日月并行。不知这是咋回事儿。"军师听罢，想了想言道："我主的江山气数已尽。"并说，将后有咋么咋么一个人要夺元朝的江山。

后来，果然朱大明出世成人，打败了元朝。朱大明收留了一个干儿子，取名叫朱穆英。穆英自小聪明能干，作文习武样样都行。长大后，朱大明就把他安置到葫芦河上游一个村镇，把这地方取名穆家营。这穆家营就是现在的西吉城。

新营附近有一位风水先生，手段高明、远近闻名。一天，他路过穆家营，穆英手下人将这风水先生带进营盘审问。朱穆英得知这人是风水先生后，就来了兴致问道："你看我扎的营盘地点如何？"

风水先生言道："穆大人的营盘好是好，就是这西门上一条沟把您害得劲大。"

穆大人说："怎样才能得好？"风水先生思索一会儿言道："穆家营，若要欢，等到西门沟填严；金豆往出流，永远流不完。"后来穆英派了许多精兵强将填那西营门的沟，总是没有填满。直到新中国成立后才把这沟填上了，盖上了高大的楼房，穆家营才真正红火起来了。

讲述人：李柱
搜集整理：杨永汉
流传地区：新营乡一带

孙县长轶事

审石头

有个孙县长，官司断得清得很。不但官司断得神，也很怜爱老百姓，谁有个三灾八难的，求到孙县长门下，孙县长总能伸出手帮一把。

有一年，一个油贩子挑着一担油往西吉县城走去。他手里摇着梆啷，口里哼哼唧唧地唱着哩，没看着脚底下一块石头一绊，连人带两个油罐都滚了。当他连滚带爬地把两个罐扶起来时，两罐油倒得一滴儿也不剩了。油贩子看着倒在地上的油，心里可就苦怅了。这油贩子是远地方人，大老远挑这么一担油来，打算卖个好价钱赚两个盘缠，这一下倒光了，身上连翻着看的钱也没有了，这一带也没有个沾亲带故的熟人，借两个路费也不容易。他想着想着，眼泪就上了线地流开了，流着流着还哭出了声。油贩子一哭，来往过路的人就都停下来看究竟，有人问明了事情的缘由，就给油贩子出主意，说："听说咱们的孙县长对百姓好得很，你不妨去找找他，说不定能给你想些法子。"

油贩子没别的路可走，就听了这个人的话。他用一根扁担挑着两个空油罐，哭丧着脸去找孙县长。进了县城，油贩子寻前寻后地寻县长，碰见个人，他就上前打问孙县长在哪里。这个人问油贩子找县长是啥事情，油贩子就咋长怎短地把倒油的一转儿细细地说了一遍。说话间，眼泪花子又乱漂哩。这人听完说县长没在，叫油贩子三天后写一封告石头的状子来告石头，还给了油贩子几个吃饭住店的钱。

到了第三天，油贩子写了份状子来找孙县长。一进公堂才知道，这孙县长正是前天叫自己写状子的人。孙县长看了他写的状子，说："明天是八月十五，你去把那块石头抱到县城的大堡子里，放在当院，到时间我来给你审理一下。"

油贩子出了县政府，按孙县长安顿的做了。这一天，县城到处贴着告示，说孙县长要在堡子里公审一块石头，欢迎大家都去观看。赶巧这一天是中秋节，上城的男男女女多得很，都想去看稀奇，就争着抢着朝堡子里拥去。堡子门口站着两个把门的，每人手里端着一个竹筛，凡是要看孙县长审石头的人都得掏钱，钱也不多要，只要扔两个铜钱就行。

到中午时分，堡子里的人已快站满了。这时孙县长来了，他站到那块石头旁，把那个油贩子叫到跟前，将事情的前前后后给大家解释了一番，最后把收到的那些铜钱给了油贩子。油贩子一看孙县长解了自己的难，高兴得又哭了。那些来看县长审石头的人，虽没看上县长审石头，却都称赞孙县长体贴百姓的难处，可为百姓解忧愁的品德。

审　驴

有一个老汉，牵着一头大青驴，驴身上披着鞍垫，住进了一家店房。同店里还住着一个贼娃子，是个青年人，一看老汉的青驴喂养得好，心里就爱上了。

天刚麻麻亮，老汉还没起来，就听得院子里响哩，听声音很像自家的驴，心隐是谁在偷自家的驴，急忙穿上衣服追了出来。果不其然，正是他的那头大青驴，被人拉着走。老汉撵上贼娃子，扯住就骂，贼娃子也不是饶爷爷的孙子，这一老一少就争嚷开了。店主赶出来问，老汉说驴是他的，贼娃子说是他的驴，各不相让。店主也没留意到底是谁的驴，说不清楚，这案子就告到孙县长跟前。

孙县长把两个人叫到跟前问，驴鞍垫里垫的啥。老汉说是棉花，贼娃子也说是棉花，还说他的鞍垫的四角子上有四个铜钱。一查，果然驴鞍垫的四个角里有四个铜钱，老汉这下有口说不清了，眼泪汪汪地哭嚷着要孙县长明察。孙县长这下也给难住了——你说这驴是青年人的吗？可这老汉也不像耍赖的人。他趴在桌子上想了一会儿，忽然站起来说："干脆审驴，让驴说它是谁家的。"

孙县长差人用一根不太结实的麻绳把驴拴在一棵大树旁，自己搬了个椅子坐在一边。

"你说你究竟是谁家的驴子，啊？说不说，不说给我打。"

孙县长这样问着，见驴不说话，就叫人用鞭子狠狠地抽打，打一阵问一阵。后来，打得越来越毒了，青驴忍受不了，"叭"的一声把绳挣断跑了。孙县长连忙派人跟住这头撒野的青驴。

青驴跑来跑去，跑到一家屋里。撵的两个差人跟到院门外，听见院里一个老婆子说："哟，这驴回来了，老头子阿达做啥去了，不见回来撒！驴想家哩，老头子不想家。"

差人回去报告给孙县长，当下判定驴子是老汉的，处罚了这个不务正业的青年人。

豆皮和豆瓣

有一个娃娃叫豆皮，死了妈，大大给寻了个后妈。后妈养了一个兄弟豆瓣后，就对豆皮连打带骂，后来干脆把他赶到羊圈里去睡。哄豆皮天天放羊。一天，豆皮看见一白一黑的长虫扑着扑着咬仗，黑长虫把白长虫的头咬烂了，他就用鞭杆把黑长虫拨过，把白长虫的伤口包好，躺在山坡上睡觉去了。梦里一个白胡老汉对他说："娃娃，一阵儿黑人黑马叫，你不要去了；白人白马叫，你就去。他给你东西的时候，你就要墙上的一朵花儿。"豆皮惊醒说："今儿咋做了个这梦！"翻过身又睡着了，那个白胡老汉又来托梦，把前面的话又说了一遍。

一阵儿，前头来了个黑人黑马，黑人对豆皮说："恩人啦，快上马，我大大妈妈要谢你哩。"豆皮说："我放羊着呢，走不开，羊跑了我妈打呢。不去！"黑人见叫不去，就拉着马走了。又过了一阵，来了个白人白马，白人对豆皮说："恩人啦，你救了我，我大大妈妈要谢你。"豆皮说："放羊着呢，走不开。"白人说："我画个圈把你羊圈了，一个也跑不了。"把羊圈好，豆皮上了白马，白人说："你把眼闭上，我叫你睁，再睁开。"豆皮照着做了。只听耳朵里风"呼呼"地响，不知走了多远，来到一座大院前，白人说："到了，大大，妈妈，救命恩人来了。"豆皮下了马，见院里的长虫变了个老汉，蛤蟆变成个老婆，鱼儿变了些姑娘，虾变了些长工都忙起来。他们把豆皮让到炕上，摆上酒席，让豆皮吃了。后来，老汉让人端上来一盘金子，一盘银子，说："你救了我儿子的命，这一点东西送给你，不咧嫌少。"豆皮说："我不要你金不要你银，我就要你墙上的这一朵花儿！"老汉半天没说话，最后"唉"了一声说："不是我舍不得给，这是我三女憨儿，你一定要，就拿去！"老汉亲手取下来给了豆皮。

豆皮拿着花儿往回走，走着走着，花儿蔫了，他一气，说："金子银子都没要，要这做啥呢？"一把撇了，走了一百步，回头一看，花儿红得很，他又跑回去拿上走。

走着走着，花儿又蔫了，一把又撇了，走了一会又回过一看，花儿连红带俊，他跑着回去又拾上，说："这次咋了也不撇了！"拿回去插在羊圈房的墙上。从那以后，豆皮天天放羊回来，炕上放着一碗肉菜，一个馒头，看巧吃饱了，吃了了。豆皮心里说："到底是啥人做的？"有一天，他悄悄藏在门外看，只见墙上的花儿滚下来，变了一个大姑娘，豆皮进去一把拉住，后来姑娘就当了豆皮的媳妇。

豆皮几天没回家，他后妈说："豆瓣，你在羊圈里看那个懒干手死了吗？做啥呢？"豆瓣到羊圈里看见豆皮两口子正糊房着呢，把个羊圈房糊的花得很！豆瓣跑回家说："妈呀，我哥哥寻了个乖得很的媳妇，正糊房着呢。""胡说，他懒干手能寻个啥媳妇？"豆瓣说："不信你看去！"后妈走到羊圈里一看，一个俊得很的媳妇儿坐在炕上，心里就想："把这媳妇给我豆瓣多好。"眼珠子一转，把豆皮喊到跟前说："豆皮，这是一把镢头，你把东山顶三天挖一个大涝坝。挖成了媳妇是你的，挖不成媳妇是豆瓣的！"听了这话，豆皮蹲下哭着呢，媳妇问："哭着咋了？"豆皮把后妈的话说了。媳妇说："好办，明早日头出来时，你在山顶挖一镢头就睡觉去！"第二天，豆皮在山顶上挖了一镢头，便在山坡上一躺。等他醒来，一个大涝坝成了。他后妈问："谁叫你下来的，涝坝成了吗？"豆皮说："成了！"后妈让豆瓣到山上去看，回来说真格成了。后妈又拿了个牛笼嘴说："豆皮，你拿这个牛笼嘴，两天给涝坝把水提满。提满了媳妇是你的，提不满媳妇是豆瓣的。"豆皮又哭着呢，媳妇问："又哭着咋了？"豆皮把后妈的话说了。媳妇说："明儿你把河里的水提上几点滴到涝坝里，睡下再不要管。"豆皮就把下河里水洒了几点到涝坝里就去睡觉了，等他醒来，清凉凉的一涝坝水闪得扑哗扑哗的。后妈还不死心，又给他给了一撮柴说："豆皮，你拿这柴把一涝坝水烧滚。烧滚了媳妇是你的，烧不滚媳妇是豆瓣的。"豆皮又哭开了，媳妇听了说："你把这根洋火擦着，撇到水里就滚了。"豆皮擦了一根洋火撇到涝坝里，一阵水"咕嘟嘟"地响开了。后妈见了说："豆皮，你脱了衣裳下去一趟，媳妇就是你的，不去媳妇就是豆瓣的。"豆皮哭着给媳妇说了，媳妇说："不怕，东南角子是我娘家，你去了他还要给些东西呢！"豆皮就跳进了滚烫的水中，一阵儿就看不见了。

黑了，后妈对豆瓣说："你哥哥怕再不回来了，今晚你给你嫂子做伴去。"豆瓣到羊圈里对嫂子说："妈叫我今晚给你做伴哩！"嫂子说："提尿盆去。"豆瓣把尿盆提到地上，嫂子吹了一口气，他就在尿盆上爬了一晚上。第二天晚上，嫂子让豆瓣顶门，又吹了一口气，豆瓣又在顶门棍上爬了一晚上。第三天，豆皮从水里出来了，还叼了一匹马，驼了好多金银绸缎。后妈见了眼热得很，就问："你哪达来的？"豆皮说："水下多得很！"后妈就把豆瓣叫来说："豆瓣，水下银子多得很，你给咱也拾些来。拾到重着拿不上来，就给妈招个手。"豆瓣跳下去，开水烫得他龇牙咧嘴，手脚乱动，他妈还当是银子多的拿不上来，说："我娃不了急，妈帮你拿！"随后，也跳了下去，结果都烫死了。

口述：七十岁的老祖母

整理：公怡

民间谚语

　　谚语是劳动人民生产、生活和社会实践经验的总结，是社会历史的一面镜子。西吉人民亲切地称谚语为庄户人的"口歌子"，它是保存在人们口头上的活化石。西吉人民用前人在谚语中总结出来的经验，指导实践活动，并不断充实、完善和发展这些谚语。西吉谚语是西吉人民珍贵的文化瑰宝，虽经世代流传，至今仍然闪耀着夺目的光芒。

　　谚语是劳动人民口头流传的一种文学样式，语言比较朴实，有些是大白话。老舍说："文字不怕朴实，朴实也会生动，又会有色彩。""如没有弯弯的肚，别吃镰刀头。""筷子上有名堂，酒杯也能淹死人。""一个鸡蛋吃不饱，一身臭名背到老。""挤疮不流脓，免受二茬疼。"这些看似朴实的口头语言，却说明了深刻的道理，耐人寻味。

　　由于历史和地理的原因，西吉兵燹频繁、交通闭塞、生产力水平低，文化也不太发达，加上其他条件的限制，使这里富有地方特色的有生命力的谚语得到了较好的保存。西吉谚语是各族人民共同生活，集体智慧的结晶。西吉谚语富有民族性、地方性、时代性，内容比较广泛。言简意赅、文约事丰，警策惊人，语言简练，寓意深远，反映了各族人民生产生活和社会实践经验。

　　西吉谚语比较真实地反映历史原貌，并对专家，学者了解、研究各时期各阶级、阶层、历史风貌及风格和社会实践经验有较丰富的参考价值。

存续现状：

　　城市化步伐的加快，现代农业的多元转化和经济的快速发展，传统农耕文明模式遭遇巨大冲击。土生土长的民间谚语同样不可避免地失去了赖以生存的土壤，濒临灭绝。职能部门急需组织一批有奉献精神的工作人员和爱心人士去挖掘、整理和传承这些民间谚语。

代表性传承人

周再斌（1941—2005年），1941年10月出生于西吉新营乡。1962年7月毕业于宁夏固原师范，后就职于固原地区行署，从事文化宣传工作。后调至固原秦剧团，从事舞美工作十余载，创作了大量舞美作品，深受群众好评，成为固原舞台美术的领军人物。1984调西吉文化馆。1985—1988年，组织收集整理出版了《西吉民间故事》(上下卷)，主编《西吉谚语》等丛书。1988年被文化部表彰为"艺术学科国家重点研究项目文艺集成编纂"贡献奖，同年获"宁夏回族自治区第二届民间文化金凤凰奖"。曾任区文联、市文联美协理事，中国民间文学研究会会员，西吉县文化馆馆长、党支部书记等。

杜斌，宁夏隆德县人，现在西吉县将台堡红军长征会师纪念园服务中心工作。西吉县书法家协会原主席，固原市书法家协会理事，宁夏书法家协会会员，政协西吉县第十届委员会委员。撰写的《话说西吉皮影戏》一文入选《西吉文史资料》第三集。编辑出版《西吉民间故事》《西吉民间饮食》《西吉皮影戏》《西吉春官词》等西吉非物质文化遗产丛书10集。

马宏雄，1974年10月出生，中共党员，曾在84801部队33分队服兵役，大学本科学历。1998年10月至2001年5月，在原夏寨乡文化站工作；2001年5月至2011年10月，在县文化馆工作；2011年10月至2018年11月，担任马建乡人民政府党委委员、武装部部长；2018年11月至2021年6月，担任新营乡人民政府党委委员、副乡长；2021年7月至今，任将台堡镇党委委员、副书记、政法委员、统战委员、机关党支部书记等。

代表性作品

金窝窝，银窝窝，不如自家的狗窝窝。

坐上三年搬不动，搬上三年一条棍。

富家一席酒，穷家半年粮。

一家发财，千家倒灶。

官清衙役瘦，神灵庙主肥。

相府家奴七品官。

小人得势，一朝不安。

虎走千里吃肉，狗走千里吃屎。

阴曹地府鬼捣鬼，阳世三间人弄人。

大鱼吃小鱼，小鱼吃虾米，虾米啃泥。

狼最喜欢的是离群的绵羊。

狼群里跑不出羊羔来。

豺狼会装样，坏人会装腔。

恶狼最怕猎人，蝙蝠最怕阳光。

野狐子做梦也想的是鸡。

狐狸藏不住尾巴，狗嘴里吐不出象牙。

是蛇一身冰，是狼一身腥。

黄鼠狼看鸡，越看越稀。

多好的猫，老鼠也不爱。

养蛇害人，养狼害畜。

老虎进城，家家关门。

不怕虎生三只眼，只怕人有麻痹心。

救了落水狗，回头咬一口。

人争一口气，佛争一炉香。

一物降一物，蜈蚣把蟒捉。

狗急跳墙，人急悬梁。

刀快不怕脖子粗，牛大自有破牛法。

贼咬一口，入骨三分。

村要富，能人要当顶梁柱，

人要富，赶紧跟着专业户。

商不带农一世空，农不带商一世穷。

山再高遮不住太阳，星再明明不过月亮。

花盆栽不出万年松，猪圈跑不出千里马。

甘蔗没有两头甜。

五个指头都有长短。

有个歪木材，没个歪木匠。

小火星会引起大火灾。

再利的刀，也不能断水。

牛大压不死虱子。

打墙的橡儿上下翻。

尿泡虽大无斤两，秤砣虽小压千斤。

皮影不会自己动，后面必有捉线人。

上炕不脱鞋，必定袜子破。

满屋老鼠跑，必定有窟窿。

蛇大窟窿粗，牛瘦角不瘦。

真金不怕火炼，真理不怕人辩。

灯不拨不亮，理不辩不明。

有理不在声高。

碾谷碾出米来，说话说出理来。

真金不怕火炼，好货不怕试验。

纸里包不住火，雪里埋不住人。

挨一拳得一着，挨十拳变诸葛。

不吃苦中苦，难为人上人。

不受苦中苦，难得甜中甜。

眼里过千遍，不如手里过一遍。

铁棒磨绣针，功到自然成。

功没枉费的，力没白出的。

不怕不识货，就怕货比货。

刀不磨会生锈，水不流会发臭。

不走的路也要走三回。

车到山前自有路，船到桥头自会直。

瓜熟蒂落，水到渠成。

头回生，二回熟。

砂锅不打不漏，木头不凿不透。

不磨不炼，成不了好汉。

拳不离手，曲不离口。

不怕乱如麻，就怕不调查。

不碰南墙不回头。

海水舀不尽，知识学不完。

知识是穿不破的衣裳，智慧是取不尽的宝藏。

秀才不出门，便知天下事。

大口小口，一日一斗。

六月韭，臭死狗。

饱带余粮，晴带雨伞。

爱衣的常暖，爱粮的常饱。

瓜子吃不饱，能暖人心。

老刀子见肉三分快。

出门看天色，遇店早歇息。

没土难打墙，无酒请客难。

三躺六坐九爬爬，十个月上叫爸爸。

七岁八岁，惹人不爱。

七十三、八十四，阎王叫着商量事。

有钱不盖东厢房，冬不暖来夏不凉。

立木顶千斤。

没有三十年不漏的房。

马怕鞭子牛怕火，狗见砖头就要躲。

打狗没法，就地一抓。

乱叫的狗不敢咬人。

吃饱的鹰不抓兔。

寒从脚心起。

狗暖嘴，人暖腿，

猫儿暖肚子，鸡儿暖嗉子。

泥瓦匠，住草房，修鞋匠，破鞋帮。

油多不香，胶多不粘，蜜多不甜。

人挪活，树挪死。

远水救不了近火，

远水解不了急渴。

响水不开，开水不响。

没有千顷地，难打万石粮。

上山打虎易，开口告人难。

一俊遮百丑。

靠着大山有柴烧。

门前泼的水多，反倒惹得鬼多。

小儿子，大孙子，爷爷奶奶的命根子。

天下老的，偏的小的。

孩子见了娘，无事哭三场。

人爱有钱的，狗咬穿烂的。

娃娃勤，爱死人，娃娃懒，没人管。

看着脚指头走路的人，走不了多远。

人活脸，树活皮，墙上全凭一锨泥。

雁过留声，人过留名。

好狗看三邻，好人护三村。

忍忍忍，饶饶饶，忍字还比饶字高。

心里没冷病，不怕吃西瓜。

天变一时起黄风，人变一时昧良心。

鼓破乱人捶，墙倒众人推。

嘴是蜜碟子，心是紫茄子。

嘴里说的比蜜甜，怀里揣把锯锯镰。

你哄人、人哄你，哄来哄去哄自己。

脸皮厚，吃个够；脸皮薄，吃不着。

吃了人家的嘴软，拿了人家的手短。

头门不正二门偏，三门必定走扇扇。

舍不得孩子套不住狼。

舍不得金弹子，打不到金凤凰。

世上没有爬不过的山，没有过不去的河。

明知山有虎，偏向虎山行。

问遍万家是行家。

好记性不如个烂笔头。

处处留心皆学问，事事动脑有窍门。

先当学生，后当先生。

钟不敲不响，人不学不灵。

刀不磨要生锈，人不学要落后。

山外有山，天外有天。

火车不是推的，牛皮不是吹的。

满瓶子不响，半瓶子咣当。

自夸人不爱，残花没人戴。

吃饭防噎，走路防跌。

隔墙有耳，草内有人。

大河没水小河干，大河有水小河流。

人多主意多，水多流成河。

人多主意多，柴多火焰高。

众人是圣人。

一家十五口，七嘴八舌头。

众人是杆秤，斤两秤分明。

人怕掉队，雁怕离群。

吃饭千口，主事一人。

能舍千军万马，不舍一名虎将。

一人栽树，千人乘凉。

一个和尚一套经。

一人一条心，穷断骨头筋。

簸箕大的手，捂不住众人的口。

一块砖头砌不成墙，一根木椽盖不成房。

单丝不成线，独木难成林。

水再高，漫不过船面。

脖子再高，高不过脑袋。

大家一条心，黄土变成金。

一个篱笆三个桩，一个好汉三个帮。

亲帮亲，邻帮邻，互相团结一条心。

一根筷子易折，十根筷子难断。

一朵鲜花不是春，万紫千红春满园。

兄弟同心金不换，先后齐心家不散。

三伞四靠，倒了锅灶。

一个和尚担水吃，两个和尚抬水吃，

三个和尚没水吃。

不怕巨浪高，单怕桨不齐。

雁怕失群，人怕孤独。

一个槽上拴不下两个好叫驴。

磨刀不误砍柴工。

笨鸟先飞。

唱好花儿凭嗓子，扛好扁担凭膀子。

按人做饭，量体裁衣。

先过河者脚先干。

只说不干，不算好汉。

丑媳妇迟早要见公婆。

有钢使在刀刃上。

打铁先要自身硬。

一口吃不成个胖子。

一镢头挖不出井来。

不怕走得慢，就怕路上站。

得过且过，阳圪桊桊暖和。

三句好话当钱使。

十句好言能成事，一句坏话事不成。

舌头没有骨，却比牙齿利。

舌头能杀死人。

见人说人话，见鬼说鬼话，人鬼见了说胡话。

夜饭少吃多安然，闲话少说多心闲。

嘴是祸的根。

盐多了咸，话多了烦。

腿长沾露水，嘴长惹是非。

顺情说好话，舔尻子不挨骂。

浇树要浇根，交人要交心。

西瓜要看瓤，看人看肚肠。

多栽花，少栽刺，留下人情好办事。

天晴改水路，无事早维人。

远亲不如近邻，近邻不如对门，

对门不如一个炕上的人。

人穷朋友少，衣烂虱子多。

穷在街头无人问，富在深山有远亲。

男人的头，女人的腰，和尚木鱼莫乱敲。

常在河边走，哪能不湿鞋。

瓦罐不离井口破，只要来的回数多。

酒醉一摊泥，酒醒悔不及。

醒世了，活老了；饭稠了，吃饱了。

小了偷针，大了偷金。

小洞不补，大了尺五。

挤疮不留脓，免受二茬疼。

不怕百战失利，就怕灰心丧气。

不怕李逵的粗，单怕刘备的哭。

不怕老虎当面坐，就怕人前两面刀。

不怕屋漏，就怕人漏。

不怕输了的苦，只怕戒了再赌。

人情强如债，没钱把锅卖。

牵烈马缰绳要长，办事情心胸要宽。

事不三思终有悔。

不听人劝，必定遇难。

人到事中迷，就怕没人提。

心要热，头要冷。

人心不足蛇吞象，贪心不足吞太阳。

零吃瓦渣，总屙砖头。

河里淹死会水的。

会水的鱼儿遭浪打。

平路跌死马，浅水淹死人。

喜多失言，怒多失理。

上了贼船下来难。

雨后送伞，为期已远。

雨后送伞，贼走关门。

睡着的鸟儿容易射。

棋走错一步，全盘皆输。

房是招牌地是累，攒下银钱是催命的鬼。

没有弯弯肚，别吃镰刀头。

打马惊骡子。

家有三件宝，鸡叫狗咬娃娃吵。

黎明瞌睡半夜妻，羊肉饺子清炖鸡。

勤是摇钱树，俭是聚宝盆。

要想穷，睡到日头红；

要想富，鸡叫头遍起床铺。

懒人的嘴，蔫牛的腿。

男人勤，锄头下面出黄金，

女人勤，衣衫鞋袜件件新。

男人是耙，女人是匣，

不怕耙子没齿子，单怕匣子没底子。

上山弯弯腰，回家有柴烧。

三年不吸烟，炕上铺个大毛毡。

三年不喝酒，吃穿啥都有。

不喝酒，不吸烟，三年积个大麦圈。

家有千缸油，不点双灯头。

家有万石粮，萝卜不可下干粮。

早吃早睡，留点清油炒菜。

不会省着，窟窿等着。

毛毛雨湿透衣裳，杯杯酒吃垮家当。

静坐吃山倒，死水怕勺舀。

一天省一把，十年买匹马。

有穷家，没有穷山。

细水长流，断顿难挨。

春天勤一点，冬天多一碗。

靠千座金山，不如靠两只手。

两情两愿，结为亲眷。

门当户对，你敬我爱。

男大当婚，女大当嫁。

一家儿女不吃两家饭。

宁添一斗，莫添一口。

结婚不在早，只要配得好。

少年夫妻老年伴，一日不见问三遍。

恩爱夫妻不可忘，糟糠之妻不下堂。

贫贱之妻不可忘，糟糠之妻不下堂。

衣服旧了才是衣，媳妇老了才是妻。

脚大脸丑家中宝，丈夫不嫌就是好。

男人无妻家无主，女人无夫房无梁。

强摘的瓜不甜，强娶的妻不贤。

露水夫妻不到头。

冷风打墙水盖房，露水夫妻不久长。

公鸡斗架头对头，夫妻吵架不记仇。

十朵菊花九朵黄，十个姑娘九同娘。

好儿不靠分家饭，好女不靠嫁时衣。

白眼狼，娶了媳妇忘了娘。

寻吃讨吃，头一碗饭好吃。

天上无云不下雨，地上无媒不成双。

女大不中留，留下结冤仇。

马有笼头猪有圈，婆娘有个男子汉。

应心的老婆适脚的鞋。

嫁出去的闺女泼出的水。

嫁个野狐子偷鸡走。

公不离婆，秤不离砣。

老年休娶少年妻，终究还是他人的。

庄稼种不好是一料子，

寻不上个好女人是一辈子。

头个媳妇隔墙撂，二个媳妇当娘叫。

多年的大路变成河，多年的媳妇熬成婆。

不做亲是两家，做了亲是一家。

锣鼓长了没好戏，寡妇门前是非多。

儿子哭惊天动地，媳妇哭虚情假意，

闺女哭真心实意，女婿哭黑驴放屁。

小小一口痰，病菌千千万。

饭前便后洗洗手，免把病菌带入口。

卫生搞得好，病魔不来找。

除蝇灭蚊，病少七分。

病从口入。

每天勤扫屋，强如进药铺。

常理发，勤洗澡，常晒被褥疾病少。

常剪指甲短，疾病不传染。

衣裳常洗换，强如上医院。

洗脸洗脚，强如吃药。

隔夜的凉茶，喝了肚子疼。

穷生虱子富生疮。

天黄有风，人黄有病。

病人望大夫。

病不瞒医。

有病乱投医。

病人不忌口，坏了良医手。

得病容易好病难。

牙疼不算病，疼起来要人命。

伤风不算病，不治要了命。

管你冒风不冒风，三斤生姜一根葱。

单方治大病，气死良医。

病入膏肓，无药可治。

干血痨，不用瞧。

草死草活，百病复发。

夏吃萝卜冬吃姜，饭后街头买药房。

生开熟补吃萝卜。

伤筋动骨一百天。

大荒之后必有大疫。

少无风瘫老无痨。

无积不成痢。

无痰不成疟。

打得地下爬，快寻八棱麻。

识得八角莲，可与蛇共眠。

身藏杠板归，吓得蛇倒退。

屋有七叶一枝花，毒蛇不进家。

是疮不是疮，采用重楼解毒汤。

有人识得千里光，全家一世不生疮。

十月茵陈三月蒿，四月五月当柴烧。

巴豆未开花，黄连先结籽。

知母好刨，就怕拔毛。

春分分芍药，到老不开花。

若要睡得好，常服灵芝草。

一进九月九，医生抄了手，家家吃萝卜，病从何处有。

生儿好比爬血山，满月才算过鬼关。

只见娘怀胎，不见儿走路。

财是催命的小鬼，气是要命的阎罗。

苦苦恼恼有了病，嘻嘻哈哈活了命。

人逢喜事精神爽；闷上心来瞌睡多。

不气不愁，活到白头。

积郁成病，积劳成疾。

多愁多病，越愁越病。

酒是穿肠的毒药，色是刮骨的钢刀。

贪酒不顾身，贪色不顾命。

狂饮损身，狂食伤骨。

美酒不过量，好菜不过饱。

喝酒不吃菜，必定醉得快。

少吃香，多吃伤，一顿吃伤，十顿喝汤。

吃得快，咽得慌，伤了胃口害了肠。

若要饭入口，亲自灶上走。

吃饭先喝汤，不用开药方。

狼吞虎咽，疾病要犯。

桃饱杏伤，麦李子送丧。

十单不如一棉，十棉不如腰里一缠。

春不减衣，秋不加帽。

早起早睡，精神爽快。

一夜不宿，十夜不足。

贪房贪睡，添病减岁。

瞌睡没根，越睡越深。

好人常睡成病人，病人常睡成死人。

若要小儿安，眼泪鼻涕都不干。

若要小儿安，常带三分饥和寒。

要使婴儿胖，喂饭喂奶有定量。

不吸烟，不喝酒，病魔见了绕道走。

心宽睡好，健康之宝。

睡前洗脚，强如吃药。

房宽地宽，不如心宽。

运动运动，百病难碰。要想疾病少，天天做个操。

白天多动，夜里少梦。

捂捂盖盖脸发黄，风吹日晒身体强。

三分吃药，七分调养。

庄稼不用问，随着节气种。

打蛇打在七寸上，庄稼种在节气上。

人误地一时，地误人一年。

月怕十五年怕半，庄稼怕的误期限。

种是金，土是银，错过季节无处寻。

过了闰月年，走马就种田。

春风不刮，百草不发。

春风不催，百花不开。

一场春雨一场暖，一场秋雨一场寒。

十场秋雨穿上棉。

正月立春雨水，二月惊蛰春风，

三月清明谷雨，四月立夏小满，

五月芒种夏至，六月小暑大暑，

七月立秋处暑，八月白露秋分

九月寒露霜降，十月立冬小雪。

十一月大雪冬至，十二月小寒大寒。

春雪闹，死冬麦。

春旱不算旱，秋旱连根烂。

春旱不算旱，秋旱减一半。

春不种，秋不收。

春天不忙，秋天没粮。

春天怕忙，秋天脸黄。

春天多种菜，吃了还能卖。

春天看苗，秋天看圈。

春分吹南风，小麦加三分。

春分秋分，昼夜平分。

春旺夏旱秋多雨。

春打六九头，遍地走耕牛。

立春雨水到，早起晚睡觉。

春甲子下了，雪飞千里。

正月风，冻死人。

正月初一有浓霜，今年粮食憋破仓。

正月十五雪打灯，今年一定好年景。

正月十五晚，无风胡麻成。

正月二十五，狂风刮起土，荞麦压折股。

正月二十五，狂风刮起土，麦豆打石五。

正月二十八，黄风刮起沙，糜谷拿斗刮。

正月响雷人命催，三月响雷麦谷堆。

二八月，昼夜相停。

二月二，吹北风，豌豆扁豆收十分。

二月龙抬头，家家套耕牛。

二月吹南风，豌豆扁豆收三分。

二月响雷麦谷堆。

惊蛰不停牛。

春寒不算寒，惊蛰寒半年。

惊蛰闻雷米似泥，春分有雨病人稀。

月中若得逢三卯，到处棉花麦豆宜。

庄稼不离三月土。

三月乱种田。

三月二十八种胡麻，单怕四月八里霜杀。

清明对立夏，牛羊不上洼。

双月双清明，豌豆必然成。

雨洒清明节，豆把拿镰割。

清明刮北风，麦豆透土生。

桃杏花儿绽，莜麦窜。

清明前后雨纷纷，今年一定好年景。

风雨相逢初一头，沿村病疫使人愁。

清明风若从南至，定有农家大有收。

谷雨谷，种了胡麻迟了谷。

谷雨前后一场雨，胜似秀才中了举。

杏儿塞住牛鼻子，庄稼人收拾种糜子。

四月旱川，五月旱山。

四月八，麦苗盖老鸦。

四月八，老狼引儿子到羊群试一下。

四月八，谨防黑霜杀。

四月八，种下的瓠子背斗大。

过了四月八，种下的莜麦喜鹊花。

立夏高山糜，小满透土皮。

立夏高山糜，没面一把皮。

立夏种糜子，杏儿塞住牛鼻子。

土旺种胡麻，七股八柯杈。

立夏种胡麻，头顶一朵花。

洋芋跟立夏，颗子非常大。

羊过清明牛过夏，人过小暑说大话。

立夏三日鹁鹁叫，收的收，了的了；

立夏十日鹁鹁叫，糜谷憋破窖。

土旺头上一滴油，一十八天不套牛。

夏甲子，柳树生烟。

夏走十里不黑，冬走十里不明。

五月不紧场，八月连土扬。

五月五，麦穗往出努。

五月十三滴一点，耀州城里卖大碗。

五月五，癞蛤蟆避端午。

五月十三，关老爷的揲刀雨。

五月十三，萝卜叶叶鸡鸹。

管你秋收不秋收，先看五月二十六。

枸菊花儿一寸长，大小燕麦都种上。

芒种乱种。

长到夏至，短到冬至。

夏至不种高山糜。

夏至三庚伏，立秋五戊社。

伏社六十九，荞麦不抛手。

六月六，来把扇儿扇日头。

六月耕得深，黄土变成金。

麦黄豆黄，绣女下床。

小暑见角，大暑见垛。

大暑小暑，泡死老鼠。

下了七月七，犁头高挂起，
媳妇送到娘家去。

七月葱，八月空。

要吃胡麻油，伏里晒日头。

伏伏有雨，九九有雪。

要吃瓮里糜，一伏一场雨。

麦见芒，四十五天搬上场。

头伏荞麦二伏菜，三伏里头种花芥。

头伏荞麦二伏菜，三伏蔓菁长成怪。

三伏之中逢酷热，五谷田中颗多结，

此时若不见灾厄，定是三冬多雨雪。

要吃来年米，全看伏里雨。

伏里雨，盆里米。

三伏不热，五谷不结。

伏里耕三遍，缸里有米面。

伏里打破皮，强如秋后犁几犁。

八月十五云遮月，正月十五雪打灯。

八月里雷，没空回。

八月八，八十老儿不管家。

秋甲子遍地行船。

秋风凉，庄稼黄。

秋风连阴雨，锅里没下的米。

早上立了秋，晚上凉飕飕。

八月中秋夜，一夜冷一夜。

秋八月，乱穿衣。

八月秋风寒，开始备冬棉。

八月十五下一阵，等到来年五月尽。

八月初一下一阵，旱到来年五月尽。

处暑到社二十三，荞麦压断铁扁担。

白露不酿蜜。

白露离社四十天，庄农人种麦没利钱。

过了社，绿的黄的一齐剁。

九月九，各人地头各人守。

九月九不下看十三，十三不下一冬干。

九月九重阳，胡麻、洋芋收上场。

九月九，牛羊遍地走。

九月九重阳，地里一齐光。

过了寒露，秋粮入库。

渡过霜冻关，麦子装进囤。

十月里，麻腐角儿送寒衣。

十月里三场露，饿死秦川兔。

十月里三场白，狗娃吃得肥。

十一月里柿子满街红。

过个腊八，长个权把。

冬不白，夏不绿。

冬甲子下了冻死牛羊。

冬天的雪是白面馍。

冬干湿年，憋破麦囤。

立冬吹北风，皮袄贵如金。

立冬吹南风，皮袄摺墙根。

冬天三场雪，庄稼稳如铁。

冬至夜长，夏至夜短。

一九一芽生，九九遍地生。

头九温，二九暖，三九四九冻破脸，

五九六九，闭门死守，

七九八九，有路不走，九尽了，冻硬了。

九尽一场霜，麦子一包糠。

九九有雪，伏伏有雨。

九里一场雪，伏里一场雨。

九里一场雪，来年有吃喝。

三九荏荏，冻死娃娃。

下雪不冷，消雪冷。

风是雨的脚，风收雨就落。

北风回云雨，南风连阴雨。

秋后北风雨。

晚上起风早上息。

东风雨飞西风晴，北风过来冻死人。

开门风，闭门站，闭门不站三天半。

月亮周围起黄圈，来日大风到眼前。

月亮圆圈，大风不过三天。

吹风不下雨，下雨不吹风。

北风不受南风欺。

月亮盘场起风呢，太阳盘场下哩。

云朝东，一场空。

七阴八下九不晴，初十睡到大天明。

久旱有久雨。

大旱不过二十五，二十六日没干土。

南山戴帽，长工睡觉。

山戴帽，大雨到。

四六不开天，开天是半天。

不怕东南风刮几天，单看东南风把头转。

东南风不过三天，西北风十天不管。

每月十五吹南风，不过三天有雨来。

东风转北风，不下也受阴。

雨后东南风，三日不落空。

重雾三日，必有大雨。

黑云起伏星挤眼，有雨不过当日晚。

若要下，头顶压，若要晴，头顶明。

一日刮风三日晴，三日南风别盼晴。

烟雾拉山头，泡死老犍牛。

云彩往西走，泡死猪和狗。

日头掉到云口里，睡着半夜雨吼哩。

初三不见月，连阴带雨半个月。

雨落甲子头，四十五天不套牛。

天起鱼鳞壳，有雨定不歇。

天上扫帚云，三月雨来临。

云向北，晒干麦，云向南，水成潭。

云往西，雨凄凄，云往东，车马通。

云猪会天河，要下雨。

天河打坝，必定要下。

一点一个泡，三天不抹帽。

一点一个泡，还有大雨到。

一阴一亮，石头泡涨。

大旱不过二十五。

夜晴没好天，晴不到鸡叫唤。

十雾九晴。

清早拉一雾，晌午晒死兔。

早拉雾，晒破肚。

夏雾多不下，秋雾多不晴。

南山的烟雾罩，不如北山的猴戴帽。

雾在半山腰，大雨在今朝。

早雾不出门，晚雾千里晴。

东虹日头西虹雨，南虹过来发白雨。

早烧有雨晚烧晴，中午烧了刮大风。

早烧不出门，晚烧千里行。

早霞阴，晚霞晴，中午有霞刮大风。

早上有薄云，中午晒死人。

早上薄云走，中午晒死狗。

早烧晚烧，雨儿远掉。

月牙躺，雨水广，月牙双，晒破缸，
月牙单，不过三。

月牙挂，天不下。

星星稀，晒死鸡；星星稠，溜倒牛。

天上鱼甲鳞，地下雨淋淋。

黑夜下雨白天晴，庄稼收了没处盛。

团团云，热死人；瓦团云，晒死人。

扫帚云，泡死人。

日落西山胭脂红，不下雨就起风。

早看东南，晚看西北。

日落翻黄，大雨淹倒墙。

久旱西风雨，久雨西风晴。

恶云又发红，必定冰雹临。

雹雨打交界。

过雨忙，跑不过一面场。

雹雨来临，风先行。

猛晴防霜冻。

雪上加霜，冻死婆娘。

黑霜杀的土坑坑，冰雹打的是崩崩。

早晨冷，中午热，要下雨，七八月。

早毛不下，晚毛不晴。

先毛不下，后毛不晴。

天热人又闷，雷雨就来临。

雷声不断，冰雹可见。

推磨雷，冰雹堆。

黑云红梢子，必定下雹子。

黑云红云上下翻，雹子在眼前。

母鸡斗，天要漏。

牛打喷嚏蛇过道，不过三天大雨到。

牛打喷嚏蛇过道，斑斑子钻天大雨到。

蚂蚁搬家蛇过道，必定大雨到。

蛤蟆哇哇叫，必定大雨到。

瞎瞎透土满地跑，大雨不过三天到。

燕子低飞，缸出汗，地震三天大雨到。

蝇蠓扑脸，离下雨不远。

灶打倒烟，猪衔柴，大雨必定来。

燕子低飞必有雨。

霜蠓子满天飞，谨防霜到来。

公鸡愁，晒破头；母鸡愁，水溜溜。

骆驼蓬戴孝，雨就来到。

蜜蜂早出门，必定是晴天。

蜜蜂旋门，必有大雨来临。

雪水流成渠渠子，狗不吃油饼皮皮子。

傍晚羊贪青不进圈，有雨来日见。

牛马驴骡不进圈，猪不吃食拱又闹。

羊儿不安惨声叫，兔子竖耳死蹦跳。

狗上房屋狂吠嚎，家猫惊闹往外逃。

鸡不进窝树上栖，鸽子惊飞不回巢。

老鼠成群忙搬家，黄鼠狼子结队跑。

蜻蜓蛤蟆闹无声，蝉儿树下不鸣叫。

野鸡乱飞怪声啼，鱼翻白肚水上跳。

蛇云绕日晨曦兆。

蛇云送震，蛇云兆震，蛇云出震。

冬出蛇，云出蛇，地出祸，话没错。

天出五色云，地震要来临。

井水是个宝，前兆来得早；

无雨泉水深，天旱井水冒；

水位升降大，翻花冒气泡；

有的变颜色，有的变味道。

天变雨要到，水变地要闹。

宁可千日不震，不可一日不防。

七十二行，庄稼汉为王。

要使庄稼好，全靠手脚到。

地是刮金板，全靠人来管。

庄稼人不离田头，扁担不离肩头。

要使庄稼好，常问八十老。

春天多受一点苦，秋后多得一点粮。

春天刨一点，秋后收一碗。

冬闲变冬忙，来年多打粮。

多出汗，勤用心，土中自然有黄金。

刨个坡坡，吃个窝窝。

人勤地灵，人勤地肥。

人哄地皮，地哄肚皮。

人养地，地养人，土地不亏勤劳人。

人勤地出宝，人懒地长草。

要吃饭，多流汗。

人不勤，地不灵。

地是金镶板，服勤不服懒。

要想吃碗饭，还得汗珠换。

庄稼不亏有心人。

老牛破车疙瘩绳，庄稼咋能做得成。

要吃粮和油，鸡叫套上牛。

一年庄稼二年务。

五谷细面，土中提炼。

深耕细作出黄金。

田不勤耕，五谷不生。

三耕六耱九锄田。

万物生于土。

孩儿离不开母，庄稼离不开土。

深耕叶茂，防旱防涝。

深耕一寸田，赛过水浇园。

春耕早，庄稼百样好。

要想吃碗饭，伏里耕三遍。

六月耕得深，黄土变成金。

犁三遍，耱三遍，不怕老天晒半年。

翻了热茬地，强如留歇地。

地耕三遍，黄金不换。

七月歇地不耱，不如家中闲坐。

二茬地不耱，不如家中坐。

薄地怕勤汉，伏里耕四遍。

好地怕懒汉，十月耕头遍。

土中生白玉，地内出黄金。

耕地看辕，耱地看前。

锄头底下能生火。

豆锄三遍颗粒圆，谷锄三遍米汤香。

倒茬如上粪。

多种早熟粮，准备变年荒。

七十二行农为首，万亩粮田粪当先。

人靠五谷养，田靠粪肥长。

土地无肥不长，牲口无料不肥。

深耕浅种，薄地上粪。

要想庄稼好，底肥要上饱，

庄稼不用问，一半工夫一半粪。

年里施根线，抵过年外施三遍。

底肥不足苗不长，追肥不足苗不旺。

种地不上粪，等于瞎胡混。

庄稼一枝花，全靠粪当家。

人是铁，饭是钢，庄稼有粪多打粮。

若要庄稼好，深耕上粪多锄草。

种地不用问，精耕多上粪。

一耕二种三上粪，这个秘诀不用问。

土是本，水是命，肥是劲。

春天多上几担粪，秋后多收几斗粮。

攒粪如攒金，庄稼不昧苦心人。

门前没粪三大堆，长好庄稼是胡吹。

只要勤动手，肥料到处有。

要想吃个香的，就得拾个脏的。

如果没粪堆，赶紧烧生灰。

粪倒三遍，不打自烂。

粪晒三年没有劲，土晒三年顶上粪。

人吃五谷粮，地吃多样肥。

羊粪似土，土地如虎。

生粪上地连根烂。

庄稼百样巧，粪是无价宝。

地凭粪养，苗凭粪长。

有收无收在于水，多收广收在于肥。

油足灯亮，肥足苗壮。

施肥施在劲头，锄草锄到地头。

粪多庄稼好，还看施肥巧不巧。

粪施三年成土，土放三年成粪。

粪是金，尿是银，厕所好似聚宝盆。

积尿不算难，常把尿桶担。

小麦上尿，骡马上料。

积尿浇麦，宝能多得。

猪粪尿养料全，上一季壮三年。

要想庄稼好，要在猪羊上找。

养猪不打圈，不是庄稼汉。

猪粪肥，羊粪壮，牛马驴粪跟上逛。

牛粪冷马粪热，羊粪两年把力得。

干牛粪上地，不如母羊放屁。

东奔西跑，不如拾粪寻草。

绿肥施得饱，明年庄稼好。

一年墙土两年谷，三年墙土起砖屋。

灶洞土，赛如虎。

一年锅头二年炕，黑透的烟筒顶粪上。

一亩园，十亩田。

豌豆一个根，还要种得深。

豌豆稠了一把柴。

豌豆稠了喂老牛。

深谷子，浅糜子，胡麻种到浮皮子。

针扎胡麻，卧牛谷。

高粱地里驴打滚。

人怕种荞，狗怕脱毛。

豆子不用粪，只用灰来种。

洋芋不用粪，炕灰就顶用。

洋芋丢把灰，结得起堆堆，

羊圈摇钱树，猪圈聚宝盆。

要吃饭，勤垫圈。

天旱十年，不舍阳山。

八成熟，十成收。

冻不死的葱，干不死的蒜。

粪长一楼，水长一片。

谷地里的糜，如手提；

糜地里的谷，吼着哭。

绿割碗豆带花的荞，捂坠子胡麻你不要饶。

胡麻不算粮，成了比粮强。

荞麦没粪，不如不种。

糜稠尽叶，豆稠没角。

宁肯吃屎，不可吃籽。

麦见芒，四十五天搬上场。

麦怕胡墼荞怕草，豆子离了胡墼长不好。

锄谷三遍自成米。

稠好看，稀吃饭，合理下种是关键。

豆子种在胡墼缝里，麦子种在沙泥洞里。

要吃白馍馍，麦子种在泥窝窝。

好种好苗，母壮儿肥。

好种出好苗多好苗产量高。

种前晒一晒，苗子出土快。

留种如留金，保种如保命。

种子年年选，产量节节高。

高田有了，低田就有哩。

麻雀上万，一起一落一石。

大买卖不要宰牛，小买卖不要贩油。

瘦牛不瘦头，四个蹄子全是油。

使牛靠鞭，种地靠天。

养羊要喂盐，每日二三钱。

羊走十里饱呢，牛走十里倒呢。

若要壮，牛羊满山逛。

沙里栽杨泥里柳，山坡栽椿不用走。

桃三杏四梨五年，核桃枣儿六七年，

酸枣子当年能卖钱。

植树不修剪，长大当柴砍。

山上多栽树，等于修水库。

造林不管林，等于没造林。

造林难，管护更难。

前杨后柳，不苦自有。

若要富，多栽树；若要穷，破坏林。

天旱十年，榆林不下河滩。

雨涝十年，柳树不离河边。

靠山吃山，靠水吃水。

村旁千棵柳，不用满山走。

家有千棵柳，山中永不走。

家有千棵树，不富也得富。

家有千棵杨，不用打柴郎。

要想栽好树，先得育好苗。

一棵果树三分田，百棵果树一亩园。

种树永不调，只是满头罩。

退耕还林，生态平衡。

牲口农家宝，夜草离不了。

马无夜草不肥。

寸草铡三刀，没料也长膘。

出力牲口莫饮水，饮水生是非。

有料没料，四角拌到。

圈干槽净，牲畜没病。

青草晒干当饲料，牲口吃了能长膘。

乳牛下乳牛，三年五头牛。

人吃豌豆没有劲，给驴说去驴不信。

乳牛岁半不饶，犍牛两岁不调。

角似钻子眼似铃，尾似串子嘴似盆。

要是养好牛，月月四两油。

瘦牛不瘦头，四个蹄子纯是油。

迟料喂到嘴上，早料喂到腿上。

乌嘴子驴，浑身的毛病。

羊过清明牛过夏，人过处暑说大话。

清明对立夏，牛羊不出山。

草膘、料力，水精神。

畜要喂好，圈勤垫。

不怕使十天，就怕猛三鞭。

养猪养羊，有肉有粮。

猪吃百样草，饲料最好找。

善走的驴儿不用打。

上坡的骡子平川的马，下坡的毛驴不用打。

羊走十里跑，牛走十里倒。

抽空编背斗，有盐又有油。

家有鸡兔鸭，穷家变富家。

要想变富，广开门路。

要想富，养蜂又养兔。

有了洋芋做粉条，有了柴禾烧砖窑。

外面勤走走，强如家中空守守。

木匠短一寸，胶粘钉子钉，

铁匠短一寸，锤上加把劲，

石匠短一寸，气得把眼瞪。

猴子不上竿，多敲几下锣。

马无失蹄成龙，人无过错成神。

家穷惜不住宝，无柴存不住草。

男要俏一身皂，女要俏一身孝。

聋子好打岔，哑巴好说话。

男人愁了唱，女人愁了哭。

软处好取土，硬处好打墙。

山不转路转，石不转磨转。

门前烧的纸多，家里惹的鬼多。

天下没有不散的筵席。

懒人不出门，出门天不晴。

人穷自把精神短，马瘦毛长脊梁高。

无针不引线，无水不渡船。

鱼恋鱼，虾恋虾，王八找个鳖亲家。

家有三顶相，吃的吃放的放。

楹联习俗

　　楹联是题写在楹柱上的对联，亦指对联，是我国一种独特的文学艺术形式，人称"诗中之诗"。楹联源于我国古代汉语的对偶艺术形式，西晋时期出现合律讲究的对句，可视为其形成的重要标志。在1700余年的历史传衍过程中，楹联与骈赋、律诗等传统文体形式互相影响、借鉴，历北宋、明、清三次重要发展时期，形式日益多样，文化积淀逐渐丰厚。目前楹联有偶语、俪辞、联语等通称，以"对联"称之，则肇始于明代。2006年5月20日，楹联习俗经国务院批准列入第一批国家级非物质文化遗产名录。

　　楹联始于桃符。秦汉以前，民间就有过年悬挂桃符的习俗。所谓桃符，即把传说中的降鬼大神"神荼"和"郁垒"的名字，分别书写在两块桃木板上，悬挂于左右门，以驱鬼压邪。这种习俗持续了一千多年，到了五代，人们才开始把联语题于桃木板上。据《宋史·蜀世家》记载：五代后蜀主孟昶"每岁除，命学士为词，题桃符，置寝门左右"，末年，学士幸寅逊撰词，昶以其非工，自命笔题云："新年纳余庆，嘉节号长春。"这是我国最早出现的一副春联。宋代以后，民间悬挂春联相当普遍，同时出现了名胜古迹联、寿联、挽联等。明太祖朱元璋提倡此习俗，楹联就以春联形式普及，人们开始用红纸代替桃木板，由于春联的出现和桃符有密切的关系，所以古人又称春联为"桃符"。楹联习俗直到现在依旧广为流传，以农历新年张贴春联为最集中体现，不难看出人们对美好生活的期望以及为节日增添气氛的雅趣。尽管在历史上，楹联也作为皇室贵族的宫廷文化和文人雅士的闲情的一部分而存在，但其之所以延续至今，根基还在于人民群众之中。民间的楹联，大多言简意赅、通俗易懂、贴近生活，是人们喜闻乐见的文化艺术形式。民间楹联出自民间，写自民间，用自民间，大致可分为春联、门联、堂室联、书斋联、婚联、寿联、新居联、馈赠联等。

　　楹联一般以两行文句为一副，并列竖排展示，自上而下读，右为上联，左为下联，按民间楹联张贴习俗的不同，传统楹联一般可分为五类：一是"门联"，挂于两侧；

二是"柱联",对称挂于柱子（楹柱）上；三是"壁联",对称挂于墙壁；四是"梁联",刻画于顶梁；五是"屏联",刻画于屏风。

西吉民间楹联贴近生活,趣味性强,雅俗共赏。文人称其为楹联,老百姓称之为对联,其种类可分为春联、喜联、寿联、挽联、装饰联、风景名胜联、自题联、行业联、交际联及各种技巧联（包括谐趣）等。西吉当代楹联的发展传承主要依托于民间文学组织,西吉楹联创作队伍十分庞大,2017年西吉诗联学会的成立标志着西吉在楹联保护和传承方面迈出了一大步。会员们创作出的楹联通俗易懂,十分接地气,在网络上广为传播,也深受当地老百姓喜爱。西吉诗联学会以团体的方式自觉承担起传承和保护地方楹联文化的重任,成为了坚定文化自信,弘扬优秀传统文化的阵地。

西吉作为一个文化大县,楹联的运用和流传是十分广泛的。楹联主要以书法等为载体传播,每逢春节将至,在西吉的大街小巷,随处可见老百姓围成一圈,原来是在吆喝"乞联",而被围的写对子的人挥毫泼墨,将吉祥祝福送至每个人手里,据说送得越多,来年运气越好,而西吉老百姓喜欢张贴手写的对联,他们觉得过春节过得是氛围,过得是文化,过得是吉庆。西吉民间自古便有新居落成、入宅、乔迁张贴对联的习俗。在传统习俗中,新居落成,人们会择日入住,并张贴对联。每逢婚嫁大喜的日子,西吉人喜欢将"海阔天空双比翼,月好花好两知心""长天欢翔比翼鸟,大地喜结连理枝"的喜联悬挂在墙壁间、廊柱上或门两旁,并配上一对大红喜字,以此来增添喜气。

对联作为一种习俗,是中国传统文化的组成部分,楹联习俗在华人乃至全球使用汉语的地区以及与汉语汉字有文化渊源的民族中传承、流播,对于坚定文化自信,弘扬中华民族文化有着重大价值。

代表性传承人

王力，汉族，1985年10月出生，宁夏西吉人，大学本科学历，中国楹联学会会员，中华诗词学会会员，宁夏作协会员。宁夏民协联谜专业委员会副主任，西吉民协副主席，西吉县诗联学会副会长，县级楹联习俗非遗代表性传承人。诗词作品散见于《朔方》《六盘山》《夏风》《银川日报》《固原日报》等杂志报章。2017年3月，在"将台杯"纪念中国工农红军长征胜利80周年暨文艺扶贫全国楹联、诗词书法活动中荣获三等奖；2018年9月，在"我为宁夏六十大庆献首诗"主体诗词大赛活动中荣获三等奖。

胥劲军，笔名墨玉，汉族，1972年出生，宁夏西吉县震湖乡人。系自治区级春官词非遗代表性传承人，中国民协、中华诗词学会、中国楹联学会会员，宁夏作协、民协会员等，现任宁夏民协联谜专业委员会主任、固原市民协副主席，西吉民协副主席秘书长、西吉县诗联和春官词学会会长。长期从事流行于六盘山区及甘肃陇东地区濒临灭绝的古老春官词的保护研究和抢救工作，经过数十年的艰苦努力，现已整理成册的《西吉春官词》草稿近20万字。不断探索在网络新媒体时代如何更好地搞好非遗传承工作，尝试性开设了"西吉春官词学习交流群"网络课堂，培养出了一大批活跃在广大城乡的春官词带头人。与时俱进，率先成立了"西吉县诗联和春官词学会"并开通运行了西吉春官民俗文化学会公众号，多层次、多维度进行春官词的推广和学术交流活动。2016年，应邀参加了由宁夏师范学院组织的关于六盘山地区春官词的国家课题研究项目，有多篇关于春官词方面的文章发表在《固原日报》《葫芦河》等多家报纸杂志。

窦新伟，宁夏西吉人，现就职于西吉县交通运输局，系中华诗词、中国楹联、宁夏诗词学会、宁夏楹联学会、宁夏民协、西吉楹联学会会员，子曰诗社、北斗星诗社社员。诗词、

楹联作品发表于《夏风》《朔方》《宁夏楹联》《六盘山》《葫芦河》、六盘山诗文、甘宁界、塞北诗词书画、墨韵诗音、竹韵清风、格律诗社、红袖添香等文学媒体。《七律·西吉颂》获"将台杯"纪念红军长征胜利80周年暨文艺扶贫全国楹联诗词书画活动优秀奖，楹联作品获宁夏楹联学会"民族团结杯"征文二等奖。

王虎强，笔名云波，1985年出生，宁夏西吉人。中华诗词学会会员，中国诗歌学会会员，宁夏作协会员，现任宁夏民协联谜专委会秘书长，曾获全国抗疫诗书画大赛"散曲"类三等奖，作品先后入选《诗刊》《中华诗词》《中华辞赋》《中华散曲》《中国当代散曲》《诗词月刊》《零度诗刊》《中华楹联报》等刊物。

代表性作品

王力联

题宁夏六十大庆

改革开放功千代，喜全国经济风华正茂；
精准扶贫惠万家，看宁夏农村春意盎然。

风雨兼程六十载，看全区阔步新时代；
披星戴月数个秋，喜乡镇告别旧贫穷。

文化馆撰联

新馆落成，西吉文化年年盛大；
脱贫胜利，群众生活步步高升。

题兴隆镇（嵌字联）

乡村振兴，小康奏响清平乐；
国运昌隆，春风吟唱脱贫歌。

题建党100周年

学党史，征程壮阔百年路；
沐春风，历久弥坚爱国心。

题周瑜

火烧赤壁，直让锁乔人弃甲丢盔，三分天下；
龙凤呈祥，任由借箭客呼风唤雨，一命呜呼。

题曹操

横槊赋诗，才冠千秋，本三国雅士；
胸怀沧海，气吞万里，实一代枭雄。

胥劲军联

丹霞流韵落诗意；
石寨飞歌入画屏。

放舟还赋渔家傲；
踏浪长吟山海情。

风中唤醒三春景；
浪里邀来五彩鱼。

月亮山峰捉景色；
震湖浪里摸鱼儿。

题建党100周年

实践基层增智慧；
重温党史养精神。

坚守初心，牢记单家集夜话；
永担使命，高擎将台堡红旗。

题政府联

决胜小康，一卷宏图书伟业；
脱贫大捷，百年建党引高歌。

上下齐心，而今迈步小康路；
闽宁协作，从此结成山海情。

题西吉

西部一方福地，吉祥如意；
中国文学之乡，兴旺繁荣。

乡村振兴，讲好西吉故事；
文旅融合，传承红色基因。

窦新伟联

题岁末

关心三百风和月；
转眼一回喜与愁。

题冬雪

千山柳絮粘清冷；
万树梨花匿暗香。

题火石寨云台山

莫为无珠，寨里偏能生火石；
只缘有道，山中自会起云台。

贺西吉楹联微刊一百期

半截痴心，聚一众骚人吟不尽诗情画意；
百期微刊，集三千对句写光了古往今来。

王虎强联

题楹联

塞北江南，山水间常见；
新婚大寿，风俗处总吟。

题震湖

大震成形，山抱苍天一块；
长居有福，湖生瑞霭千层。

题春官

口占能吟千古事；
手挥旋送万家福。

题霜降

满山枫叶红，是谁点火
两岸芦花白，哪个施盐

张永田联

题霜降

山黄气肃辞秋雨；
地湿天凉盼暖阳。

题港珠澳大桥

扬帆出海，彩带聚三地；
吐瑞纳祥，蛟龙腾九州。

任建平联

梅秀花清，志壮欲飞云外去；
气高骨傲，味香已漫海边来。

牛占才联

绿水红山一胜地；
森林地质两公园。

月捧云台呈瑞象；
经传翠岭铸佛心。

张志新联

题龙王坝

望穿壮丽寻愁绪；
落尽浮华返璞真。

张新亮联

将台堡

临陇行，星火明时多壮士；
依山势，蓝天后土长雄师。

马玉莲联

题西吉

清夜无尘人纳吉；
西湖有梦客寻春。

题西吉古钱币博物馆

集数年老币探龙蟠凤逸；
纳千古英气凭地广人杰。

安彪联

惠民政策，好似春风暖；
防腐决心，犹如利剑悬。

题西吉美景

龙王坝中，戏水观鱼跃；
凤凰山里，依松听鸟鸣。

李翠萍联

春官幻彩真精品；
戏曲传神妙古风。

尹怀周联

鱼戏水波激笑浪；
蛙蹲荷叶展歌喉。

胡莲花联

题火石寨

六盘余脉自然境；
七彩丹霞鬼斧功。

题好水川

好水曾经埋白骨；
平川依旧忆忠魂。

伏润军联

题马铃薯

味美量多营养好；
皮粗肉细价值高。

土豆分咏

土豆丰足开富路；
西芹嫩绿变穷根。

题葫芦河

葫芦架上金秋颤；
故土溪河盛景出。

赞教育

参天大树凌云起；
奋志鸿鹄展翅飞。

冯建明联

雁过千山寻老寨；
人游万里恬寒乡。

题红军粉

晶莹体，冰玉心，香名美誉芳天下；
浩洁容，雪银骨，春色清风韵八方。

冯建明撰联

精准扶贫，多谢春风常送暖；
贤能致富，再留雨露自传香。

陈志斌联

题月亮山

三滴水府歌石器；
七里宝山印月魂。

土豆炒西芹，擎天柱顶迎游客；
楹联言壮志，点将台前忆会师。

涂天喜联

题火石寨

丹霞刻意织奇景；
青翠含情染莽林。

贺西吉三合中学90周年校庆

九秩尽辉煌，播火传薪追远梦；
一心培贤俊，腾龙翥凤柱长天。

联寄高考落榜生

谁言落第少贤才，异史氏终生未举，一部聊斋传百世；
我看无名是动力，海明威战地为学，等身著作誉八方。

李西林联

题春联

枝头喜鹊鸣新曲；
院里红梅报早春。

题西吉土豆

紫花朵朵枝头绽；
玉蛋颗颗土里生。

石永成联

题月亮山

云笼月亮，沟沟野菜；
雨锁神山，壑壑青松。

黄忠义联

题花木

春风润泽桃花月；
细雨催开草木心。

王升明联

题火石寨

丹虹缕缕织霞景；
青翠层层染俊峰。

作客西吉，龙王坝上搅团难忘；
邀君故里，家宴席间洋芋最香。

题《西游记》

本一筋斗真经可取；
何四人齐正果才成。

韩生燕联

题土豆西芹

块茎肥硕，做菜当粮唯土豆；
枝叶翠青，养颜去火数西芹。

李彦利联

题县委

躬行德政，清风万里春光好；
全面小康，绿水青山景色宜。

米志强联

题口弦

三寸竹簧，人生欢悲皆弹尽；
一根丝线，在世情愁且拽出。

题西吉砖雕

千锤百炼出泥模；
镌刻精雕现匠心。

安彪联

云台古寨霞如火；
党岔震湖浪似银。

胥永红联

昔日辞家，盘山绕水羊肠窄；
今朝看母，穿洞修桥马路宽。

王昕联

馓子，氽面，麻辣烫，家乡美味；
搅团，油香，懒疙瘩，西吉佳肴。

牛丽萍联

胜地据西吉，望厅影悬浮，绿树烟云缠山际；
飞禽隐林下，闻涛声汹涌，花香鸟语绕丹霞。

杨秀琴联

题立冬

草木凋零秋已去；
蛰虫眠卧雪将临。

题　梅

铁骨梅花逢雪艳；
冰心芳蕊遇寒香。

王国军联

题感恩

鸦反哺，羊跪乳，鸟畜都明情义重；
蕊迎春，叶归根，李桃不忘雨泽深。

题大雪联

物阜冬实，大雪时节逢大雪；
人勤春早，丰年关口兆丰年。

张继伟联

高山厚土，一腔热血浇金豆；
碧水红心，两笔清风赋玉章。

为人莫斗一时恶气，惹祸；
做事常争万古殊荣，积福。

王晓云联

为人师表，通理通情通技巧；
于世神形，寄思寄想寄典章。

赵凯峰联

说心灵

腹无翰墨难生雅；
心有莲花自吐幽。

车向峰联

题秋思

登高望远，秋风浩瀚云天外；
垂首思亲，夜色苍茫尘世中。

李强虎联

淘宝商城难淘宝；
如家酒店不如家。

刘芳宁联

无聊小事还需做；
有味闲书常去读。

高飞亮联

卧石随风猜鸟语；
倚窗望月嗅花香。

王志雄联

题志愿填报

十年学子读书苦；
三日英雄下笔难。

赵玲联

春雨丝丝，唤醒桃花迎客笑；
和风脉脉，吹散残雪揽云波。

传统音乐

民间歌谣

　　西吉民间歌谣是指那些没有作者姓氏、自然流传于民间的诗歌与歌谣等。它是添加音乐、不具商业性的民间文学，不包括所谓的"说唱"类，产生年代久远，是西吉传统文化的积淀。在文学上或音乐上，都具有相当高的艺术价值。

　　西吉民间歌谣浩如烟海、丰富多彩，博大精深、门类繁多，分劳动歌、生活歌、时政歌、历史叙事歌、山歌、情歌、丧歌、寿歌、摇篮歌、祭祀歌、上梁歌、哭嫁歌及各种民间小调等。尤以情歌传播最广。

　　西吉民间歌谣的产生背景和内容，多与西吉群众的生活方式、礼俗、娱乐等相关。风格和韵律虽各有不同，但大体上可分为抒情歌谣与叙事歌谣两种。多数属于民间小调，演唱方式属于单音的曲调唱法，每段四句，每句多为七字（少数为五字），内容以爱情为主，其次为劳动、滑稽、叙事或童谣等。西吉民间歌谣在创作过程中运用了比兴、顶针、双关等修辞手法，以口语和对话问答等多种形式予以呈现，十分幽默诙谐。

　　西吉民间歌谣就其表现内容而言，可分为"山歌""南乡花儿""山野小曲"劳作歌谣等类型，抗战时期及西吉解放后，西吉民间又创造出许多新的歌谣，典型者如《不做亡国奴》《马匪抓兵》《解放歌》《歌唱新农村》《民兵哨》《十二月庆丰收》《上新疆》等。这些民间歌谣至今仍在西吉广为流传。

　　西吉民间歌谣的部分内容还涉及医药卫生。如"三月茵陈四月蒿，五月六月当柴烧""巴豆未开花，黄连先结子""知母好刨，就怕拔毛""春分分芍药，到老不开花"等，都记述了药的采摘季节及栽培等方面的知识。还有介绍药物作用方面的，如"若要睡得好，常服灵芝草""一进九月九，医生抄了手，家家吃萝卜，病从何处有"。这些歌谣虽介绍了不少防病治病的经验，但也有其局限性，而且由于口头流传，有些难免失真，其中还有不少违反科学道理的。如能取其精华，弃其糟粕，对防病治病、保健强身，仍有积极的意义。

小　曲

吆骡子

骡子（呀）一站（哟）马（呀）两站，
想起我的紫花儿就放了大站（呀二郎咿儿哟）。
骡子（呀）吆在了清阳的个县，
想起我的紫花儿就哭（呀）一场（呀二郎咿儿哟）！

骡子驮的榆州布，哪里的有钱汉当脚户？
骡子带的马的铃，十字当街耍了英雄。

骡子吆在大门外，叫一声紫花儿开门来！
左手儿拿的腰门担，右手扳开门两扇。

骡子拴在转槽上，鞭子挂在房廊檐上；
喊我的紫花儿接行李，行李放在磨坊里。

梧木桌子当炕放，梧木的筷子下两双，
青茶不喝开茶喝，渴死了凉水不能喝。

王家哥

上山的骡子下山的马（王家的哥），

因为你着挨过打（呀王家的哥），

他能打来我能挨（呀王家的哥）。

多将来了说日子，哥给你后院里搭梯子；

说下的日子错记了，烙下的油馍馍死气了。

莜麦地里的股子蔓，丝丝然然扯不断。

远路上夫妻配成双

扁豆子开花（呀）乱嚷（的个）嚷，

乱嚷（的个）嚷（呀），

把奴家成在（个）远路（的）上，

涅家女婿儿进学房，

进学（里个）房（呀）。

奴家的个女婿儿放牛（的）羊。

黑了睡觉端端睡，后半夜睡觉打颠倒。

头一泡尿湿小衣裳，第三泡尿湿大红被。

上心来上心怪着气，被被儿揭开两巴掌。

头一把打得叫姐姐，第二把打得叫婶娘。

不是你姐来不是你娘，远路上夫妻配成双。

上心哩上心哩寻无常，扔不下我前亭后楼房；

上心哩上心哩寻无常，扔不下贤惠二爹娘；

上心哩上心哩寻无常，沟老里树儿往上长，

沟老里树儿往上长，长上来还赶奴家强。

小放牛

三月里来三呀三月三呀，走路去，走路去，

君子二人调了个号（哟哪个啦哈咿呀咳），

身穿上皮袄（的），

笤笤（的）吹得你就太平年（哟啦哈咿呀嘿）。

桃花儿不开杏花绽呀，走路去，走路去，

君子二人调了个号（哟哪个啦哈咿呀咳），

头戴上草帽（的），

笤笤（的）吹得你就太平年（哟啦哈咿呀嘿）。

孟姜女生来高二丈呀，走路去，走路去，

君子二人调了个号（哟哪个啦哈咿呀咳），

脚蹬上草鞋（的），

笤笤（的）吹得你就太平年（哟啦哈咿呀嘿）。

先带上胭粉后带上鬓呀，走路去，走路去，

君子二人调了个号（哟哪个啦哈咿呀咳），

口吹上音笛（的），

笤笤（的）吹得你就太平年（哟啦哈咿呀嘿）。

王哥放羊

正月（家）里来正月正，雇了个王哥早上工；

王哥系的金鹿带，我连我王哥好人才。

二月里来二月八，我连我王哥织手帕；

织下的手帕价钱大，凉州城里卖不下。

上街里手帕翻丝大，下街里手帕价钱大；
价钱大了不买它，银匠铺里交梅花。
金簪子，银簪子，喊哩呛啷的牙钎子；
泡泡头，耳环子，喊哩呛啷的手镯子。
三月里来三清明，打发我王哥上新坟；
王哥拉马匹鞍子，我给我王哥寻鞭子。
梅花的鞍子假银蹬，我给我王哥捎行程；
行程捎上上长站，姑娘的眼泪擦不干。

四月里来四月八，岁数不大十七八；
岁数不大十七八，好汉儿不大这么大。

五月里来五端阳，大米的粽子蜜拌上；
一边吃来一边浪，知心的话儿说不光。

六月里来热难当，王哥赶羊下草场；
日落西山羊进圈，不见王哥吃黑饭；
一直等到鸡叫唤，口噙冰糖实难咽。

七月里面来秋风凉，我给王哥缝衣装；
夹层袄儿双纽子，我连王哥两口子。

八月里来八月八，我连王哥拔胡麻；
王哥一把我一把，两把拔到地头下。
帽子一抹手一搭，我给王哥梳头发；
梳子梳来篦子刮，头上无虱辫了吧。

九月里来九月九，一把拉住王哥手；
为啥不丢王哥手？直到河干石头朽！

石头朽来还不算，直到公鸡下了蛋！
公鸡下蛋还不算，直到人死魂魇散。

十月里来冷寒天，王哥出门穿得单；
我有心给王哥脱一件，恐怕旁人说闲言。

十一月里来二十三，羊羔下了多半圈；
管他掌柜的加钱不加钱，只要我王哥连一年。

腊月里来腊月八，我给王哥叫冰马；
冰马大叫到后院里，不见王哥吃饭来！
大米的干饭清油拌，我连我王哥吃一碗。
吃着吃着哗啦啦颤，好像孔雀戏牡丹。

小小白菜

小小白菜叶叶儿黄啊，两三岁上离过娘（呀）：
想亲娘啊，想亲娘啊，想起亲娘，泪汪汪啊！

爹娶后娘三年整啊，生下了弟弟比我强（啊）；
想亲娘啊，想亲娘啊，想起亲娘，泪汪汪啊！

弟弟跟着妈妈睡呀，把我丢在另一边（呀）；
想亲娘啊，想亲娘啊，想起亲娘，泪汪汪啊！

弟弟花钱有人给呀，我想花钱比登天难（呀）；
想亲娘啊，想亲娘啊，想起亲娘，泪汪汪啊！

弟弟吃饭我喝汤啊，端起饭碗想起娘（呀）；

想亲娘啊，想亲娘啊，想起亲娘，泪汪汪啊！

弟弟穿的绸罗缎呀，给我穿的烂布衫（呀）；
我想亲娘在梦的中啊，亲娘想我在梦中（啊）！
想亲娘啊，想亲娘啊，想起亲娘，泪汪汪啊！

民俗小调

尕老汉（酒曲）

一个（吗就）尕老汉（哟哟）！
七（呀）十七（来吗哟哟）！
再加上（就）四岁（者呀子儿青呀）
八十一来（来吗哟哟）！
怀抱上琵琶（者哟哟）！
口（哪）吹琴（来吗哟哟）！
怎么样子弹（来吗呀子儿青呀）？
怎么样子吹（来吗哟哟）？
三十两白银买了一匹马，
怎么样子骑来怎么样子跑？
三十两白银买钢枪，
怎么样子端来怎么样子打？
三十两白银吃、穿、戴，
怎么样子穿来怎么样子戴？
尺子量来剪子铰，
裁缝来了八大块！

放风筝

正月（哟）里来（呀）正月儿正（啊），

杨七郎（吧）打猎（者）在山中（哪），

骑马儿挂猎弓（啊）；

（哎哟哎）骑马（儿）挂猎弓（啊）。

骑上（个）烈马（呀）架上个鹰（啊），

领上（那个）西狗（者）啊咿（哟），

一心儿要到山中（啊）；

（哎哟哎）一心儿要到山中（啊）。

进了（哟）深山（呀）打一（儿）枪（啊），

惊起来个兔儿（者）乱攘攘（啊），

撒手（者）把鹰放（哎）；

（哎哟哎）撒手儿把鹰放（啊）。

打上个兔儿（呀）在马后头捎（啊），

打上个野鸡在枪杆上挑（啊），

一心儿（就）转回家（哪）；

（哎哟哎）一心儿就转回家（啊）。

二月（哟）里来（呀）龙抬头（啊），

庄农汉收拾了忙务家（哪），

难是难得很（啊）；

（哎哟！）难是难得很哪！

有牛（了）有籽（啊）把田种（啊），

无牛（了）无籽（者）去雇人（啊），

难是难得很（啊）；

（哎哟！）难是难得很哪！

三月（哟）里来（呀）三清（儿）明（啊），
篮篮子（吗）提上（者）掏菜根（啊），
姊妹二人放风筝（啊）；
（哎哟！）姊妹二人放风筝啊。

大姐姐（就）要放一个满天（儿）红（啊），
二姐姐要放个崔莺莺，恨死老天刮怪风啊！

（我）紧悠了风筝（啊）我紧悠了个绳（啊），
坠得（那）个奴家的手腕儿疼（啊），
风筝儿（就）起了升（啊），
（哎哟来！）风筝儿就起了升啊！

（那）我有心（吗）跟上一个风筝儿去（啊），
隔墙（吗就）过来了二学生（哪），
（就）怀抱上琵琶音（啊），
（哎哟来！）怀抱上琵琶音啊。

一个（吗就）弹上一个《将军令》（啊），
一个（吗就）唱上个《满堂红》，
偌偌儿（就）雅中听（啊）（哎哟哎！）
偌偌儿（就）雅中听啊！
老天（呀）你保我二人成上个婚（啊），
我（给）了你烧香（者啊咿哟），
冬后给你玩点灯（啊）；
（哎哟哎！）冬后给你玩点灯啊！

十对花

我说上哪个一，谁对上个一呀，什么开花在水里。
你说上哪个一，奴家对上个一，莲花花五一节在水里。

我说上个二呀，谁呀对上个二呀，什么花开蓝又蓝？
你说哪个二呀，奴家对上个二呀，攒草花开蓝又蓝。

我说上个三呀，谁呀对上个三呀，什么花开尖对尖？
你说哪个三呀，奴家对上个三呀，辣椒花开尖对尖。

我说上个四呀，谁呀对上个四呀，什么花开一身刺？
你说哪个四呀，奴家对上个四呀，刺梅花开一身刺。

我说上个五呀，谁呀对上个五呀，什么花开疙瘩舞？
你说哪个五呀，奴家对上个五呀，棉花开花疙瘩舞。

我说上个六呀，谁呀对上个六呀，什么花开滴溜溜？
你说哪个六呀，奴家对上个六呀，石榴花开滴溜溜。

我说上个七呀，谁呀对上个七呀，什么花开搭起架？
你说哪个七呀，奴家对上个七呀，葡萄花开搭起架。

我说上个八呀，谁呀对上个八呀，什么花开弯月牙？
你说哪个八呀，奴家对上个八听，四瓜开花弯月牙。

我说上个九呀，谁呀对上个九呀，什么楼上一杯酒？
你说哪个九呀，奴家对上个九呀，鸳鸯楼上一杯酒。

我说上个十呀，谁呀对上个十呀，什么山上插花去？

你说哪个十呀，奴家对上个十呀，太白山上插花去。

绣荷包

初一到十五十五月儿圆，

风吹摆动杨柳梢，

风吹着摆动杨柳叶儿梢。

年年常在外，月月不在家，

家丢一女要绣个荷包袋。

要戴荷包袋，就得自己来，

面为什么捎书带个信来。

要绣荷包袋，绸子割着来，

将五色花线都分着来。

姑娘上楼房，手提钥匙响，

把钥匙匣在铜锁子上。

打开扣针包，扣针无一苗，

打开丝线包，丝线无一条。

打发上梅香长街上跑。

上街跑下街，无有货郎来，

单等上南乡张三哥来。

张三哥把鼓摇，梅香把手挠，

担担子担在咱门上来。

板凳子拉一把，货郎你坐下，

先装上香烟后打上茶。

烟茶都用到，姑娘你开言，

先问你卖的什么货。

姑娘来开言，货物全不全，

百样货物都带全，

阵势真好看，再问你卖的啥价钱？

银子称三分，花线五十根，

银子称五分，花线一百根，

随带上两包扎花针。

一买扎花针，二买红头绳，

三买上胭脂四买上粉；

五买包头面，六买加银簪，

七买上顶针和三环；

八买丝手帕，九买假头发，

十买上花线胛子骨上搭。

百样的货物都买全，姑娘害忧愁，

不知道荷包哪么绣！

打开绿风箱，黄纸揭两张，

一心要剜个荷包样。

手拿剪子铰，喜娃来打扰，

喜娃来打扰，狗娃庄上咬，

这一个荷包错剜了。

剪子磕一磕，气得无奈何，

剪子磕两磕，有话没处说，

剪子磕三磕，记下我三哥哥，

一个个剜上荷包样。

这个荷包剜成了，姑娘害忧愁，

不知道荷包哪么绣！

一绣一只船，绣在江边前，

把艄公绣在船舱里站。

二绣当阳桥，阵势绣得好，

把张飞绣在桥头上。

三绣张果老，骑驴过金桥，

把四大名山驴身上捎。

四绣四四方，四言明朗朗，

把四方绣在荷包上。

五绣杨五郎，五郎出了家，

五台山上为和尚。

六绣杨六郎，一世志刚常，

东挡西杀保宋王。

七绣月明食，八绣八贤王，

九绣蜜蜂乱嚷嚷。

十绣十样锦，再绣十几省，

再绣上王子管万民。

这个荷包绣成了，无有亲人戴，

得一个亲人带到洛阳城。

孟姜女

正月的十五玩花灯（呀），

孟姜女就十五（哎哟）我招了范郎（哟唉哟）！

孟姜女就十五（哎哟）我招了范郎（哟唉哟）！

二月里来春风凉，

我给我范郎烙干粮

烙下的干粮无人送（呀），

怀抱上的干粮（哎哟）我哭了范郎（哟咳哟）！

怀抱上干粮（哎哟）我哭了范郎（哟咳哟）！

没有的上了三日整（呀），

秦始皇就磨民（哎哟）我打了长城（哟唉哟）！

秦始皇就磨民（哎哟）我打了长城（哟唉哟）！

三月里来三清明，家家的户户上新坟，

人家就上坟双双对（哪），

孟姜女就上坟（哎哟）我刚（哪）一人（哟唉哟）！

孟姜女上坟（哎哟）我刚（哪）一人（哟咬哟）！

四月里来四月八，娘娘的大庙里把香插；
人家插香为儿女，孟姜女插香为了范郎。
五月里来五端阳，家家户户熬米汤，
人家的米汤有人喝，孟姜女的米汤等（了）范郎！
六月里来热难当，家家户户衣裳；
人家的衣装有人穿，孟姜女的衣装装了皮箱。

梁山伯与祝英台

三月桃花开，前院仙景开，
听奴家唱个祝（哟）英台（哟），山花放映来。
前院一瓦房，就是祝家庄，
祝家的庄前接着哪一村（哟），上前问一声。

来到祝家庄，解带换衣裳，
四水（吗）归之一（哟）粉墙（哟），一间两厢房。

园子是核桃树，走马转角楼，
楼的（是）厅绣（哟）花楼（哟），牡丹对石榴。

前院来会她，她也没在家，
那一年好时说（哟）下话（哟），改日再会她。

鸟儿空中过，鱼儿水上漂，
尘世上好着咱（哟）两个（哟），人人察不着。

神仙空中过，钢刀水上漂，

尘世上只有咱（哟）两个（哟），神仙察不着。

十劝人心

天上（吗）去厚（者）月（呀）不（的）明（呀），
地下（呀）的山大路不的平（呀），
河里（吗）鱼多（者）水（呀）不（的）清（呀），
阳世上（吗）人多心（呀）不同（呀，杨柳叶儿青呀），
世上（吗的）人多心（呀）不同（呀）。

一劝人心娘老子听，娘老子贤惠儿孝顺。
高茶贵饭娘老子用，残汤剩饭儿孙们用；
把娘老子好比三根葱，挖了根根儿断了苗；
把儿孙好比一园韭，月月割着月月有。

二劝人心弟兄听，弟兄和气家就盛。
纳粮卖柴大哥哥用，二哥哥是个生意人；
丢下三哥哥人年轻，鞭打毛牛受苦辛。

三劝人心先后们听，先后们和气家不能分。
来人客去大嫂嫂用，推磨碾米二嫂嫂用；
丢下三嫂嫂人年轻，锅上还要个干净人。
洗锅抹灶受苦辛，衣裳手上常洗净。

四劝春心邻居听，邻居要好高打墙，
娃娃打捶两分手，恐怕伤了大人的心。

五劝人心姑娘听，姑娘扎花在楼中，
梳头缠脚费了娘的心，长大她是旁人家的人。

针线茶饭都学会，夸着你的身子奖着父母的名；
针线茶饭学不会，打着你的身子骂着父母的名。

六劝人心学生听，学生读书在房中，
三篇文章都学会，老皇爷的金殿上有了你的名。

七劝人心年轻人听，年轻人走在路上要小心；
不小心脚踏开紫泥坑，填不满的黄河没底子深。

八劝人心庄农人听，秋风细雨好收成；
多种升来多打斗，多种斗来多打石。

九劝人心赌博人听，赌博人系下个草腰绳；
今天想着要吊死，还想明天恐怕赢！

十劝人心贼娃子听，贼娃子东墙根串到西墙根；

喜喜洋洋

喜喜洋洋，新人入洞（哎）房（哎呀），
五百年的结缘（哟）今夜成（的）双。
添喜侯相配文王（安）！
喜今日完婚女（安）配男（哎），
今夜晚成（的）双（安）。

贺他年子孝孙贤，
喜今日完婚女（安）配男今夜晚成双。
贺他年子孝孙贤父心宽，福（哎）无疆。
（哎）又喜的又喜的，八宝堂上，

织女牛郎，井井条条（呀）一对鸳鸯（呀哎）。

新民歌

解放歌

正月里来是新年，西北马匪造了反，
马匪传令五马共和要下了川陕拉战线。

二月里来二春风，马鸿逵显威风；
人又强，马又壮，洋芋岭上打一仗，
返回守凤翔。

三月里三月三，大兵发在平凉川；
人要粮来马要草，害得老百姓上下跑，
百姓不得了！

四月里四月八，大兵发在陕北扎；
洋芋岭上打一仗，返回守凤翔。

五月里五端阳，八十二师太猖狂；
各州府县要壮丁，害得百姓钻山坑，
都爱解放军。
六月里热难挡，三关口上摆战场；
三关口上摆战场，死活打一仗。

七月里秋风凉，黄崑山山上摆战场；

有了大炮不上山，老天爷降下的冷雨弹，

打坏千千万。

八月里八月八，马匪败回兰州扎；

一炮打开兰州城，带开了青海和新疆，

西藏解放完。

九月里九月九，贺龙领兵进包头；

朱司令开大炮，打得马匪无奈何，

马匪跳黄河。

十月里冷寒天，朱总司令打四川；

云南、贵州不胜算，四路野战军战台湾，

百姓把命安。

十一月工作忙，组织农会征公粮；

说理斗争反恶霸，争取平等和自由。

十二月一年满，全国给它解放；

人民口喊万万岁，孩子拍手过新年，

你看欢不欢。

歌唱新农村

正月里来是新春，村村社社忙耕种，

积好肥料把田种哟，争取今年好收成。

二月里来龙抬头，地又青来水又流，
兴修水保丰收哟，无旱无涝不发愁。

三月里来三清明，青山绿水麦苗青；
男女社员齐出动，锄草保苗又上粪。

四月里来四月八，满山遍地开红花，
农具改革跃进大，力争农业机械化。

五月里来五端阳，卫生运动搞得忙，
人人动手除八害，到处撒下天罗网。

六月里来小麦黄，火红的太阳闪金光，
男女老少齐下地，劳动歌声到处唱。

七月里来七月七，收完麦子人人喜，
要盼明年收成好，套起骡马把地犁。

八月里来是中秋，蔬菜瓜果大丰收，
副业生产搞得欢，社员生活幸福多。

九月里来九重阳，牛羊成群满山放，
小麦大豆都上场，晒干簸净交公粮。

十月里来落白霜，支援工业卖余粮，
勤俭持家记心上，爱国储蓄进银行。

十一月里来雪花扬，家家户户粮满仓，
拿上书本进学堂，人人不再当文盲。

十二月里来红满堂，社会主义放光芒。
共产党像太阳，照到哪里哪里亮。

上口外

麻麻（的）糊糊哨子响，队长组长到门上；
队长（哪）过来是批评他，再加上个小组长骂。
一受了孽障二受苦，一天吃的二两五，
一天（者）干活是还不算，晚夕学习十二点。

多好的夫妻变了心，两口子变得没感情；
知心的朋友来商量，打发他去上新疆。

亲戚邻人来商量，他们不让上新疆；
这个人儿实难活，明天还是走求子着！
出了大门往后看，一双父母实可怜；
养儿养女都一般，清眼泪儿流脚面！

买上个车票快出站，一站放到固原县；
固原县的地方实难看，晚夕住的车马店。
再买上车票快出站，一直放到中卫县；
中卫县的地方是好地方，家家户户粮满仓。
前面一看黄河沿，黄河沿上黄水翻；
往后一看火车站，火车站里冒白烟。

再买上个车票快出站，一直放到兰州城；
兰州城的地方是好地方，五泉山上浪一浪。

再买上个车票快出站，一直放到嘉峪关；
嘉峪关的地方是戈壁滩，往后一看长城现。

天上的白云无只鸟，地上的青石没长草；
黄风刮得石头跑，心儿里如有刀子搅。

再买上车票快出站，一直放到吐鲁番；
吐鲁番的葡萄哈密的瓜，那里的姑娘一朵花。

再买上车票快出站，一直放到伊犁县，
伊犁县的丫头子鬓角辫子长，一双眼睛真漂亮。

再买上车票快出站，一直放到达坂城，
达坂城的姑娘鬓辫子长，净腿子穿的的确良；
达坂城的姑娘实漂亮，手拉手儿哥领上。

（以上收录于全县各乡镇）

花 儿

"花儿"，又名"少年"，女的唱叫"花儿"，男的唱叫"少年"。流传于宁夏、甘肃、青海、新疆等地，是当地各族人民最喜爱的一种民歌。这种流传几百年的民间艺术表达形式，被誉为"中国大西北独特的诗体文学"。以"花儿"为主的西吉民歌，数量多、流传广、质量高，成为西吉各族人民传唱不衰的传统文化精品。

西吉方言演唱花儿，没有过分的渲染夸张，情韵自然流畅，唱起来朗朗上口，听起来悦耳动听，内容形象生动、情深意长，常常运用平铺直叙、借喻的手法，粗犷、豪爽、热烈、奔放、激情、喜悦、凄凉、悲切、缠绵的曲调，深邃而恬淡，遥远而切近，欢乐中夹杂着惆怅，苦闷中表露出欢乐。

西吉"花儿"以歌唱爱情为主要内容，也有反映生产劳动的。曲调自由，演唱节奏婉转，悠声缠绵，优美动听。西吉花儿的艺术特点是，用词鲜明生动，口语化，多用比兴手法，幽默诙谐。比兴手法是西吉花儿中最常见的修辞手法，有些比喻极为微妙传神，这种艺术特色篇篇俱到。口语运用高妙，切贴，生动而又微妙地表现了人们的心理。

西吉"花儿"大都"无令""无牌"，有相当数量的"花儿"是由河湟、洮岷、临夏等地区流传、演绎过来的变异性"花儿"。与西北其他民族地区长期流传的"花儿"在内容、腔体、形式、唱法上是不一样的。

西吉"花儿"的传唱形式是多种多样的。干腔花儿（或称"山歌""山野歌"）都是在山坡、田间进行喊唱的。赶路的，放牧的，漫几句"花儿"，给人以甘甜、喜悦或凄凉悲愁之感，特别是收割季节，为提高劳动情绪，驱赶劳动带来的疲乏，"花儿"们戏情逗趣，相互对唱起情调优美、婉转动听的"花儿"来，这就是"赶趟花儿"。或有人贬它为"臊花儿"或"放羊娃调"。叫法虽不一，但其特点基本相同。它通俗、语言淳朴，生活气息浓郁。

西吉"花儿"是民歌的一种，它是用当地方言喊唱，内容涉猎极广，国事、家事、抑恶扬善、男女情爱、伦理道德都有。

西吉"花儿"，不受形式格律的束缚，"五句子""三句子""二句子"都有。每句七字见多，亦有三句、五句式的。每段内容可长可短，字数比较灵活，没有严格限制。任何场合都能喊唱，这是西吉劳动人民的独特创造。

西吉"花儿"在语言上具有朴素之美，读来优美清新，具有浓郁的乡土气息。多运用比兴手法，比拟生动、形象、兴味隽永。文词优美，语言朴实通俗，曲调悠扬，长于抒情。给人以不尽的美的享受。

西吉"花儿"风格独特，在文学和音乐上都独具特点，在艺术上的成就是引人注目的，含蓄优美又是它的一大特色。

以李凤莲为代表的花儿歌手几十年来坚持演唱，基本传承了西吉花儿的基本曲调、演唱技法。近年来，她们在当地一些民间文化活动中进行演出，受到群众的欢迎。

吉强镇、火石寨、白崖、玉桥等乡的农民马少云、唐田军、王昭君、王宝、杨生刚、苏得云、马银贵、李淑霞、张丽霞、柯福宝、杨雪、张天玉、袁廷成、刘佳宁、马建国、吕丽等歌手，在西吉山花儿的传承上都作出了努力。他们演唱的代表曲目有《阿哥是过路的难民》《心疼着咋扔得下哩》《尕妹宽心着哩》《血痂儿坐到了嘴上》《模样子咋这么俊哩》《右手儿擦个眼泪》等，文化馆已经搜集、整理歌词百余首，曲令20多种，其中金玉山的花儿作品更是鲜明。

西吉"花儿"产生年代久远，是西吉传统文化的积淀。在文学上或音乐上都具有相当高的艺术价值。

存续现状：

花儿是西吉县非遗优势项目，有着广泛的群众基础，民间爱好者多，传习人群范围广大。尤其近年来县非遗保护中心花儿保护传承基地的建立大大加强和促进了花儿项目的传播发展，随着各项政策措施的落实，科学研培、学术交流和非遗进校园的稳步推进，花儿项目的传承呈现出了后继有人，生机勃勃的喜人景象。

代表性传承人

　　李凤莲，女，回族，自治区级非遗（花儿）代表性非遗传承人。1956年2月，李凤莲出生于西吉县白崖乡的一个普通农民家庭，由于家庭困难，兄弟姐妹多，她只上了6年学，就扬起鞭子成了牧羊女，跟着家中的叔伯们上山放羊种地，一道道沟一座座山，满目的荒凉并没有浇灭她心中那份简单的快乐，而快乐的根源就是"山花儿"，跟着其他羊倌学山歌是她打开"花儿"世界的敲门砖，从此以后，她与"花儿"结下了割不断的情缘。

　　她的代表曲目《北京的金山上》唱红了小小的白崖乡。1980年，她被县文工队招收为演员，从此，她由一名乡村业余歌手走上了专业演唱艺术之路。同年，首次进京参加全国民族唱法会演，她演唱的《上去高山望平川》《白牡丹令》等"花儿"，深受观众欢迎，《北京晚报》当时刊出她的剧照，称她为"永不疲倦的杜鹃"。1993年4月，她应邀参加了青海湟源县"花儿会"；同年10月，随宁夏代表团到日本岛根县和浜田市进行访问演出获得成功，被盛赞为花儿界的"金嗓子皇后"。1995年7月，在云南昆明举办的全国少数民族运动会上，为少数民族联欢晚会献艺。演唱的《火红的山丹花》获得自治区文艺调演二、三等奖和固原地区"民族团结杯"声乐歌舞大赛民族唱法第一名。

　　她的主要作品有《白牡丹》《尕马儿拉在柳林里》《獐子吃草滚石崖》《花儿想成黄连了》《渴死了凉水不要喝》等几十余首。与此同时，包括"花儿"在内的非物质文化遗产日益得到国家的重视和保护，2006年，宁夏"山花儿"正式被国务院列为全国首批非物质文化遗产名录；同年，宁夏文化馆拿着她演唱的花儿录音《上河里鱼儿下河里来》《獐子吃草滚石崖》向国家申报了非遗项目，她也荣幸地成为"花儿"非遗传承人。

　　李淑霞，女，汉族，西吉人，自治区级非物质文化遗产（山花儿）代表性传承人。二级演员。毕业于陕西省咸阳市戏曲学校。工作三十年来，爱岗敬业，积极向上，出色完成各项演出和节目编导工作，多次参加国家级、区市级演出活动，受到社会各界的一致好评。工作期间，自学考取了宁夏广

播电视大学的公共事业管理（文化艺术方向专业），并于2006年顺利毕业。曾荣获2009年"全国三八红旗手"荣誉称号，2013年固原市首届小戏小品大赛最佳导演奖，2014年第十二届中国西部民歌（花儿）歌会宁夏赛区总决赛二等奖，固原市第五、第六、第七届"花儿漫六盘"电视大奖赛原生态花儿组二等奖。

马少云，东乡族，1959年12月出生，中专文化，西吉县吉强镇酸刺村人，自治区级非遗（花儿）代表性传承人。

2007年参加西吉县首届"花儿"歌手选拔赛获得一等奖，9月在固原市文化艺术月活动中，演唱的《养了一对牛》获得"花儿"三等奖，被评为宣传思想文化和精神文明建设工作先进个人，2009年在固原市庆祝新中国成立60周年暨首届"花儿漫六盘"电视大赛中荣获二等奖，同年在西吉县第二届花儿歌手大赛中荣获一等奖；2010年，固原市第二届"花儿漫六盘"电视大赛中荣获三等奖，第八届中国西部民歌花儿银奖；2014年，在第十二届中国西部花儿歌会获得银奖；2017年第十三届中国西部民歌花儿金奖；还参加了中央电视台2017年全国农民春晚；2019全国少数民族春晚的演出；2014年全国第四届新农村建设四川达州分会场的演出；参加了2015年全国少数民族优秀声乐展演并获得优秀奖；2016年参加全国农民歌手大赛西北十五强；2017年中国西部八省区音乐节大赛三等奖；2018年山西省庆祝改革开放四十年十六省区民歌特邀歌手；参加2019年中国成都第七届世界非遗日的演出；第八届、第十二届中国西部十三省民歌花儿大赛银奖，第十三届金奖等区市县各种大奖，并参加了《花儿的家乡》《这里是宁夏》《贺兰山》《闽宁镇（倾听）》等栏目的主题演唱，历届西吉春晚的演出，央视（倾国倾城）的演出。

金玉山，网名大山，回族，西吉县人，县级非遗（花儿）代表性传承人，现供职于西吉县政协办公室。中国诗歌协会会员，宁夏作家协会会员，固原市作家协会会员，北斗星诗社社员。常年工作在基层，作品创作多以农村生活为主题。作品见于《学习强国》《宁夏日报》《固原日报》《贺兰文艺》《昌平文艺》《北斗星文学》等纸刊和网络学习平台。其中三行诗《感恩》获全国黄土情杯三行诗赛优秀奖。

金玉山花儿作品

梦里梦外

河渠里淌水慢悠悠，
小蝌蚪跟哈的泥鳅。
五尺的炕上凉飕飕，
睡梦里抱哈个枕头。

挣哈光阴娶你来

大锅里煮的是羊肋巴，
小锅里清炖的是鸡娃；
尕姑舅的光阴人人夸，
姑娘有意者把他号哈。

穆家营长大的儿子娃，
开的是米黄的汉兰达；
银钱挣哈了给妹子花，
玉镯子给你悄悄卖哈。

姻缘难散

六盘山下的冒眼泉
雨涟涟哟

挖耳的勺勺儿嘛舀干

若要我二人姻缘散

三九天哟

清冰上开一对儿牡丹

六盘山么山对山

一山一洼的牡丹

尕妹是麝香鹿茸丸

阿哥是吃药的病汉

劝五荤

红尘里刮的攀比风，

赌桌上狂耍的威风。

为贪财走进五荤门，

一家人过不得安生。

享乐好比个霓虹灯，

心迷者点了个鬼灯。

维了个女人不消停，

醉生梦死进个歌厅。

快手网红星夜成名，

傻哥亮姐戳烂机屏。

千方百计刷个红心，

不劳而获辱煞勤人。

闹婚恶习日渐盛行，

公背儿媳笑语欢声。
践踏人伦不知羞耻，
你效我仿纲常丧尽。

公德良俗贵若黄金，
日劳夜勤点亮心灯。
五荤段子不说不行，
忠言逆耳正道畅兴。

最疼不过个女人

庄户人家养哈个瘦骡子，
瘦归瘦，
它骑上着照样个走哩。
再好的朋友不如两口子，
嚷归嚷，
病床上端个半碗水哩。

花茂湾里务农的山娃子，
穷是穷，
他是过日子的个料哩。
再俊的尕妹不如媳妇子，
怨归怨，
三九天着煨一眼炕哩。

劝力歌

"劝力歌"是人类历史上产生最早的语言艺术之一。先民们在生产劳动中，凡"举重"，必唱"劝力歌"。原始人抬木、拖猎物发出的"吭唷、吭唷"声，就是最早的"劝力歌"。

"劝力歌"历史源远流长。《吕氏春秋》记载：今夫举大木者，前呼"邪许"，后亦应之，此举重劝力之歌也。这是先民一边集体搬运巨木，一边呼喊号子来劝力的描写。

为了改善生存环境，在建造房屋，筑堤打坝，修路等劳动过程中，西吉人民不断的创作、发展"劝力歌"，形成了西吉"劝力歌"的地方特色。

西吉劝力歌，包括各种劳动号子，诸如夯歌、伐木歌、搬运歌等，是一种由体力劳动直接激发的民间歌谣。它伴随着劳动节奏歌唱，与劳动行为相结合，具有协调动作、指挥劳动、鼓舞情绪等特殊作用。

歌词多是领歌人根据劳动情况即兴编唱的，歌词诙谐、幽默、有趣。内容大多是反映劳动者自己生活、习俗、自然风物、历史故事及青年男女忠贞爱情等内容。感情朴实，语言流畅，形式活泼，泥土味浓厚。

"劝力歌"分为慢歌和快歌两种，一般多为二拍子，采用一唱众和的方式进行演唱，主要是"领、合"式，即一人领，众人合，或者众人领，众人合。也有少数是独唱、对唱、齐唱式的，其节奏规整，强弱分明，曲调简练、质朴、热烈、欢快。

在节奏较缓的劳动中，"领"句较长，"合"句稍短。而在较为紧张的劳动中，领句、合句都十分短促。另外，多数情况下，领句唱完之后，合句再接唱，但也有合句在领句结束以前就进入的，两个声部由此构成重叠状态。

劝力歌在打夯、抬木、拖重等集体劳动中使用。当劳动强度较小时，曲调潇洒而豪爽；当强度大而节奏紧张的劳动中，曲调就显得粗犷而沉重，音乐的节奏快而有力，旋律简单，有时甚至出现单纯的呼号。曲调的艺术性与劳动强度成反比，这是劝力歌音乐的普遍特点。

"劝力"用的工具重要是夯，夯有两种，一种是石夯、一种木夯，有大小之分。石夯多为六方形，小夯约150斤，4人操作，大夯约250斤，8人操作；木夯多为圆柱形，重不足百斤，一般4人操作。夯的底边周围稍上有系绳子的四个眼，打夯时随领夯人的歌声节奏，拉着绳子将其举起砸下。为了起落一致，激发劳动热情，组织力量，协调动作，解除疲劳，振奋精神，"劝力歌"也就成了打夯时不可缺少的一种歌唱形式。

劝力歌作为一种语言艺术，最突出的艺术特点就是它那强烈的节奏感。每一首劳动歌都有与劳动动作相配合的节奏，它是凝集了生活中的劳动节奏而创造出来的，因而充满了浓郁的生活气息。

西吉劝力歌高亢嘹亮，既有指挥劳动的作用，又注意调节每个劳动者的情绪，以调动大家的积极性。其基本特征有：第一，历史悠久，蕴藏丰厚。文献表明，从传说中的黄帝"弹歌"到"吭唷、吭唷"的原始劝力歌直到今天，5000余年间，作为社会大众最熟悉最喜爱的一种民歌艺术形式，在民间从未中断，而且每个时代都留下了优秀的内容。第二，体裁丰富，风格多样，手法简洁，语言精练。西吉劝力歌是一种口碑艺术。每一首流传至今的曲目，都经过了千人唱、万人传，并在即兴不自觉的磨研、锤炼中，日益精练、成熟。第三，劝力歌遍布六盘山区各地。在每年春秋两季筑堤、打地基的劳动中最为壮观。届时，千里大堤上响彻了成千上万的民工唱的各种各样的"夯号"，构成了一幅有"声"有"势"的巨大无比的音画。

劝力歌是人与自然和劳动相结合又相碰撞而产生的最早的精神艺术之花，因此，它具有永恒的历史文化价值。

存续现状：

因现代建筑业多用机械操作，民间很少再唱"劝力歌"，加之现在大多为单家独户生产，集体劳作越来越少，会唱"劝力歌"的人年龄均在70岁以上，传承者越来越少，濒临消亡。从20世纪80年代始，田坪赵甲祥对劝力歌进行收集整理，李世峰、刘成才进行全面筛选修补，21世纪开始开拓创新让劝力歌走向歌台、走上文化市场，新的表现形式让劝力歌注入了新鲜血液，明天劝力新歌更辉煌。

夯　歌

一

（领）把（哟）我的个号（哟）子（呀），
（合）哎哎嗨夯呀，

（领）传（哟）上（啊）来（呀）；
（合）哎哎嗨夯呀！

（领）再（哟）不必就难为（呀），
（合）哎哎嗨夯呀，
（领）众（哟）仁兄（呀）；
（合）哎哎嗨夯呀！
难为了一人弄不成呀，
抬夯的仁兄听夯令呀；
我怎么叫来，
你们怎么应呀，
我调过号子你要调过令呀。

二

（领）说有个东来，
（合）哎嗨夯呀！

（领）道有个东呀，

（合）哎嗨夯呀！东扶风来，

（合）哎嗨夯呀！

（领）西扶风呀，

（合）哎嗨夯呀！

（领）难上难（来吗哈呀哈荷）两个扶风，

（合）哎嗨夯呀！

（领）夹武功呀，

（合）哎嗨夯呀！说有个南来，

（合）哎嗨夯呀！

（领）道有个南呀，

（合）哎嗨夯呀！挣不上银钱，

（合）哎嗨夯呀！

（合）哟荷哟荷呀荷儿嗨呀！

（领）缓缓儿拉（呢吗）慢慢儿应呀，

（合）哟荷哟荷呀儿嗨呀！

三

（领）韩信（了）当年，

（合）哎哎嗨夯呀。

（领）进深山（哪），

（合）哎哎嗨夯哪，远（哪）远儿望见，

（合）哎哎嗨夯哪，（领）一茅庵（哪）。

（合）哎哎嗨夯哪，

八卦盘顶盖得好，内边坐有一老仙。

韩信见了笑满面，请把我的阳寿算一算，

细细掐来细细算，你算我能活多少年！

你不用掐来不用算，忠孝乾坤有算盘；

命里该活七十二，三十二上丧黄泉。

韩信听了气满面，为什么短我四十年？

一不该受高皇坛三拜，短你青春寿八年；

二不该九里山前活埋母，短你青春寿八年；

三不该陈仓峪中把樵夫斩，短你青春寿八年；

四不该锯猫又分井，短你青春寿八年；

五不该乌江岸上逼霸王，短你青春寿八年；

手儿掐来口儿念，短你五八四十年。

四

紧号子调

（领）夯起来吗，

（齐）嗨哟荷！

（领）干起来吗，

（齐）嗨哟荷！

（领）再往哪个，

（齐）嗨哟荷！

（领）高里拉吗；
（齐）嗨哟荷！

（领）同志们哪，
（齐）嗨哟荷！
（领）齐心得很哪；
（齐）嗨哟荷！

（领）高里拉啦；
（齐）嗨哟荷！

（领）高里闪哪；
（齐）嗨哟荷！

（领）加油的个，
（齐）嗨哟荷！

（领）干来来个；
（齐）嗨哟荷！

（领）闪得高啦，
（齐）嗨哟荷！

（领）落得紧哪。
（齐）嗨哟荷！

打一夯哪，连一夯哪，
再打一夯，拐过来哪，
拐过来吗，向北走哪；

打过去吗,换慢夯哪,

换上个慢夯,人松活哪。

同志们哪,请注意呀,

不要哪个,抢号子呀。

谁抢号子,谁招祸呀。

拉拉的拉呀,闪闪的闪呀,

就像这样,闪活了呀!

就像这样,拉活了呀!

同志们哪,请注意呀;

同志们哪,换慢夯哪,

换上个慢夯,人松活呀。

紧号子呀,人吃力呀,

换上慢夯,请注意呀!

慢号子调

(领)慢慢你就拉呀,

(齐)哎哟!

(领)缓缓你就闪呀,

(齐)哎哟!

(领)再往高来闪呀,

(齐)哎哟!

(领)再往平里落呀,

(齐)哎哟!

(领)同志们来打夯呀,

（齐）哎哟！

（领）唱一个什么恰呀，
（齐）哎哟！

（领）来一个《尕老汉》呀，
（齐）哎哟！

（领）大家来唱它呀，
（齐）哎哟！
（领）唱个《尕老汉》呀，
（齐）哎哟！

（领）同志们请注意呀，
（齐）哎哟！

压麻秆调

（齐）拾了一杆麻秆钉了一根秤
（咿儿呀仔哟），
心定弄了个心（呀）不定
（咿儿呀仔哟）。
（齐）拾了一个铲铲打了一个镰
（咿儿呀仔哟），
心闲弄了个心（呀）不闲
（咿儿呀仔哟）。

马莲水库号子

一

（领）马莲水库，马莲水库，
（齐）哎哟！

（领）从南到北，从南到北，
（齐）哎哟！

（领）工程虽大，工程虽大，
（齐）哎哟！

（领）我们不怕，我们不怕，
（齐）哎哟！

（领）快马加鞭，快马加鞭，
（齐）"大跃进！"

二

（领）挑战将台，挑战将台，
（齐）超平峰！

（领）雪下三尺，雪下三尺，
（齐）不收兵！

（领）地冻一丈，地冻一丈，
（齐）干到底！

（领）突击大干，突击大干，
（齐）一冬春！

（领）"三八"水库，"三八"水库，
（齐）早完成！

采集：李世锋

唢　呐

　　唢呐又称"吹响"，是宁夏六盘山区民间吹奏乐器中的主角。唢呐，在泾渭水流域的黄土地上，主要用于祭祀活动。如在天水，每年祭祀人类始祖伏羲时，都用场面宏大的唢呐队吹奏；在陕西祭祀黄帝、甘谷祭祀姜维时，也用唢呐曲牌祭奠。

　　在六盘山区还流传着这样一首民谣："丑般丑，三班手，千儿票子八个斗，不如一班好吹手。"随着时间的流逝，唢呐成为民间民俗活动中不可缺少的主要器乐。

　　哪里有人群居住，哪里就有唢呐声；不管是茅草房舍的百姓，还是民间艺人，人们对唢呐是一样的痴爱，一样的狂热。秦腔演唱中唢呐表现的是粗犷雄浑，有人说，如果没有唢呐的加入，秦腔也就不那么粗犷有力了。因此，在六盘山区葫芦河、泾河、清水河畔的人们，对于像《爹落亲》《黄草坡吊孝》《姜维招魂曲》这样的唢呐祭祀曲牌，到了人人会哼唱地步。六盘山区的唢呐声，欢快时犹如雄鸡报春晓，一个个音符从黄铜喇叭中吹了出来，就像滔滔不绝的泾河水，时而舒展悠长，时而昂扬奔放；时而雷声点点，时而细雨蒙蒙。吹到得意之处，那吹手头摇得如同拨浪鼓一般，整个陶醉在那明快粗犷的唢呐声中，达到了如狂似醉的境地。悲伤时仿佛昏鸦落寒林，曲调委婉低沉，如泣如诉，催人泪下。

　　地方特有的风土人情，一览无遗地融进了这美妙的唢呐声中，构成一个"曲曲无词皆有词，声声是歌亦是泪"的民间艺术大世界。在这嘹亮的唢呐声中，生者"吉星高照"，死者"驾鹤仙游"。这就是六盘山的唢呐，它将黄土高原的雄浑，葫芦河的伟岸，亲朋好友的深情，民间文化的内涵，几乎全部融进了那黄铜小孔之中，向人们诉说着六盘山区的沧桑。

存续现状：

　　唢呐是西吉民间流传和用途最广的乐器。在红白喜事、祭祀活动和社火表演中必不可少，抑扬顿挫、高亢悠扬的曲调常常与浑厚的黄土大地共鸣，营造出独特的艺术氛围，深受当地群众喜爱。唢呐属于传统音乐大类，是县级非遗代表性入选名录，现有县级非遗传承人3人，且他们都有自己的演艺团队和徒弟，传承状况良好。

代表性传承人

　　缑左忠，1959年9月出生，新营乡石岘村人，农民，西吉县非物质文化遗产唢呐代表性传承人。

　　张志忠，汉族，1965年3月出生，红耀乡红耀村吴家湾组人，系县非遗（唢呐）代表性传承人，经常参加各种丧葬庙会春官词表演戏曲演唱的唢呐配音。

　　杨德裕，汉族，1962年11月30出生，新营乡蒿子湾村阳洼组人，农民，县级唢呐非遗传承人。

泥哇呜

泥哇呜是一种流行于宁夏回族自治区的用黄胶泥捏制而成的民间乐器，属边棱气鸣乐器。吹奏时，双手托捧泥哇呜，拇指、中指夹持，口对吹孔送气发音，指法各有不同，音域多为 d1—a1或 d1—c2。小者音色清脆、悠扬，大者音色浑厚、深沉，因吹出来的声音"呜呜哇哇"而得名，又称"泥吹吹""吹吹子""泥萧""泥娃娃"等，西吉当地人习惯将其唤作："哇呜子"。泥哇呜因体形大小不同声音有高有低，时而高亢时而低沉，时而激越时而舒缓。其外形也是多种多样，常见的有牛头形、牛角形、扁豆形、鱼鸟型等造型。

泥哇呜在民间流传至今，已有千年历史，在西吉县也广为流传，但其发展速度缓慢，直至2008年，泥哇呜才被列入国家级非遗保护项目。张帅、程浩光和张志虎就是西吉县泥哇呜非遗代表性传承人，泥哇呜的外形也在这些能工巧匠的雕琢下渐渐地生动活泼且具有时代气息了，西吉县泥哇呜颇具观赏性和审美性的外观造型也逐渐引起了外地游客的青睐。

存续现状：

从广阔的山村乡野走进高大的艺术殿堂，这不能不说是泥哇呜的历史蜕变，也是传统音乐走进现代艺术之门的巨大跨越。泥哇呜独特的演奏技艺和要求较高的音乐知识，往往使普通爱好者望而却步，真正能够继承这门传统技艺的只有为数不多的具有专业水平的音乐人。随着非遗进学校、进课堂和"双减"政策的实施，使更多的泥哇呜爱好者加入传承这一古老技艺的队伍。

代表性传承人

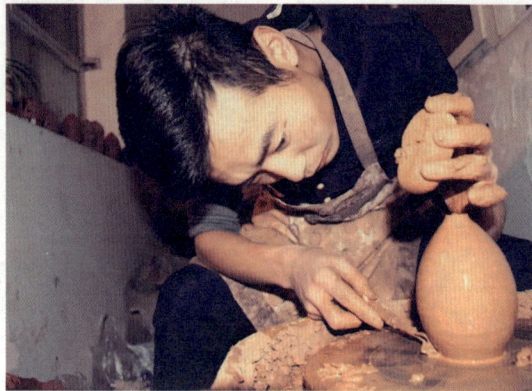

程浩光，毕业于西北民族大学，西吉县级"泥哇呜（埙）"非物质文化遗产代表性传承人，8岁开始跟从师父学习制作和演奏泥哇呜（埙）。2016年，开始对泥哇呜（埙）进行深入研究，在手工基础上加入现代手法，提高了制作速度。对泥哇呜（埙）的腔体上加以研究，提出黄金分割率做法，使其更为美观。对烧制窑变的研究，使其做出了独一无二的泥哇呜（埙）。2017年创办卧鱼埙演奏制作工作室，从事泥哇呜（埙）制作工艺技术的研发及生产管理工作，期间不断更新专业技术，注重提升自身专业修养及管理能力。同时努力钻研泥哇呜（埙）烧制传统工艺技术，专业技术水平不断提高，具备专业技术制作能力和指导能力，完成泥哇呜（埙）制作的每一道工序。出于对泥哇呜（埙）烧制技艺的热爱与渴望，经多年努力及成百上千次的反复试验，成功烧制出个人代表作品泥哇呜（埙）——窑变埙，很受广大藏友热爱和收藏。2018年开始在各大网络平台上进行宣传和教学，让更多人了解、学习泥哇呜（埙）。被网友评为网络教学优质传承者；2019年参加高古之音演出。同时，中国新闻播报网采访发表《玩泥巴的西吉大学生》专刊。目前，致力于新产品的研发。

张埙，1981年出生于宁夏西吉县。2000年，师从埙制作演奏家赵遥先生，学习埙的制作和演奏。2003年，师从埙制作演奏家李蕴林先生，学习埙的制作和演奏。2007年，进入冯钟云工作室学习书法与武术，并开始设计制作异形埙。当年获华夏音乐节"埙"演奏奖。2008年，在国际艺术社空间举办《古老的岁月——张埙作品展》，同年与世界男高音范竟马合作同台演出。2009年，与音乐人子龙共同创立大汉风乐队，将现代流行音乐与传统音乐结合，探索出一种独特的音乐风格。2011年，参与江西卫视收藏马卫都演出。2012年，参与中央电视台 CCTV 音乐频道演出。2013年，受邀与中央九套纪录片频道拍摄《张埙专访》，录制制埙全过程。2015年，受邀昌平电视台采访播放埙文化及制作流程方法。2016年，跟随埙竹笛演奏家刘凤山先生深入学习埙演奏。2017年，成功举办埙音乐会个人专场和个人画展。2017年，在成都天府森林华德福学校正式成立"天府埙社"并兼职老师。2019年，受邀参演宁夏西吉电视台春节晚会，并录制个人专访，传承埙乐。2019年，在成都天府森林华德福学校正式成立《集贤民乐社》，并担任社长。2020年，申请宁夏贺兰县非遗项目传承人。2022年，张埙坊正式入住深圳梧桐山。2022年，张埙在深圳举办《乐神，酒神》线上线下古埙音乐会。

口　弦

口弦是一种音调柔美深沉，节奏多变，律动性强的民间乐器。口弦又称"口琴"，俗称"口琴子"或"口衔子"、筘筘，是至今仍保存在西吉妇女中的小乐器。

口弦属于泛音乐器类，大约起源于新石器时代。据文献记载，用竹或铁制成的簧，横在口中演奏，和口弦是同一类的乐器。明代以来，口弦以口琴之名见于史册。清乾隆时期编撰的《清朝通典》记载："以铁为之，一柄两股，中设一簧，末出股外。横衔于口，鼓簧转舌，嘘吸成音。"

口弦在乐器史上具有特殊的历史地位。单片口弦音乐具有不同的调式、调性特征，但其旋律都有基音相伴。基音直接决定了旋律的调性，也决定了调式的稳定性，单片口弦所采用的音阶是在谐音系列中选择而组成，谐音系列实际上是一种史前天然律制。

口弦有竹制和铁制两种，竹制多见。制作竹制口弦时，先将竹片削成10厘米长的酒瓶状，剜去中间部分，留一舌簧，弹奏时将舌簧轻轻含在双唇间，用丝线流苏扯动另一端，簧因扯动发出声响，音响随口型、气流的变化而变化，发出优美动听的曲调。

铁制的口弦约1寸半长，以手拨勾簧，中间的勾簧里外颤动，用口腔作共鸣箱并利用口腔变化，调节声音的变化，形成音阶。

口弦曲调丰富多彩，有表现爱情的，有表现生产生活的，也有舞曲，并可演奏民间叙事长诗和即兴诗歌。口弦调有70多种，如珍珠倒卷帘、骆驼铃、五哥放羊、脚户歌、廊檐滴水、泉水叮咚等。

口弦可单独弹，也可合奏。曲调柔美深沉，节奏多变。弹奏时左手捏住弦尖，将舌簧的一端轻轻含入双唇间，右手中指和拇指挽住另一端丝穗子，均匀地扯动，使口弦簧产生一种"咕咕咚、咕咕咚"的具有特殊魅力的声音。

弹口弦时，通过坐、站、走各种弹口弦的动作，用上身的妩媚摇动、胯部的摆动、脚步的悠闲轻盈等，自娱自乐。有时妇女之间用口弦相互对弹，既像是对歌，又像是谈心，以抒发喜、怒、哀、乐之情。

随着人类历史的发展，口弦形成了它的一些基本特征：一是它是中国最早的泛音乐器，音域宽泛，以五度、八度泛音变化，奏出二声部重奏和持续音衬托的效果。二是它形成了自己的独特的演奏曲调，曲调繁多，品种齐全，形制多样，柔美深沉，节奏变化大。三是口弦曲调对生活中的客观事物，采用拟声、达意、传情、描事等手法，构成相应的乐曲，因而具有乐曲构成的模拟性特征。四是由于口弦具有能表现语言的能力，演奏者用这种简单小巧的乐器，传情达意、弹唱心事。

存续现状：

口弦与多数产生于农耕文明的非物质文化遗产一样，受现代城市化进程加快的冲击，伴随使传统农业生产状态的改变而濒临消亡。曾经带给广大群众精神愉悦的乡土艺术已渐远，淡出了人们的视野，变成了淡淡的乡愁。

代表性传承人

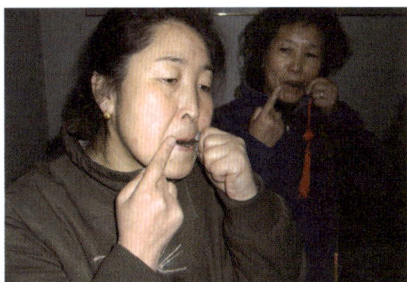

李凤莲，女，回族，1956年2月出生，区级非物质文化遗产代表性传承人，出生于西吉县白崖乡一个普通农民家庭，她的口弦表演深受群众喜爱。

传统戏剧

秦　腔

秦腔，别称"梆子腔"，是中国最古老的戏剧之一，起于西周，源于西府，成熟于秦。

古时陕西、甘肃一带属秦国，所以这种起源于秦国的戏剧被称之为"秦腔"。秦腔可分为东西两路：西路流入川成为梆子；东路在山西为晋剧，在河南为豫剧，在河北成为梆子。秦腔又名"秦声""乱弹""梆子腔"，民间俗称"大戏"，清代中叶以后，北京等地亦称"西秦腔""山陕梆子"。秦腔成形后，流传全国各地，因其整套成熟、完整的表演体系，对各地的剧种产生了不同程度的影响，并直接影响了梆子腔，成为梆子腔剧种的始祖。秦腔的表演技艺朴实、粗犷、豪放，富有夸张性，生活气息浓厚，技巧丰富。

秦腔流传十分广泛，盛行于陕西的关中、商洛、汉中等地，流行区域西抵陇州，东至潼关，北达榆林，南过宁强，向外曾流行至京、津、冀、鲁、豫、皖、浙、赣、湘、鄂、粤、桂、川、滇、青、宁、新、藏等省区。新中国成立后，陕西、甘肃、宁夏、青海和新疆五省、区陆续在县级以上建立了专业秦腔剧团，至20世纪80年代初共达三百多个，其省属剧团有陕西戏曲研究院秦腔剧团、甘肃省秦腔团、宁夏回族自治区秦剧团、青海省秦剧团（后改为西宁市秦腔剧团）、新疆维吾尔自治区猛进剧团。

秦腔作为一种地方文化，最大特点是唱、念全都是以陕西关中方言为基础的，同时也融入了古代诗、词、曲的语言，这些语言特点与音乐特点相融合，共同形成了秦腔艺术独特的声腔风格，即语调高亢激昂、语音生硬、语气硬朗结实等。

秦腔的唱词、语言节奏也是非常丰富的，唱词结构是永言体，唱词的句子按照内容的需要有长有短，但其句式基本上可归纳为十字句、七字句、五字句、散文句等。常见的有十字句和七字句，也就是整出戏词如同一首无韵诗歌一样排列整齐。

秦腔的唱腔为板式变化体，也就是以一个曲调为基调，通过节拍、节奏、旋律、速度等的变化而形成一系列不同的板式。秦腔唱腔包括"板路""彩腔"两部分，板路有二六板、慢板、箭板、二道板、带板、滚板六类基本板式。彩腔，俗称"二音"，音高八度，多用在人物感情激荡，剧情发展起伏跌宕之处。秦腔用假嗓唱出，其中的拖腔必须归人"安"韵，一句听下来饱满酣畅，极富表现力，这也是秦腔与其他地方戏曲不同的地方。

秦腔的表演技艺非常丰富，身段和特技应有尽有，常用的有趟马、拉架子、吐火、扑跌、扫灯花、耍火棍枪背、顶灯、咬牙转椅等。伴奏以板胡为主奏乐器，发音尖细清脆，极富节奏感，人们称之为"秦腔之胆"。此外，文场还有二弦子、二胡、笛、三弦、琵琶、扬琴、唢呐、海笛管子、大号等，武场有暴鼓、干鼓、堂鼓、句锣、小锣、马锣、铙钹、铰子、梆子等。

秦腔脸谱绘制风格古典独特，体系完整，与京剧脸谱、川剧脸谱并称中国三大脸谱系统，且对国粹京剧脸谱的形成与发展影响深远。

秦腔是以汉族文化为主体，并与其他民族文化融合的产物，可以说是古代丝绸之路上各族音乐文化交流的结晶，是中华民族文化宝库中一朵奇葩；是中华民族文化的瑰宝，是戏曲音乐文化发展的根基，它深刻诠释了汉文化的发展，成为了中华民族精神财富的组成部分；是民族文化的活化石，它为研究汉族文化、追踪古老艺术形式提供了重要的线索。

秦腔是广大西北地区人民的精神寄托，是人们互相交流情感的一种方式，充分体现了它的历史性和现实功能。

存续现状：

　　秦腔是西北最大的地方戏剧种，在西吉县有着悠久的历史，西吉文工团作为西吉县唯一的专业秦腔戏剧艺术团体，对于传播、弘扬秦腔艺术，繁荣广大城乡群众文化生活起到了旗帜引领的楷模作用和自觉肩负起薪火传承的历史使命。随着国家关于艺术院团政策改制的要求，西吉文工团同样不可避免地遭遇了退出文化舞台的命运，主流传播阵地的瓦解对于秦腔文化在县内的推广影响巨大。近年来，随着公共文化服务体系的不断完善，以自乐班为形式的传承群体如雨后春笋般成长起来，对于秦腔在西吉的传播传承起到了促进作用。

秦腔表演

代表性传承人

李金山，汉族，宁夏西吉人。1956年1月出生，大专文化，中学教师，县级非物质文化遗产（秦腔）代表性传承人。热爱秦腔，几十年如一日，坚持早起，压腿练功，六十有六的小老头，舞台高难度动作朝天蹬、左右下叉、虎跳、吊猫儿、僵尸……都能完成，凭着对所扮演形象的崇拜与敬畏，经常演出像《杀庙》《逃国》《挑袍》《杨业点子》非常吃功的武打剧目。十年里，投资千万元以上，创办了"固原市金山秦艺社""宁夏李氏皮影演艺有限公司""宁夏金萍梅演艺（集团）有限公司"，修建了多功能"影剧院"486平方米，"戏剧人生馆"210平方米，"民俗生存体验馆"820平方米（已收藏民俗藏品2800余件）……前四年以商业演出为止，最多时一年要演出260多场，后六年以文化产业经营为主。现有自编剧目6本，改编历史剧3本5折，修订整理准备出版的家传剧目32本、16个折子戏。投资的团体和公司2017年荣获国家基层院团奖励基金30万元；2018年荣获第七届全国服务基层服务农村先进文化单位称号；荣获2020年度宁夏回族自治区演艺公司优秀企业推荐一等奖；2021年荣获宁夏回族自治区优秀农民文化大院称号；2021年入选文化和旅游部2021年乡村文化和旅游能人支持项目。

席拴有，农民，1975年出生于西吉县新营二府营村。自幼酷爱秦腔，主攻花脸戏，2017年固原市文化馆推荐宁夏职业技术学院秦腔班学习，现为县级非物质文化遗产（秦腔）代表性传承人。曾荣获2018年西吉首届秦腔大赛二等奖；2018年进入陕甘宁秦腔大赛36强；2019年固原市第二届秦腔大赛三等奖；2021年固原市原州区折子戏优秀奖；2021年固原市第六届秦腔大赛二等奖；2022年进入陕西省新民间十大唱将前10强。

　　孙汉忠，汉族，1968年12月生，宁夏西吉人，毕业于陕西省咸阳市戏曲学校，国家二级演员，中共党员。县级非物质文化遗产（秦腔）代表性传承人。他戏路宽广，扮相好，悟性强，技能全面又勤奋好学，在长期的艺术实践中，在汲取秦腔艺术丰富营养的同时，又把民族舞蹈的身段、大方、美观融入秦腔表演之中。除了擅长演小生、武生、须生以外，还擅长民族舞蹈和小品表演。在舞台上塑造了一系列感人的形象。

　　演出剧目有:《铡美案》《秦香莲后传》《哑女告状》《回荆州》《破宁国》《法门寺》《赵五娘吃糠》《金沙滩》《玉蝉泪》《三岔口》《二堂献杯》等。

　　曾先后荣获固原市首届秦腔大赛铜奖；中华人民共和国第七届、第八届、第十届少数民族传统体育运动会一等奖。

秦腔表演

眉户剧

眉户戏是陕西省的主要戏曲剧种之一，流传于河南的西部、山西的南部，并西达甘肃、宁夏、青海、新疆等地，盛行于关中地区。眉户又作"眉鄠"或"迷糊"。对于眉户戏的起源说法不一。

眉户戏的声腔贡调，多是吸收明清时期关中民俗曲而形成的。相传明代武功县的状元康海，因刘瑾案受牵连回乡后，致力于秦腔事业，组建"康家班社"，倡秦腔之音，作曲、编剧、习唱，被尊为秦腔、眉户的鼻祖。眉户戏由散曲而来，康海创作的散曲达500多首，曲子是康海在突然遭遇亡妻亡子亡儿媳之后，精神受到沉重打击，在昏沉中哼唱的曲子，由两位妾女所录，他后与周边县的小调加以筛选分类创作，曲子分大调、小调，以琵琶、板胡、边鼓、海笛配乐器，起名曲子戏，之后成为流行于西北五省的眉户戏。

陕西眉户分东西两路：东路眉户源出华阴、华县，因曲调悦耳动听、迷人，陕西有将"胡"作"戏"解之说，故称"迷胡"，即迷人的戏之意。华阴和华县是周朝郑国地域，眉户可能受到"郑声"的影响。民间流传有"同州的梆子合阳的线，二华的眉户天下传"的说法。西路眉户相传起源于陕西太白山麓的眉县和户县，故称"眉户"。眉户曲发轫于陕西民间歌谣，古称"清曲调"。以民歌中的情歌、牧歌、樵歌、渔歌、小调、童谣为基础，在明代时将元代小令和套曲及演唱程式引入其中，经过长期的演变和不断的加工，发展成为一种戏曲艺术。

眉户戏剧目丰富，行当齐全（眉户、碗碗腔、同州梆子，其行当与秦腔基本相同），俗称四生六旦二净一丑，即十三网子。包括了剧种全部角色的性别、年龄和各自不同的性格特点。概括起来则是：生、旦、净、丑四大类。

戏曲服装分为古代戏服装和现代戏服装，至于清代的服装则有专门的清装，如箭衣、马褂、大帽、长辫、靴子等；还有一些特定职业的古装戏服，如素道袍、箭衣、官衣、水袖等；同时，为了更符合舞台艺术的需要，传统戏除蟒、靠、校卫衣外，生、旦角服装全部用反面缎材料；还有梅兰芳大师所要求的"三白一展"（领子白、水袖白、靴底白，衣服平展）。服装按剧情需要分门别类，形成服装分箱口：大衣箱、二衣箱、三衣箱、头帽等。现代戏曲服饰简朴，化妆粗线条；表演动作真实、生活化；整体风格较为现代。

眉户戏的曲调是吸收明清时期关中民间俗曲形成的。兴起时间约在清乾隆以前，曲调主要为"月起月落"等套曲形式，流行于陕、甘、宁、青、新、晋、豫、鄂、川以及内蒙古等地。眉户戏的声腔曲调有"七十二大调，三十六小调"之说。眉户的唱腔音乐属曲牌联套体，它是通过单曲反复与多曲联套来演唱故事，刻画人物，揭示内容。

眉户传统的伴奏音乐只有"弦乐曲牌"及"锣鼓点"，而无"唢呐"和其他管乐曲牌。偶尔也会有一些历史剧有唢呐出现，其曲牌多取自秦腔。

存续现状：

眉户戏在西吉县相对于秦腔演艺范围不大，尤其眉户剧的声调要求要比秦腔高得多，这就在客观上对传播造成了一定的困难。传承群体不断呈现出萎缩状态，缺少新鲜血液输入，后继乏人。

代表性传承人

王秀琴，女，1970年8月出生，陕西省宝鸡市人。自小喜爱戏剧，具有良好的艺术天赋。1982年考入宝鸡戏曲学校，1984年9月以优异的成绩毕业，被宁夏西吉县文工团录用。2005年12月毕业于中央广播电视大学，现为国家二级演员，县级非物质文化遗产（眉户剧）代表性传承人。1992年，扮演《拾玉镯》中的孙玉娇，在全区青年演员大赛中获二等奖；2002年，在固原首届秦腔大赛专业组上获金奖；2005年，在第一届宁夏文化

艺术节专业表演艺术评奖中荣获优秀剧目个人表演一等奖。演出的剧目有《哑女告状》《三请樊梨花》《生死牌》《玉蝉泪》等四十本秦腔戏。

刘梅，女，出生于1971年9月，陕西榆林市人。毕业于陕西省榆林市戏曲学校，国家三级演员。县级非物质文化遗产（眉户剧）代表性传承人。主攻武旦，小旦，后师从李瑞芳老师，学习眉户剧。代表作有《兄妹开荒》《十二把镰刀》《梁秋燕》等剧目。

"2019年戏曲进乡村"惠民演出

皮影戏

皮影戏又名"影子戏""灯影戏""土影戏"，它是流传于六盘山地区的传统戏种，皮影戏的原理与后来的电影有相似之处，有人甚至认为，中国的皮影技术乃是电影发明的先导。传说在2000年前的西汉时期，汉武帝刘彻最疼爱的妃子李夫人因病故去，武帝因思念爱人整日闷闷不乐。群臣为了解除武帝的思念召集各方人士商议，这时有位方士想了个主意，他用木头雕刻出李妃的形象，在晚上，借用灯光把木人投影在武帝的帷帐上，朦胧中汉武帝见轻盈袅袅的爱妃重现眼前，喜出望外。后来这种形式便流传民间。后来人们用"皮影"代替了"木影"，以兽皮或纸版作成人物剪影，加以绘彩，用线牵动，用灯光将其投射到白幕上以供观看。演出时还配以音乐和唱词，称为皮影戏，在民间流传。皮影在宋代（960—1127年）已极为盛行，每逢节日，影戏台数甚多。到清末民国初，据不完全统计，六盘山地区的皮影班社已达百十家，西吉就有十多家。

西吉县民间皮影是一种具有民族风格的传统戏种。皮影人物的造型和设计，都是艺人依照历史人物和剧情人物形象，精雕细刻，艺术加工而成的，其形象、面貌惟妙惟肖，活灵活现。皮影戏尽管场面小，但和其他剧种一样，生丑净旦，文武齐全，刀枪剑棍，样样都有。提袍甩袖，翻转武打，栩栩如生。皮影以具有强烈的群众性、地方性，朴实自然，深受群众喜爱。

西吉皮影唱腔大都采用秦腔，偶尔有用眉户的曲调演唱的。其音乐独具特色，节奏明快，高亢激越，清脆悦耳，婉转动听，其中大多数都采用方言，诙谐幽默，听后使人忍俊不禁，捧腹大笑。

皮影戏的剧目大都取材于《三国演义》《东周列国》《封神榜》《水浒传》《杨家将》等历史故事和神话传说，传统剧目有两百多本（折）。

西吉皮影属自治区级非遗项目入选名录，代表性传承人有谢克选、李歧、安维汉、曹志勤等。皮影是戏曲剧种——纸影戏的古称，在乡村俗称为"牛皮灯影子"或称"灯影戏"，是集动画、说唱吹打、念白为一体的表演艺术，被人们称为舞台戏曲先导，皮影戏演出中的人物、头饰、道具、布景都是用牛皮精制加工、剪刻而成，也有用硬塑料和硬纸制成的。剧中人物的影子也叫"线子"，又叫"影人"。它的制作源于民间剪纸，通过灯光映在过去的"纸亮"或现代的"布亮"上面，映衬出各种线条流畅成熟、形态生动有趣、色彩各异，并伴有优美动听的戏曲旋律、唱腔和念白，这样完整的一台皮影戏就形成了。一台皮影戏多则八九人，少则五六人，所有设备只需一副担子即可挑完。在民间称为文艺小分队。皮影戏的演出一般都在晚间进行，人们在农闲、节庆、老人过寿、婚丧嫁娶时邀请皮影戏进行助兴演出。演出内容一般都是人们较为熟悉的古典历史剧，像《天官赐福》《刘海撒金钱》《八仙拜寿》《大登殿》《辕门斩子》等，演出地点从过去的窑洞土房、帐篷，搬到现在的广场、剧院和漂亮宽敞的歌舞大厅。

存续现状：

城市化步伐的持续加快，现代文明的不断冲击，本来生存脆弱的皮影戏遭遇了空前绝境。皮影戏传统的演艺市场随着农村经济的多元化发展慢慢淡出了人们的视野，渐渐变成了一种民俗记忆或几缕乡愁的寄托。皮影戏的操作演技要求高，皮影制作工艺流程复杂，也是直接制约皮影戏健康发展和良性传承的主要因素。

代表性传承人

谢科选，汉族，西吉王民乡红太村人，自治区级非物质文化遗产（皮影）代表性传承人。他从1957年开始演皮影戏。20世纪80年代初，皮影戏在农村中又"复活"了。那时，每逢春秋两季，谢科选常受邀在西吉县周边的静宁、庄浪等地演出，一演就是两个多月，最多一年能演100场左右。到了90年代，皮演戏观众寥寥，渐次式微。这种状况一直持续到2006年才有所好转：经过非遗普查后，西吉皮影戏受到有关部门的重视，作为一项非物质文化遗产被提倡并予以保护及传承。

　　谢科选不但会演皮影戏，还会制作皮影人。

　　皮影戏的布景道具和皮影人都是用牛皮加工刻成的。在制作时，先将牛皮上的毛、血去净，然后经药物处理，使皮革变薄，呈半透明，涂上桐油，然后把皮革镂刻成所需的人物形象。皮影人的头、四肢、躯干等各自独立，用线连成一体，分别以连杠由演员操纵，就可以活动自如了。

　　皮影戏人体比例夸张，头大身长，手臂过膝。男影人眼大额高、女影人眉弯眼小，通天鼻子，小嘴巴，镂刻十分精细，刀法犀利多变，纹样华丽而疏密得体，造型各异，形象生动，着色鲜艳，反差分明，对比强烈。影人有5大部分，12小件组成，表演时可按剧情需要调换增减，给皮影人涂上红、黄、青、绿、黑等颜色后，就可以表达人物的善恶美丑了。

曹志勤，1947年1月出生，西吉县震湖乡陈岔村人，自治区级非物质文化遗产（皮影）代表性传承人。11岁登台说相声，14岁开始唱皮影戏。在一次偶然的机会，他目睹了皮影戏的精彩，当即便拜胥生录、牛振中二人为师，学习皮影戏，由此，他便跟随师傅游走于各个村镇，开始了巡回表演。

在唱新戏期间曹志勤扮演的都是重要角色，如《威虎山》里的杨志荣，《红灯记》里李玉和，还有阿庆嫂、雷刚等角色，都深受观众的好评。

2008年，西吉县文广局和文化馆授予他的团队"西吉县皮影艺术团"称号，并资助多样器乐和功放机等设备。2011年，宁夏财政厅和文化厅又授予他的团队"全区农村社区优秀农民团队"，并资助相关物品。其长女曹玉萍继承了皮影戏，受聘于国家5A级旅游景区——宁夏镇北堡西部影城进行演出，长子曹宗乾、次子曹宗元也都继承了皮影戏的演艺技法。

安维善，汉族，1938年9月出生，西吉县平峰镇李营村人，自治区级非物质文化遗产代表性项目（皮影）代表性传承人。18岁拜金老汉为师学习皮影戏，跟随师傅入乡入村演出。后来由于诸多原因演出停止了好多年，虽然他中风偏瘫行动不便，但仍带徒传授并培养传人，他教会儿子安健铭皮影操做表演，从最基本的手法、唱腔等一步步地教授，使其完全继承了皮影戏的演艺技法。

西吉脸谱

脸谱历史

脸谱起源于原始图腾，后来逐渐演变成艺术化的戏剧脸谱。据《旧唐书·音乐志》和唐段安节撰《乐府杂录》记载，550年的北齐兰陵王高长恭英勇善战，但因貌美少威，因而每次作战就戴上形状狰狞的假面具；到了唐代，发展成为一种"代面"的歌舞形式，这种戴面具演出，演员表情的变化看不见，妨碍对戏剧艺术的欣赏，后来面具就不戴了，发展为将面具上的花纹直接画在脸上的化妆艺术；宋元时期，出现抹、搽两种面部化妆，颜色多为灰、白、黑；到明代，面部化妆色彩多样化，有黑脸、红脸、花脸、青脸、蓝脸等。

脸谱的最大特色在于依靠色彩描绘人物的性格、品质、身份等。一般说来，红色描绘人物赤胆忠心，英勇无畏；紫色象征智勇刚义；黑色体现人物忠耿正直的高贵品格；水白色暗寓人物生性奸诈、手段狠毒、面目可憎；油白色则表现自负跋扈的性格；蓝色寓意刚强勇猛；绿色表现出人物的侠骨义肠；黄色意示残暴；金、银二色，多用于神、佛、鬼怪，以示其金面金身，象征虚幻之感……

我国古老戏剧剧种，如徽剧、汉剧、昆曲、秦腔、川剧等360多个剧种，绝大多数都有自己的脸谱形式，各有特色。京剧作为国粹，正是通过色彩丰富的脸谱艺术对戏剧人物进行定位，可以说人世间的善恶美丑泾渭分明，京剧脸谱不愧为艺术殿堂里的一朵奇葩。

脸谱艺术深受人们的喜爱，在长期发展的岁月中，形成很多品类，如彩塑、国画、剪纸、竹刻、烧瓷、面塑、蜡染、风筝、面具、蛋壳、皮影、木偶、邮票，以及装饰包装等，格调各异，绚丽多姿。

各种以京剧脸谱为艺术图案的收藏饰品如今比比皆是：邮票上有脸谱、烟花上有脸谱，泥塑、剪纸也有许多用脸谱来表现，甚至还出现了印有脸谱图案的时装。可以说，随着人们对于传统文化的认同、发掘，独特的脸谱艺术，由于"京剧热"而再次成为人们关注的焦点。近年来，我国多次举办"中国脸谱精品展"，展出的彩塑立体脸谱、戏剧人物国画脸谱、蛋塑、巨大、有机玻璃等脸谱艺术品，引起人们的兴趣并深受好评。

脸谱收藏可按品种分类，这种收藏方法可以了解脸谱的关注应用，根据运用情况探索脸谱来源及应用价值，也可按剧种分类来收藏，各个剧种的脸谱都有各自独特的艺术风格，因而这种收藏方法可以比较异同，便于深入了解脸谱的艺术价值。

判断脸谱艺术品的收藏价值，主要在于它的艺术价值和文物价值，年代久远的艺术品、名人制作的工艺美术品，其收藏价值就高，尤其是名人的脸谱国画、古代戏曲人物古壶、瓷瓶，与戏剧界名人合影的珍贵照片等，无不成了收藏者追寻的珍品。

据了解，京剧脸谱在市场上被广泛看好，业内人士分析，如今，人们对颇具民族传统特色的艺术饰品相当看中，十分钟情。而京剧脸谱所独有的鲜活个性，使其成为艺术收藏品中的后起之秀。它不仅是我们点缀居室的最佳饰品，从某种意义上讲，也有着潜在升值空间。一位业内人士介绍，一个做工精细，品相看好的京剧脸谱，其行情每年都在攀升。

脸谱画法

整脸：在整个面部涂一种主色，不勾花纹，而是在主色上画出眉、眼、口、鼻的纹理，这种谱式称之为"整脸"。在整脸的基础上，用黑色把眉、眼、鼻等在颜色上突出，而是使前额、左右面颊呈现出三块明显主色，平整的如同三块瓦，称之为"三块瓦脸"或"三块瓦窝"。从脑门顶至鼻子尖，用黑色或颜色的立柱纹与眼窝大体呈"十字"形，额头涂白，有灰色小圈眉子，此种谱式称之为"十字门脸"。与整脸相反，脸谱色彩、构图最复杂的称之为"碎花脸"。色彩、构图不对称，表现人物形象反常、丑陋的脸谱谱式，称之为"歪脸"。

学习脸谱制作方法，初步了解戏剧脸谱艺术的特点、谱式、色彩等方面的基础知识定出眉、眼、口、鼻的位置。用铅笔勾画脸谱纹样，勾画谱式时注意左右对称（歪

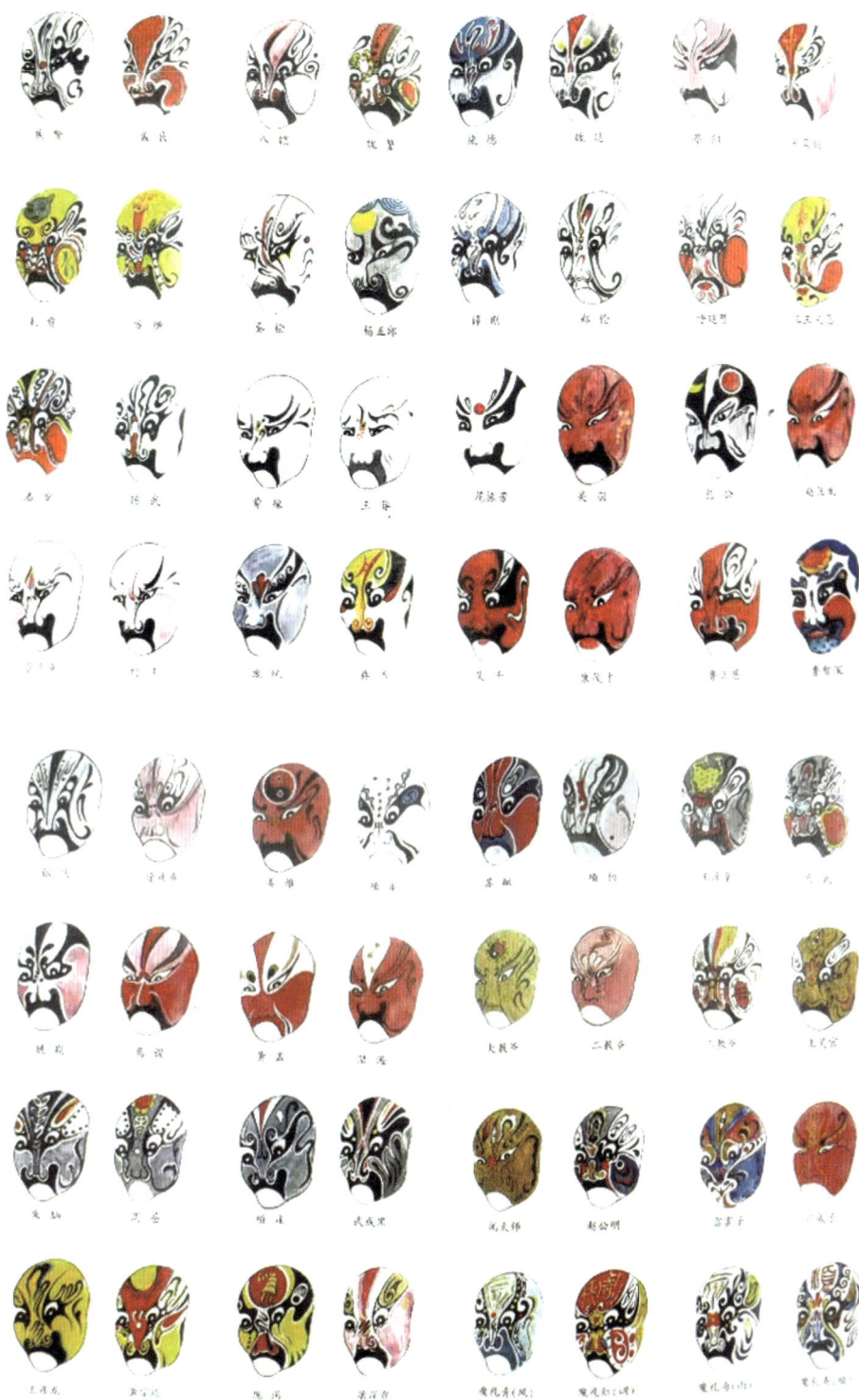

脸 谱

脸除外），线条要流畅、和谐。

学习脸谱制作方法，初步了解戏剧脸谱艺术的特点、谱式、色彩等方面的基础知识小结学习情况。净行、丑行是基本都用的，除此之外还有生行中的"红生"如关羽、赵匡胤等，武生行里的"猴戏""孙悟空"也画脸谱。还有一个旦角勾脸的，钟离春。

"脸谱"是中国传统京剧里男演员脸部的彩色化妆。这种脸部化妆主要用于净（花脸）和丑（小丑），是中国独有的一种造型艺术形式，具有民族特色。由于每个历史人物或某一种类型的人物都有一种大概的谱式，就像唱歌、奏乐都要按照乐谱一样，所以称为"脸谱"。

从20世纪90年代开始，西吉县文化馆原馆长周再斌先生（已故）在西吉脸谱技艺面临失传的困境中，利用所学特长维系了西吉民间脸谱的画技画法，加之先生的悟性和一定的绘画基础，保留了西吉民间戏曲脸谱绘画技艺。他耗尽心血搜集、临摹了300多幅西吉社火脸谱。保存了六盘山地区戏剧史上独具特色的脸谱文化，也是西吉一笔宝贵的文化遗产。内容涉猎仙佛僧道、神头鬼面、忠臣烈士等。内容大多取材于神话传说和历史演义等。周再斌先生在脸谱用色上采取传统的手法，红、黄、蓝、白、黑、绿、紫、粉和金、银诸色为社火脸谱的主要色彩。仍以红色为忠，黑色为正，白色为奸，黄色为残暴，蓝色为草莽，绿色为义侠盗寇恶野，金、银色为仙佛神鬼精怪。与传统戏剧脸谱大同小异。西吉脸谱大都取材于《三国演义》《西游记》《封神演义》中的故事情节，由此，也构成了西吉社火的主要特色。

按传统习俗，各乡村的社火多作为集会、庙会、庆典祭祀时的主要活动仪式。大规模集中举行社火则是在春节期间，正月十五达到高潮。这既是人们休息娱乐和相互沟通、交流情感的集会，同时人们也以"要社火"的形式集体向神灵，祈祷来年风调雨顺、百业俱兴。既有和睦邻里的拜年之意，也有驱邪消灾保平安的良好祝愿。

存续现状：

戏曲脸谱是秦腔戏剧表演中不可或缺的最直观、最富有内涵的艺术表现形式，集传统美术和传统文化为一体。戏曲脸谱作为独特的一门艺术门类，它的繁荣发展与秦腔的传承发展息息相关。

代表性传承人

周再斌，汉族，1941年10月出生于西吉新营乡。1959年毕业于西吉中学，1962年7月毕业于宁夏固原师范，就职于固原地区行署，从事文化宣传工作。后调至固原秦剧团，从事舞美工作十余载，创作了大量舞美作品，深受群众好评，成为固原舞台美术的领军人物。1984调西吉文化馆。曾任区文联、市文联美协理事，中国民间文学研究会会员，西吉县文化馆馆长、党支部书记等职。

尹德智，1952年8月生，西吉县将台堡镇人，原西吉县文工团团长、国家二级演员。1973年参加工作，2012年退休，从事文化工作49年。曾个人荣获国家级奖项一项、省部级奖项九项。搜集整理戏剧脸谱900多张。主创大型花儿歌舞剧《花儿四季》《送粮路上》《走出黄土地》《永远丰碑》《大移民》并都担任主要角色。在固原建市文艺会演和西吉建县六十周年文艺晚会中担任总导演。

西吉脸谱

传统体育、游艺与杂技

民间武术（刘家拳）

古老的西吉县刘家武术是在这一历史环境中形成的，西吉民间武术以刘家武术为主。

刘家武术包含了拳械套路40多种，其主要内容有：七步功，八步转，小红拳，八虎滚缠，七锤模子，四堵墙锤模子，金样模子，凤凰双展翅，进步花拳，飞把子花拳，炮锤，二十八宿乱铺摊，黄龙棍，黄龙排子，六合枪，六合排子，八虎枪，防棍排子，五虎群羊棍，五虎吃堂鞭，紫龙鞭，白蛇三点头，小栓子，大栓子，白马分鬃，铁门闩，白虎鞭，黑虎鞭，梅花枪，六合枪，十二花枪，钩镰枪，连枷棍，春秋大刀，双刀，流星锤，穗子，双流星，九节鞭等。内容丰富，招式刚劲有力，拳势古朴美观，动作节奏明快，刚柔相济，迅速快捷，尤以健身和技击著称。

刘家武术拳理将空间分为天、人、地三盘。古人认为人贵为万物之灵，人身虽小，暗合天地，就将人体分为天盘，地盘，人盘三部分，天盘指胸以上部位，人盘指腰髋间，

刘德胜武术

地盘指两腿和两足之间。刘家武术结合中国传统文化八卦理论，分为进、退、顾、盼、定五式。

刘家武术借鉴中国朴素唯物主义哲学三才、五行说理论形成三盘、五式论。三盘论以《周易》为理论依据。《周易》卜辞中，八卦卦符两两相重，即成64种不同的六爻卦形，将六爻按位序两两并列，就会出现三级层次，由下而上，分别为初、二、三、四、五、上六爻，前人认为初、二象征"地"位，三、四象征"人"位，五、上象征"天"位，由上而下为"天""人""地"，称之为"三才"。五式论以殷代的《尚书》为理论依据。《尚书·洪范》云："水曰润下，火曰炎上，木曰曲直，金曰从革，土曰稼穑。"利用五行相生相克原理，结合武术特点：进、退、顾、盼、定五法，对五法进行生克辨正，进一步说明武术技击的技战术原理。

集三家之长的刘家武术，经过四代人的演练和变革，最终形成稳健，敏捷，刚健有力，奇巧多变的武术风格。拳术有：八虎滚缠，鸳鸯拳，小红拳，大红拳，七步功，八步转，七锤母子，四堵墙锤母子，金祥母子，凤凰双展翅，进步花拳，飞把子花拳，炮锤等大小套路14种，尤以七步功，八步转为最好。

五虎群羊棍，与廿八宿乱铺摊棍风格迥异，是刘家武术双头棍法的代表。五虎群羊棍为刘家武术二郎门172趟器械中之精品，其内容丰富，风格独特，技击性强，至今已有四百多年的历史了，五虎群羊共六趟，均可单练或对练，基本棍法有：抡、劈、扫、控、挑、扎、点、蹦、弹，戳等。

鞭杆，又称鞭杆子，即短棍，长度按使用者一臂加一肘（或本人十三把半），棍粗约一寸一分至一寸二分，鞭杆一头粗一头细，粗的一头称为把，细的一头称梢，演练时梢把并用，单手或双手持鞭，长于掉手换把，上掠下取，前劈后戳，左撩右挂，鞭法奇妙，快速敏捷，刚柔相济，力贯两端。具体技法有：戳、劈、压、挑、扣、蹦、击、撩、拦、截、拨、架、推、挎、绞、压、舞等，一般技法同硬鞭，也融合有单刀和剑得技法。在西北各省都有广泛的流传。在刘家武术中，鞭杆是器械的重要组成部分。包括：五虎吃堂鞭，紫龙鞭，黑虎鞭，白虎鞭，白蛇三点头，小栓子，大栓子，白马分鬃，铁门闩等。

在刘家武术中枪法共有三套，分别为：六合枪，梅花枪，十二花枪。其中六合枪，相传此套路汲取并融合杨、高、沙、马、罗、刘六家枪法之精华而成，后人称为枪中之王，其套路结构严谨，劲力刚健，起伏转折，协调完整，枪法变幻莫测，技法特点突出，主要枪法有：夜叉探海，青龙献爪，铁牛翻竿，指南针，太公钓鱼，苍龙摆尾，灵猫扑鼠等。

在刘家武术中，器械类还包括春秋刀，双刀各有两个套路，钩镰枪，划戳，流星锤，穗子（流星的一种，因形状像麦穗，星四棱锥而得名），双流星，连枷棍，小双连枷及九节鞭。器械长短不一，软器械，硬器械兼而有之，形成其特有的风格，在西北民间武术中占有重要的地位。

存续现状：

　　随着冷兵器时代的结束，单纯以防御和攻击为主的武术存在形式自然退出了历史舞台，取而代之的是传统武术健身活动。近年来，随着国家层面全民健身运动的推广和普及，加大对非物质文化遗产的挖掘保护，民间传统武术迎来了又一个春天。刘家拳得到了文化、体育、教育等多个部门的大力支持和保护，使古老的刘家拳焕发出了蓬勃的生机。

代表性传承人

刘德胜，笔名，止戈为武，现任宁夏武术协会副会长，固原市武术协会常务副会长，西吉县武术协会会长，县级非物质文化遗产（民间武术）代表性项目代表性传承人。

顶 灯

"顶灯舞"是西吉县流传的一种民间舞蹈。每逢过年过节，喜庆之日，娱乐之时，地摊舞队便在广场或家庭院内，跳起此舞，热闹喜气。

据艺人潘志堂所述，顶灯舞约始于明末，到他这一代已家传五辈人。他爷爷从前表演时，只是从正月初开始，至正月二十三"断瘟"前结束，表演的目的是求神保佑，来年五谷丰登，人畜兴旺，是以祭祀性为主，只能在正月里进行表演，当然这也是由于当时生活条件所迫，没有空余时间来进行娱乐、表演。从父辈起至今，表演已不受时间的约束和限制了，如拜寿、婚礼及一切喜庆之日，如有空闲时间都可在欢庆场合进行表演。

该舞是地摊社火队所表演的舞蹈之一。表演一般在夜晚进行，这样顶着发亮的灯翩翩起舞，给人以明亮醒目的感觉。以前，表演者头顶装有食用油的碗，放灯芯点燃，这就是当时的灯，起舞时即要表演复杂的动作，还要使灯平稳地立在头上，这种表演，难度较大，要掌握一定的要领。

"顶灯舞"由两名男青年表演，刚出场时，表演者头上不顶灯，每做完一个动作接个蹉步和跑圆场，做完以上动作后，再顶灯做重复动作，因顶着灯，再不做蹉步。整个舞动作紧凑，以一种热烈欢快的气氛出现，表演结束后，两人顶灯下场。

顶灯动作说明：两人双手着地，背相对做扫堂腿动作；两人相对做双手云手，变成左弓步，右手山膀位，左手立掌于腋下，再做对称动作；甲，左单腿跪，乙，身体前俯双手按扶甲右腿再立身退后数步。向前跑，双手按甲右腿内侧地面，做跑加官动作，同时甲双手抚乙腰，翻过后，两人同做蹉步；甲乙两人右胳膊内侧相交，右手搬在对方的肩背外，左手后背扶对方腰处，两腿稍弯曲，做背袱动作，双方轮换各做一遍；甲，小八步半蹲，两人从肩上向后伸去，乙，做倒立双脚搭在甲肩上，甲双手抓住乙脚腕，用力使乙从甲身上翻过，甲、乙轮流做此动作；甲乙二人双手撑地，两膝落地，头向前面的灯伸去，然后缩身向后空翻一圈落地后左手扶地，右手将灯放于头顶，脚收回坐地；两人顶灯双手相拉起立；两人面相对而立，第一拍胸前击掌一下，第二拍向前跨右腿伸右拳，背相靠换位，第三拍左转而相对，同时胸前击掌，第四拍同第二拍动作；两人面相对，左手叉腰，右腿各向前跨一步，右手在右前方握拳胳膊弯曲，用前臂内侧相碰，再外侧相碰，接做对称动作；两人相对双手叉腰，甲抬右腿踢乙，乙用右手将甲腿向外拔去，再接做对称动作；两人双手相拉下坐，腿相互交叉，同时向左、右侧翻滚，再双手相拉起立。

顶灯场记说明：甲乙两人从台后右侧上场，面向1点，打蹴脚然后逆时针方向转一圈，边走边系腰带，至台中，甲面向1点，乙面向5点，做动作一。甲乙两人起身分别向台前台后做蹴脚，逆时针方向转圈后在台中甲面向5点，乙面向1点接动作三；甲乙两人起身向台中做蹴脚，后退至原位，接做动作二；甲乙两人面向1点做蹴脚，走图4相同路线，甲做乙动作，乙做甲动作；甲乙两人面向1点，做蹴脚步后逆时针方向转圈至台中，两人接做动作四；甲面向5点，乙面向1点，做蹴脚然后逆时针方向转至台中做动作四，甲乙两人交换位置，走图7路线在台中做动作五后，两人面向1点做蹴脚，走图6相同路线在台中做动作五，再面向1点做蹴步。

顶灯舞组织形式包含三种：

一是群众自发式。由爱好"顶灯"的老艺人牵头，挑选本村年轻人或孩子练习表演，请通晓乐器的作伴奏，逐渐形成团体。活动经费多由本村群众募捐。

二是依托寺庙式。寺庙选择德高望重或有一定经济实力的人作"会头"，负责挑选表演者、购置服装、道具、乐器，组织排练等事宜，经费由寺庙负担。

三是庄户联办式，以爱好猴儿玩灯的家庭为主要单位，长辈教授、伴奏、孩子表演，经费由参与的庄户均摊。

四是政府发起组织。以社火队为单位，为重大节日，集会演出助兴，经费奖励为主。

存续现状：

顶灯是社火表演的一个技能型项目，源于杂技杂耍，加入一些丑角元素，配以鼓乐场面十分热闹，加之又是晚上表演，一碗灯火随着动作不时划破夜空迎来阵阵喝彩声。这在娱乐单调的农村可谓是一道靓丽的精彩带，给人带来的杂技功底，真正能进行传承者更是寥寥无几。互联网时代这个古老的技艺已濒临失传，抢救性挖掘保护要刻不容缓。

麻鞭舞

2019 年牧童鞭演出

民间体育舞蹈的前身是"麻鞭舞"，是2002年由刘成才创作脚本，董具忠创作音乐，樊智义编导，把地方特色的民间玩耍游戏搬上舞台，发展成为宁夏民间体育舞蹈。宁夏民间体育舞蹈曾4次参加全国少数民族运动会并获金奖，之后上升为宁夏队的地域性标志性特色体育舞蹈项目。曾几易名称，但主题活动一直是麻鞭舞。经樊智义精心打磨，西吉县文工团演员集体创新，该作品从内容到形式上升到一定水准，受到国内业界的共勉。今后将对民间体育舞蹈进行新生代的开拓与深层挖掘，相信该项目会更上一层楼。

《山娃子》是民间体育舞蹈的典型代表作之一，其以五六十年代的宁夏南部山区为时代背景进行挖掘创排，把当时流传在大山里放羊娃在放羊时男男女女相互嬉戏玩耍的热闹场景及人物神态经过深度融合加工，以艺术的形式展现在舞台上，既突出人物特点，又还原了真实生活，兼而配以高亢流畅的音乐旋律，将嬉戏玩耍的热闹场景活脱脱搬到观众面前。其次在挖掘整理的同时着重了表演和技巧的相互柔和，使观众在欣赏过程中耳目一新，展现了独具地方特色的民族魅力。

该舞蹈的主人公放羊娃在放牧时，无聊之际，利用生长在山间的冰草，自己编制而成的麻鞭，来隔山相望甩麻鞭，来呐喊较劲儿，以谁的麻鞭声音响亮，在山间回荡的时间长短来定胜负，渐渐成为一种娱乐游戏。通过麻鞭赌胜，彼此之间欢聚到一起嬉戏玩耍，以拔硬腰、鸡儿斗斗吃、编腿跳等为友好嬉戏的活动来相互竞技，吸引异性，换取好感。就在这个过程中，爱情在嬉耍中渐渐成熟，姑娘们往往被小伙子硬实的身板，洪亮的呐喊，爽朗的性格成功吸引，情定终身。

存续现状：

　　牧羊鞭是西吉文工团的经典保留项目，也是西吉麻鞭舞的优势传承项目。曾多次参加省市及国家级展演和赛事，为西吉赢来了好多次荣誉，该项目随着文工团的解体濒临失传，若深入挖掘，该项目潜力巨大。

代表性传承人

　　樊智义，男，汉族，中共党员，出生于1949年10月，1971年参加工作，国家一级演员。固原市政协委员，固原市舞蹈协会副主席，固原市学科带头人，固原市首届道德楷模。中国魔术协会会员，宁夏舞蹈协会、戏剧协会理事，全区离退休干部党组织和党员创先争优优秀离退休干部党员。

　　在近40年的文艺工作中，集编导、戏剧、舞蹈、魔术、小品、表演于一身，成绩突出。

先后参与创作、导演、演出的剧（节）目达370多个，其中自己创作表演的就达240多个，大小获奖63次，其中国家级奖10次，省级奖16次，市、区级奖38次。曾多次获得先进工作者和优秀党员荣誉称号，多次得到国家、自治区领导及文化部门的表彰奖励，先进事迹曾多次在《中国体育报》《广州日报》《宁夏日报》，新华网、宁夏新闻网及宁夏电视台、固原电视台等报道。

1983年编导的《送粮路上》获全国乌兰牧骑式会演优秀节目奖。创编演出的花儿剧《金鸡姑娘》《曼苏儿》《花儿四季》应文化部邀请在北京工人文化宫会演，1992年《花儿四季》应邀赴日本交流演出。1993年导演了西吉县第一部电视剧《三姊妹》，获全国第二届人文奖"飞龙杯"戏曲优秀奖。1999年编导的《土豆变金豆》获全国第三届"群星杯"企业文化导演奖和表演金奖，同年又获全国"爱我中华"表演唱大赛一等奖；创编的体育舞蹈《牧童鞭》分别在2003年获第六届，2007年获第八届全国少数民族传统体育运动会技巧类金奖、个人获编导和表演一等奖。2006年荣获自治区第六届少数民族传统体育运动会金奖。2002年为庆祝固原撤地设市编排的大型花儿歌舞《六盘儿女情》被评为一等奖，并在固原市第三届"民族团结杯"大赛中获特别奖。编排大型眉户剧《走出大山》，大型花儿歌舞剧《走进新进代》《走出黄土地》《情暖农家》等全区巡演后，部分在宁夏首届文化艺术节上获优秀剧目奖、个人获编导奖。自编自演的魔术小品《卓别林新传》，荣获第五届宁夏文化艺术节家庭才艺大赛一等奖。2011年6月，编导表演的双人舞《老伴》在全区离退休干部庆祝中国共产党成立90周年艺术节上获艺术表演类第一名。2015年6月编导的体育舞蹈《六盘响鞭》在第四届全区少数民族体育运动会上荣获一等奖，并于8月在第十届全国少数民族传统体育运动会上荣获一等奖。表演唱《送媳妇回娘家》，舞蹈《匠工舞》等多次被选拔参加全区、市优秀节目展演获奖。

歌舞戏剧并举是樊智义的创新。表演的折子戏《荒郊义救》《孙悟空盗扇》，历史剧《赵飞搬兵》中的赵飞，《金沙滩》中的杨七郎，丑角戏如《状元与乞丐》中的阿猪，《窦娥冤》中的张驴儿，《八件衣》中的花子仁义，《卷席筒》中的张仓，《十五贯》中的卢阿鼠等获得各类奖项。2006年6月，他为了感谢回报父老乡亲对他的厚爱，在西吉举办了首场个人专场演出，受到广大人民群众的欢迎和好评。

方 棋

方棋，俗称"下方""丢方""掐方"等，是六盘山地区流行的一种传统民间棋类智力竞赛项目。方棋有着丰富的文化内涵和娱乐价值，简便易行又变化无穷是方棋的主要特征。

西吉是方棋的主要流行区之一，方棋在当地有着较为稳固的生态场，农闲时随处都能看到人们三三两两围拢在一起对弈的场景，有"花儿"唱道："漫上首花儿下盘方，解一解阿哥的心慌……"

关于方棋的起源，从文献与考古材料看，汉魏时期围棋已经十分流行。《西京杂记》卷二第49条记述西汉"杜陵杜夫子善弈棋，为天下第一人"；东汉马融更有《围棋赋》专颂棋盘上的厮杀决斗，但此时的围棋是17乘17的棋盘格。敦煌文献《棋经》记载，南北朝时期的围棋棋局是"三百六十一道，仿周天之度数。"表明这时已流行19道的围棋了。而方棋较围棋简单，且种类、弈法较多，其产生时代应更早当无疑问。方棋的种类较多，规则亦因地而异。目前，我国的陕西、甘肃、青海，宁夏等地方"下方"颇为活跃，人们常在茶余饭后聚在一起对弈。方棋历尽百年之久，是体育中的瑰宝，深受群众喜爱。方棋最早盛行于西北地区的广大农村，特别是在群众中广为流行。方棋是一种培养智力的体育娱乐活动项目，每当劳动休息期间或茶余饭后，群众便会三三两两蹲在一起下方棋。方棋方便有趣，没有专门的棋盘和棋子，也不需要裁判。只要找一个平坦干净的地方蹲下就能下方棋，用石子或树枝在地面上画上七横七纵交叉构成的线就成了棋盘。西吉方棋与流行于陕西、甘肃、青海、新疆等地和宁夏其他地方的方棋相比，在棋盘的线条数目上略有不同，虽然只是微小的区别，却大大透着玄机。流行于其他地方的方棋棋盘都是由"横七竖八"共15条交叉线构成，15条线在棋盘上形成56个交叉点，对弈双方各执棋子28枚，子数均等，而我们所玩方棋的棋盘则是由七横七纵交叉构成，棋盘上共有49个交叉点。从形状上看，方棋的棋盘长宽相等，与方棋的"方"字更为吻合。1985年，宁夏回族自治区首届少数民族运动会召开，方棋被列为其中的一项重要赛事。不仅下方棋群众以棋为乐，在家事之余、家务之后、农闲之时，常常会几个人凑在一起，以地为席，进行各类民间方棋游戏。这些民间方棋，点缀着人民群众的日常生活。

地域特色

方棋棋盘上共有49个交叉点。下方棋用不着什么专业的设备和器材，乡村旷野可以随地取材，简陋，就地而坐，甲乙两方使用的棋子，如小石子、土疙瘩、碎瓦片、碎砖块、柴棍子或一、二分钱的硬币等，现在也有人用围棋子，甚至羊粪蛋都可以用来做棋子。方棋神妙莫测，变幻无穷。方棋是两人对弈，先下者二十五个子，后下者二十四个子。摆子时要绞尽脑汁，棋子的"术语"有"头码""二码""长腰""短腰""五花子""六角子"等，方棋战术多变，对弈双方先各自在棋盘上布子，棋子布满棋盘后再走子，后下者先取掉对方一子，每方一次可吃掉对方不成方的任一子（除"铁子"之外）。如果四子围成一个方格的四角为一方，最后以一方子将对方棋子吃光为胜。

由49枚棋子演绎的"下方"趣味无穷：棋盘上数枚棋子组成的厚实方阵叫作"扯"，有了"扯"方，在棋盘上横行无阻；而"背扯"则不可阻挡，"铁扯"又牢不可破。西吉方棋既讲布阵又讲杀法，既看"子势"又讲"堵塞"的方棋真是妙不可言！

主要器具及制作

方棋用不着什么专业的设备和器材，乡村旷野可以随地取材。因陋就简，甲乙两方使用的棋子，如小石子、土疙瘩、碎瓦片、碎砖块、柴棍子或一二分钱的硬币等，现在也有人用围棋子，甚至羊粪蛋都可以用来作棋子。

文化价值

方棋的幸存，证明这一古老的娱乐活动没有完全消失。这种已流传多年、盛行于各乡村的"方棋"却赢得了无数人的"芳心"。在经济落后、文化生活匮乏的时代背景下，"下方"成为群众最主要的娱乐休闲方式之一，无数人陶醉其中，其乐融融。它与下围棋有不同之处是它能下成"方"而赢，交流方便，沟通容易，方棋是一项老少皆宜雅俗共赏的健康娱乐方式。与曲高和寡、博大精深而难度极高的围棋相比它规则简单易入门，却又变化无穷，易学难精，深深吸引着玩家；与中国象棋比较，它不需要游戏者认识车马炮，文盲与知识分子可平等对弈，一决高下，可最大限度地吸引底层劳动者，对研究传统体育有很高的学术价值。

具有群众特有的娱乐价值

方棋虽然方便简单易学，但要使棋艺达到一定的水平则十分不易，这也是方棋吸引爱好者乐此不疲的原因。方棋是一种民间社交方式。方棋不仅能够锻炼游戏者的智力，也是人们社会交往的良好形式。我们经常能够看到的情景是人们三五成群围坐在一处，有对弈者、有支招者、有评论者，热闹非凡的娱乐活动，又是一项竞技性很强的运动。

存续现状：

方棋，历史悠久，流传年代久远，流行区域广大，是生活在大西北这片土地上的各族人民群众喜闻乐见的流传娱乐之一。方棋益智与运动为一体，也是当地群众茶余饭后或农闲时间围聚一起聊天谈心，交流情感的好去处。由于方棋的普遍性、益智娱乐性使群众保持了良好健康的发展势态，传承群体稳定。

传统美术

民间建筑美术

六盘山地区古代民间建筑是源远流长的独立发展体系。这种体系大概在3000多年前的殷商时期就已初步形成。民间古代建筑的发展经历了原始社会、商周、秦汉、三国两晋南北朝、隋唐五代、宋辽金元、明清时期。直至20世纪，西吉民间居住形式始终保持着自己独特的结构和布局原则。

从构造的角度上审视西吉地区民间建筑的特点，大概有以下几点：

一是使用木材作为主要建筑材料，创造出独特的木结构形式，以此为骨架，既达到实际功能要求，又创造出优美的建筑形体以及相应的建筑风格。如分布在各地的庙宇、官邸、富人家族的宅邸。

二是保持构架制原则。以立柱和纵横梁枋组合成各种形式的梁架，使建筑物上部荷载经由梁架、立柱传递至基础。墙壁只起围护、分隔的作用、不承受荷载。

三是创造斗栱结构形式。用纵横相叠的短木和斗形方木相叠而成的向外挑悬的斗栱，本是立柱和横梁间的过渡构件，还逐渐发展成为上下层柱网之间或柱网与屋顶梁架之间的整体构造层，这是古代木结构构造的巧妙形式。

四是实行单体建筑标准化。六盘山地区古代的宫殿、寺庙、住宅等，往往是由若干单体建筑结合配置成组群。无论单体建筑规模大小，其外观轮廓均由阶基、屋身、屋顶三部分组成；下面是由砖石砌筑的阶基，承托着整座房屋；立在阶基上的是屋身，由木制柱额做骨架，其间安装门窗隔扇；上面是用木结构屋架造成的屋顶，屋面做成柔和雅致的曲线，四周均伸展出屋身以外，上面覆盖着青灰瓦或琉璃瓦。单体建筑的平面通常都是长方形，在有特殊用途的情况下，也采用方形、八角形、圆形等。屋顶有庑殿顶、歇山顶、卷棚顶、悬山顶、硬山顶、攒尖顶等形式每种形式又有单檐、重檐之分，进而又可组合成更多的形式。

五是重视建筑组群平面布局。其原则是内向含蓄，多层次，力求均衡对称。除特定的建筑物如城楼、钟鼓楼等外，单体建筑别致的二层楼，很少露出全部轮廓。

六是灵活安排空间布局。室内间隔采用隔扇、槅门、罩、屏等便于安装、拆卸的活动构筑物，能任意划分，随时改变。庭院是与室内空间相互使用的统一体，又为建筑创造小自然环境准备条件，可栽培树木花卉，可叠山辟池，可搭凉棚花架，有的还建有走廊作为室内和室外空间的过渡，以增添生活情趣。

七是运用色彩装饰手段。木结构建筑的梁柱框架，需要在木材表面施加油漆等防腐措施，由此发展成中国特有的建筑油饰彩画。常用青、绿、朱等矿物颜料绘成色彩绚丽的图案，增加建筑物的美感。以木材构成的装修构件，加上着色的浮雕装饰的平茶贴花和用木条拼镶成各种菱花格子，是实用兼装饰的杰作。北魏以后出现的五彩缤纷的琉璃屋顶、牌坊、照壁等，使建筑灿烂多彩、晶莹辉煌。

从传统文化的角度，西吉地区古代建筑的特点可以概括为五个方面：缺少真正的建筑学理论。指导建筑发展的是抽象的哲学理论、约定俗成的道德规范和具体的政治制度；儒家传统的礼制思想是指导建筑创作的主要思想，而以玄学、风水堪舆之说作为补充；充满了中国人现实主义的处世态度。具体表现为不求建筑物长久存在，而以满足现实的功能需求为出发点。建筑形式的标准化通用化，使用一种结构类型的建筑物可以适应多种使用功能的需求；标准化的建筑个体要通过建筑空间的组合来表达个性，建筑群体的布置是传统建筑艺术的精髓，处处反映着时间和空间结合的理性思维方式和人与自然的亲和关系；以象征主义手法表现特定的主题。

西吉地区古代建筑有以下两类：

一是居住建筑。是人类最早创造的建筑，主要有穴居和杆栏两种形式。距今7400—6700年前的新石器时代早期遗址，如甘肃秦安县大地湾中的建筑均为半地穴式，即从地面向下挖掘一定深度的竖穴，平面做圆形、椭圆形或方形，面积很小。距今4900—3900年前的新石器时代晚期，地面起建的房屋多起来，原始社会的穴居，正逐步朝着宫室式住宅形式演化。宫室式住宅的代表类型是合院。

二是城市公共建筑。主要包括城墙、城楼与城门，还有钟楼和鼓楼。城墙起源于新石器时代，材料以夯土为主。三国至南北朝出现在夯土城外包砌砖壁的做法。明代，重要城池大多用砖石包砌。城门是重点防御部位。唐代边城中出现瓮城，明代在瓮城上创建箭楼。宋代有专建高楼安置钟、鼓的记载。

西吉地区的石窟是民间建筑的重要遗存，有云台山石窟等，是多种艺术的综合体，反映着传统哲学、美学、文学、绘画、建筑、园艺等多门类科学艺术和工程技术的成就。

西吉四季温差大，春天沙尘天气多，雨水稀少，秋天多雨。新中国成立初期，西吉农村东、西、北部山区群众大多居住靠墙挖的土窑和土箍窑，也有住土木结构房屋的，但甚少。东南川区大多居住简陋的土木结构房子，也有一部分人住土箍窑。生活条件较好的极少数人家修有上房（大门对面），灶房一般建在正门的手右，杂房建在左面，形成了简朴的四合院。一般是家中长辈居住在上房，其他人员居住在偏房，房内靠窗户处用土坯砌筑。有将台乡火家集村民居土炕，炕内可用柴草，马、驴、牛粪等可燃杂物填入，引火燃烧，使炕面发热，用以取暖。炕面多用细草泥涂抹，有些群众喜在上面用料僵石、研浆腻子刮光，不起尘土，上面铺有竹席，家庭穷困的人家，几代人住在同一个土炕上。

新中国成立后，随着生活条件的逐步改善，住房条件也随之改善，特别是改革开放以来，农村人的居住条件得到很大改善，群众住宅一般为土砖木结构房子，式样多为四合院，四合院正面有3—4间房子（上房），多数面向阳，两侧各有2—3间"厢房"。上房有正中间的称"主房"，东头单间称"耳房"，两头单间称"过道"。厢房设有灶房和粮房（储藏粮食，称仓库）。上房内光线充足，空间大，房子也比较高，房子外面顶部还用砖砌有房脊。冬天房内放置取暖用的火炉，用石炭代替了原来的木炭、煤块燃料。农村大多数人家。利用取暖炉火做饭、烧开水。做到一炉多用。进入20世纪90年代后，随着建筑材料的更新，两层砖混凝土结构住宅建筑在农村开始出现，以后逐年增多。随着居住条件的改善，部分家中传统的睡炕（土炕）已被木板床和沙发床所替代，大条案，大蹲箱也被高低柜，大衣柜代替。室内摆设要求越来越高。特别是近年来，成套家具、组合家具以及各式沙发已成为人们喜爱的家具。

村落：西吉境内的村落，大都集中于山弯、梁背、沟坡、河畔、崀低。避风向阳、近水、临泉，便于耕地生产的地方。

院落：六盘山地区自古以"窑洞"和"平房"为安身生息之地。

窑洞和房皆称为"宅基地"。土窑洞（或土坯砌的"箍窑"）组成的院落叫"地庄"，平房组成的院落叫"院"。一家一院，数家组成一个村子。

宅基一般选在背风向阳的山根、沟垴、坡地的平台处。傍山依水相居是人们根据生存的需要决定的。

四合院：院正中上房是院里最为讲究的一座房子，称为"上房"或"客房"，供长者居住。上房一般为"人"字形的架子房，所以又称架子上房。上房的基地较其他房高，特点是高大，宽敞，结构合理，造型美观，抗震性能强。

上房最讲究的样式是"四门八窗"，前面全为木结构连为一体的四扇门和花格窗棂，门的上下段为透花雕刻，斗拱参差。梁头伸出，雕刻成线条优美的"云头"，显得气势、富豪。

明清时期，上房房脊安有雕花陶脊，在脊的两端瓦"兽"，视官爵高低分等级，有三把器和五把聚。如有口中含"旦"子者，为五品以上官衔方有资格安设。另有一种"锁子厅"的式样，即门向后缩进三尺许，两旁的窗子向前伸出，形似一把老式铜锁。这种房子的上梁结构多见"五檩四椽"式，也有"七檩六椽"的结构，错综繁杂。合理地运用三角力学稳定原理，十分坚固耐用。

四合院的左右两侧，为厦房及灶房，式样多为"上栋下宇"式，即顺水"一面坡"型或"两面流水"型（人字型）。这种结构一般都有夯筑坚实的地基，房壁多为土坯砌成。其特点是坚木为柱，柱上架梁，梁上搭檩，顺檩挂椽，顺椽摆"参子"（砍好的均匀的小木条），然后抹泥铺瓦。一面坡型的房子亦有一种较简易的"一横檩"式结构，即两排椽中间只用一根端长的檩条承负。也有一种"滚椽房"，即用一根或两根顺水檩，椽子横着排列。和上房相对的是大门，大门的修建是仅次上房的第二建筑物，式样亦为"两面坡"型。绅宦家庭，有修成"驷马悬蹄"式的。在门道后面，有木式屏风或砖屏风，如在乡村，大门的修建方向多依山形水势，意为"通脉"，这种遗风，至今尚存。

窑　洞

黄土高原其结构有特殊的柱状和垂直。自古以来，六盘山地区农村就利用黄土高原土层厚，土质柔坚的条件，因地制宜，依山开穴，修建住宅。

西周时期，人们对土窑洞不断改进，洞穴种类也不断增多。《诗·大雅·绵》载："陶穴复穴，未有家室。""陶穴"，为下沿式坑庄，"复穴"即坡崖半敞式窑洞。古代这两种窑洞，因人们所处的地域有别而开掘不同。但是，其共同的特点是干燥、坚固、冬暖夏凉。

到了唐宋时期，塬区地带的地坑已发展成为暗庄，一般沿沟壑，近河流，于避风防湿处掘以二三丈之深坑，呈长方形四合院式。而坡崖式窑洞发展成为"半明半暗庄"，一般多依黄土谷地顺山形走向，避湿就干，避低就高，于向阳处乃掘以二丈之高崖面。然后在崖面上挖以"凹"形半四合院式。

明清时期，黄土窑洞形式已演变成定局。地坑庄窑洞一般于地坑内的正面掘窑三孔至五孔，中为主窑，其余左右排开。东设灶，西住人。窑洞洞距12尺，高12尺，宽9尺至13尺，进深32尺或28尺，口大内小，呈"蹲狮张口"式。窑口以土坯垒墙，俗称"窑尖子"。左开窗，右开门，顶留一或二方孔，即窑眼，亦称"小窗子"靠窗前侧盘以大炕。有些农家还挖有可防盗贼的高窑子，一般距地高20尺以上，居高临下，易守难攻。为使窑洞光线明亮，洞壁涂泥两次，第一次粗草泥，第二次细黄泥。窗门亦有规则，主窑门宽2.8尺，高5尺，其他门宽2.4尺。窗有单扇双扇之别，其花样有棋盘式、菊花式、"干拌嘴"、一枝梅等，形式多样，各有特色。窗根图案有八卦图、一串梅、田字格等，造型雅致，别有风韵。院中央则挖一方形渗水坑，以蓄积水。院前再掘以通道直达于外，且高筑门楼，以示门桄。坑院之上，环四周筑3尺高的护崖墙，以防人畜失足落入坑院内。在护崖墙外，再筑以5尺之高的院墙，以挡风沙。

半明半暗庄的窑洞，同样于半敞坡崖面处掘窑三至五孔，中为主窑，其余分布于左右两侧（俗称档头）。东设灶，西畜圈，窑前院落广开。

窑洞落成，为吉庆祥瑞，贴对联，放爆竹，举行"进火"仪式，贺乔迁之喜，邻居亲友皆来恭贺，谓之嚷（禳）庄，或叫"踏庄"。

这些窑洞不仅供人居住，还可在里面办学校，演皮影戏，耍社火（演地摊），是集文化学习与娱乐为一体的活动场所。

黄土窑洞以冬暖夏凉，坚固耐用蜚声海内。相比之下坡崖半敞式窑洞，掘之易于成功，易于迁入，且容易形成大的村落。

窑的种类

高窑：高窑又叫崖窑子，是在正或侧崖面小间挖一孔小窑，上下另修通道，分外道内道。内道是在高窑内挖，通向地面小道；外道多是搭移动梯子攀登进窑。这种高窑过去是为临时防御盗匪用的，备有短时吃喝，刀矛兵器，如遇匪抢，可居高临下鸣枪防范。

窨子窑：在地面窑掌或侧挖一小通道，长3-6米，然后挖一小窑。这种大窑套小窑，又叫地窨子，也是为防匪藏粮用的。

箍窑：这是用黄土夯成的土基子或砖石砌箍成的窑。箍窑一般是院窑侧面或平地园子院里修箍的窑。先用土堆成窑形窑旋，（楔子）或叫"窑心"，然后用胡基，即土坯，抹草泥挤砌，窑箍成后，外面用泥抹光，以利雨水。这种窑干燥，没有潮湿气，窑内盘通间土炕，冬天十分暖和。

房套箍窑：窑两侧用短椽加檐成房形，顶盖瓦，外观是房。内看是窑，这种箍窑，具有冬暖夏凉优点，省料又美观。

高厦：在一只或双肩相并的箍窑顶上再建一两檐出水的小楼房或一檐出水的厦子。高厦居高望远，空气流通，有瞭哨卫家的效用。

浮园套地坑院：地坑院上面四周打围墙，内建砖木结构的房屋或土坯箍成的窑。这样形成地下院和地上院两层。这大都是过去富户所置。

架板庄沿面南或面西沟崖，从下到上，修成一层一层窑洞住户，一家一家宅子，像架板一样排列，多则三四层，中有道路相通，联结各户。

地坑堡：这是过去地主富豪在地坑院上面四周高筑城墙似的围墙，上面修哨楼、瞭望台，住有民夫守望，及时报警和防匪。

堡子窑：这是过去据险筑土堡角房堡，堡内修挖窑洞，供非常时期村人迁居以自守自卫的临时避难防患集中住地。窑洞宛若蜂房，形似营垒村寨。等待战乱一结束，人们又回到自己原来小家小宅。这种堡子式的村寨，大都修于清同治时，为避战乱而筑。

窑洞的装修

挖凿一孔新窑洞叫毛筒子，功成一半，装修还要费一番功夫。六盘山地区人挖窑有句经验性的话："富人挖不成窑，穷人盖不起房。"这是因为窑向土层里横挖，土质含有水分，如果挖得快，土质湿松，易于倒塌，要慢慢挖，边挖边修，等挖开的土层干涸了，再往里挖。所以，修成一处窑洞庄院，需几年时间。同时修挖窑洞省工省料，出点力，流点汗，就可修成一庄院，故有歌谣：不用砖来不用梁，冬天暖来夏天凉……

富人有钱，急于成宅，修得快，就易于塌。窑挖成前高后低，像"坐虎式"。等干燥后，用土加麦衣子和成泥浆漫（抹）两遍，等干后，用土坯封窑口叫扎间子，安门窗。门窗一般是一门三窗子。门有单扇双扇之分，门框高1.2米，宽1米。窗棂讲究雕刻成各种艺术图案形，如八卦、一串梅、田字格等，糊上白纸，贴上窗花。进门在间子偏左或偏右地方，留盘炕的地方。窗子有大窗、炕窗、高窗（门上部中间）、天窗（气眼）。大窗以下挨窑间子盘炕。如果是厨窑（当地叫家里），挨炕盘锅头，做饭时，烟火通过炕再通入烟囱，这样因烧火做饭的炕不用柴烧，暖烘烘的。所以有"进门就上炕，锅头连着炕"的民谚。其他设施、摆设、装修，那就视其家经济条件决定了。

炕、灶出烟，一是从窑口内到顶部挖直径0.3米左右垂直小洞直通窑顶，这叫上山烟囱；囱口上做杠杆式，一端用长绳拉到窑口下面手能拉上的地方，出烟拉开，停火关闭，非常科学方便；一是烟道口斜通窑外，叫半山烟囱，手一抬就能堵住。

窑的大小，一般视其土质、崖面高低和地域习惯而定。塬区，窑浅而低，大都高3米，长6-9米，宽27米。而山区，依山修窑，基础好，窑深宽高大，一般讲究6米宽，9米深，有的达到18-21米深。一孔窑，可容千余人。这种窑可做厨房、客窑，窑掌还有留作喂养牲畜储存食物的地方。窑与窑的间距，最小3.5米。

清人胡朴安的《中华风俗志》里有一首土窑诗写道："风雨不从窗外入，车马却从屋上过。"这里的"屋"，就指的土窑。"窑屋"能挡风遮雨，顶上走马行车无妨。

平房、高房：建在"地棚"或箍窑上面，靠院墙修建，石头或砖块砌台阶，也有木质台阶。高房四周开窗，用以看家护院。

门楼子：大门楼子，有三槛、平头等几种。有的三槛上安装木板，雕刻各种图案镌书题字。题字多为表示吉祥，表达理想、向往和祈求的内容，如"紫气东来""满门生辉""宁静致远""龙凤呈祥""前程似锦"。旧时功名人家，除在楼顶砌砖撒瓦外，还瓦脊兽。

场房：看护场的小房子，一般建在场门或场高处，供看护人员休息。

井房：为保水井的清洁卫生面盖的小房，取水者冬暖夏凉，井水不受杂物污染。

车房：为放马车或其他生产工具修建的"车棚"。旧时，牛车马车多用木头打制，日晒雨淋易损，故建茅棚遮日避雨。

窝棚：因生产的需要，在瓜田、果园或地头临时搭起的看护庄稼的一种简易房子。旧时，贫困人家，也住地棚。择一块高地，防雨水流进地棚，开掘1米多深，宽3米，草泥抹光，并盘上土炕，待干燥后，上面用木椽扎绑成"∧"字形框架，然后用树枝，草等覆盖，上面用草泥抹光即成。土台阶可上下出入。用树枝编成棚门，以挡风寒或防御安全。

存续现状：

　　西吉民居源远流长，经过漫长的岁月洗礼和多元文化的长期影响，已自然形成了独特的建筑体系和艺术风格。西吉地处黄土高原腹地，其朴素自然的建筑思想深深扎根黄土大地，依山而居，背阴面阳的居住理念更是赓续相传。四合院、窑洞是西吉最具有代表性的传统民居，具有浓郁的地域特色。近年来，随着脱贫攻坚和乡村振兴政策的持续推进，原来的土院、土坯房、窑洞已完全退出了历史舞台，成为永远的乡愁。

砖　雕

西吉砖雕艺术历史悠久，起源于北宋年间，成熟于明、清时期，形成了独特的地域风格，以立意新颖、构图严谨、造型生动、雕工精湛而闻名西北。西吉砖雕艺术也叫"刻活"或者叫"砖花活"，即在已烧制成的青砖上，用刀凿等工具钻打雕刻出各种单幅图案，以完成整体艺术构图。

西吉砖雕，不仅继承了我国雕刻艺术的传统，而且还在发展过程中吸收了其他艺术的精华，形成了独特的西吉风格。民国以来，西吉砖雕普遍见于寺庙和官宦宅邸。西吉砖雕取材于山川草木、飞云流水、花卉禽鸟、博古珍玩等，与云纹、字环等传统装饰图案相配，体现了西吉劳动人民巧夺天工的艺术才能。

西吉砖雕在创作手法上分"捏活"和"刻活"两种。所谓"捏活"，就是先用加工配制的泥巴，用手和模具制成龙、凤、狮及各种鸟兽、花卉图案，然后入窑焙烧。所谓"刻活"，就是在已烧成的青砖上，用刀凿等工具钻打出各种单幅图案以拼凑成各种画幅。砖雕工匠使用的工具主要有：锵（凿）、平刀、斜刀。砖雕所需材料，即黏土砖（俗称青砖），一般经过选土、过筛、和泥、制坯、烧制等工序，以保证其细腻的质地，便于雕刻。砖雕工艺过程，也要经过烧制、打磨、格方、落样、雕刻、安装等程序。砖雕艺术作品，大多作为建筑物上某一部分的装饰品，镶嵌在砖木结构房屋的厅堂，正房外的正墙、侧墙以及庭院的影壁、障壁、门楼和卷门之上。

西吉砖雕艺术，由于表现对象即内容的要求，在技法上以精巧细腻见长，以圆雕、半圆雕突出主题，以浮雕相衬，运用各种刀法，并吸收中国画的"皴"法技巧，以现实主义与浪漫主义相结合的创作手法，寄情于景，情景交融，充分表达了劳动人民热爱祖国壮丽山河的思想感情和对美好理想、幸福生活的向往和追求。

西吉砖雕艺术是集美学、社会学、建筑学等为一体的综合艺术，发掘、抢救和保护，将带动西吉民间艺术的发展。同时，对促进西吉县精神文明建设，丰富各族群众的文化生活，增强文化自信等都有重要的意义。

西吉砖雕的传承人主要有火石寨新开村的马风章、丁凤祥等人。马风章于1985年，跟随甘肃河州艺人拜玉良学习砖雕，学艺成才后，跟随师傅在固原、彭阳、西吉、海原等地做砖雕。他带的徒弟有火石寨乡新开村的杨应虎、马付宏、马付军、杨青智、杨青军、杨青付、杨应武等人。

存续现状：

砖雕是西吉非遗代表性项目，马风章是该项目的代表性传承人，也是西吉第一个国家级非遗传承人。为了更好地加强该项目传承群体的业务素质和不断扩大传承队伍，非遗保护中心针对性的出台了好多保护政策和切实有效的传承措施。同时，西吉砖雕不可避免地遭遇了现代工艺美术的多重挑战，传承路径狭窄，传承群体不断减少。

代表性传承人

马风章，1966年2月10日出生，宁夏固原市西吉县火石寨乡新开村沙河组人，国家级非物质文化遗产（固原砖雕）代表性传承人。1982年5月，在甘肃省临夏回族自治州拜玉良老师处拜师学习，主要学习了砖雕雕刻技艺，还兼学了绘画、设计等。学艺完成后回到了宁夏，目前在西海固各地承接制作砖雕。他是砖雕技艺的第四代传人，最擅长创作砖雕。从雕刻工艺来讲，砖雕工艺在选料、设计、流程、制作、工具等方面与其他民间雕刻艺术相比具有不同特点。砖雕在创作过程中讲究以精致、细腻、生动形象为主，口诀为"一看二想三动手"。

2013年6月被宁夏回族自治区认定为自治区级非物质文化遗产（砖雕）代表性传承人，2018年被认定为国家级非物质文化遗产"固原砖雕"代表性传承人。

2012年获得由西吉县文化馆颁发的西吉民间砖雕优秀代表人称号。2015年被西吉县火石寨乡授予农村致富优秀人才。2016年受到西吉县人民政府的高度肯定，并获"致富带头能人"称号。2017年荣获固原市非物质文化遗产"优秀传承人"。2017年参加全国砖雕文化传承与创新峰会暨全国砖雕传统手工技艺大赛期间，创作的《孔雀戏牡丹》荣获"特邀作品奖"。2018年被固原市文广局评为"非遗优秀传承人"。2020年在"非遗进万家　文旅展风采——2020年黄河流域非遗作品创意大赛"中，作品《天女散花》《博古架阁》《富贵团圆》《傲骨寒梅》荣获二等奖。参加自治区文化和旅游厅举办的"非遗进万家　文旅展风采——2021年黄河流域非遗作品创意大赛"中，作品《红军长征》《天安门广场》等荣获二等奖。

马覆平，1991年7月出身于宁夏回族自治区固原市西吉县火石寨乡新开村沙河组，是自治区级非物质文化遗产（固原砖雕）代表性传承人。传承谱系：第一代：马尤努斯；第二代：绽成元；第三代：拜玉良；第四代：马风章；第五代：马覆平；第六代：马不拉、马福正。

2013年，马覆平开始学习砖雕绘画技能，在其父亲的指导和教学下，通过临摹，画一些简单的山水、花草等。2015年，参与制作了大型雕刻作品《百鸟朝凤》图案。2016年，参与制作《四季青》《丝绸之路》两幅作品。2017年，参与设计并雕刻修建海原县九彩乡中和堂山门雕刻。2018年，设计并参与雕刻制作了中和堂文化长廊工程。

剪　纸

　　剪纸是中国民间美术的一个重要组成部分，是我国古老的传统技艺之一，有着悠久的历史、惊人的技巧，是一种流行广泛的民间美术，被联合国列为世界文化遗产的优秀民间艺术品种。据现有史料，早在1500年前我国就有剪纸，而且艺术技巧相当成熟，唐代诗人崔道融的诗中就"欲剪宜春字，春寒入剪刀"，它以一种亲切、朴实、通俗的表现形式抒发了劳动人民的真实情感。随着现代生活以及人们欣赏的需求，现代剪纸应运而生。现代剪纸是画家将民间剪纸上升为美术创作，成为一种独立的艺术表现形式。它是一种强调实用性、有明确主题和思想的新的艺术表现形式。

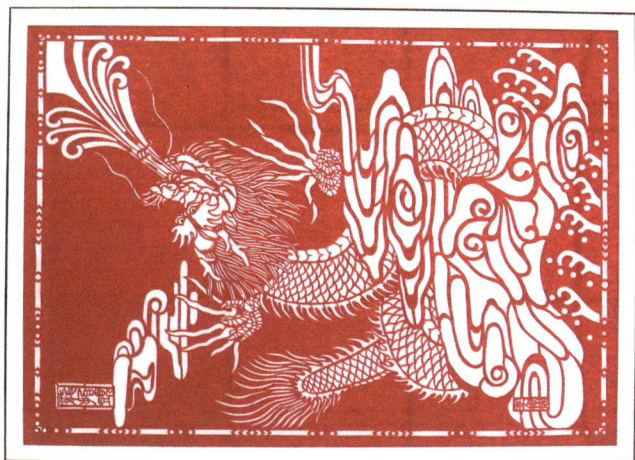

  民间剪纸善于把多种物象组合在一起，并将理想中的美好以艺术方式展现。无论用一个或多个形象组合，皆是"以象寓意""以意构象"来造型，运用、象征、谐音、假托等寓意手法随心所欲地叠加，创造出来多种吉祥物，把约定俗成的形象组合起来表达心理，追求吉祥的寓意。

  剪纸用途广泛，可用于张贴，即作为装饰直接张贴于门窗、墙壁、灯彩、彩扎之上，如窗花、墙花、顶棚花、烟格子、灯笼花、纸扎花、门笺；可用于摆衬，即用于点缀礼品、嫁妆、祭品、供品。如喜花、供花、礼花、烛台花、斗香花、重阳旗；可用于刺绣底样，也用于衣饰、鞋帽、枕头，如鞋花、枕头花、帽花、围涎花、衣袖花、背带花等。这些均与我们的生活息息相关，为精彩的生活增添喜悦之色。

  西吉剪纸历史悠久，形式多样、题材广泛。剪纸的题材有花鸟鱼虫、家畜家禽、戏曲故事、生活人物、吉祥娃娃等图案。其形式多样，常采用"寓意""谐音""象征"等托物寄情的手法，表现作者对幸福美好生活的追求。西吉民间剪纸刀法讲究"稳、准、巧"，主要特点是形象夸张、简洁、优美，线条流畅，节奏感强，朴素、自然、单纯，富有浓郁的乡土气息。

剪纸作者一般多为农村妇女，早在20世纪五六十年代，西吉群众穿用的缠腰、围肚、袜底、鞋垫、钱包、旱烟袋等各种绣花底样都是以剪纸打样。在乡村农家，到处都能见到不同风格的剪纸作品。如"燕子报春""五谷丰登""狮子滚绣球"等，真是"一剪之趣奇神功，美在民间永不朽"。

存续现状：

　　剪纸在西吉的历史悠久，是西吉古老的优势项目之一，曾普及于所有乡镇。随着城镇化进程的加快，传统农耕文明的逐渐衰退，加之现代工艺美术的持续冲击，剪纸项目前途堪忧，传承群体没有更多爱好者加入且现有代表性传承人全部老年化。

代表性传承人

　　张淑芳，女，1966年4月出生于宁夏西吉县将台堡镇明台6组，自治区级非遗（剪纸）代表性传承人。1986年被县文化局评为优秀剪纸员，1988年"自治区三十年大庆"中，其剪纸作品展出后获得二等奖。其中《教师节》《母亲水》《学科学》《柳编》等十余幅作品被《宁夏日报》《固原日报》刊出；1998年自治区妇女联合会在全区"迎大庆家庭手工制作活动"中，剪纸作品荣获"二等奖"。2003年作品《养鸡》《退耕还林》《植树》《抗旱》等被农业制成挂历，赠予国际友人，2004年《母亲水》《井窖》等十余幅作品被县妇联收集送予全国妇联收藏，2008年9月代表西吉县参加了宁夏首届文化旅游作品展示会，创作的抗震救灾等系列作品被中华民族文化促进会剪纸艺术委员会收藏，并授予"为5·12灾民做出特别奉献"荣誉称号。2010年，其作品在中国"迎上海世博会公益画展"活动中被评为"银奖"，并授予"共和国杰出剪纸艺术家最高荣誉成就奖"金质奖章，同时颁发"国

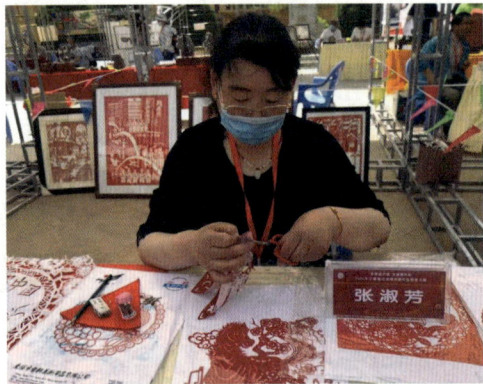

史委诗书画院"理事证。

现创作剪纸艺术作品万余幅，从1998年开始传承剪纸艺术，采用带徒、办培训班等形式，培训剪纸学员3000余人，优秀剪纸传承人15人，徒弟带徒弟5人（谢玉娣、杨克慧、王燕、张淑琴等），其中杨开慧参加2017年自治区传统手工艺大赛期间，技艺出色，荣获剪纸技艺大赛优秀奖。

李银德，1949年出生，固原市西吉县震湖乡农民，自幼学习绘画、剪纸艺术，1990年开始从事剪纸艺术创作，2016年6月被固原市人民政府认定为市级非物质文化遗产（剪纸）代表性传承人。

2016年，凭借作品《蝶恋花》在宁夏剪纸创意大赛中获得"银剪刀奖"。2017年10月，在固原市"喜迎十九大 欢庆十九大"巧手剪乾坤民间剪纸大赛中获得优秀奖。2017年11月，作品"十九大宣言"在固原市首届剪纸创业大赛中荣获"钢剪刀奖"。

2020年11月，作品《众志成城抗疫情》《中国必胜武汉加油》入选天津2020"西岸"剪纸艺术展。2021年11月，《众志成城抗疫情》系列作品入选宁夏非遗抗疫主题作品展。

马彦莲，1959年7月出生，西吉县火石寨人。在母亲的熏陶下，自幼喜欢剪纸，50年来爱不释手。2014年被认定为县级剪纸非物质文化遗产（剪纸）代表性传承人，2015年11月被固原市人民政府认定为市级遗产（剪纸）代表性传承人。2016年在火石寨小学及石山村中学办了"彦莲"剪纸学习班，培养徒弟12名，并赴泾源县举办剪纸培训班，多次在西吉县培训学员。

木 雕

中国木雕艺术起源于新石器时期，七千多年前的浙江余姚河姆渡遗址中发现有木雕品。西吉木雕历史悠久，起源于北宋年间，成熟于明、清两代，以立意新颖、构图严谨、造型生动、雕工精湛闻名西北。西吉木雕多以吉庆有余、五谷丰登、龙凤呈祥、平安如意、松鹤延年等为题材，画面多取材于松柏、荷花、牡丹、菊花、石榴等草木花卉及仙鹤、梅鹿、几何纹样等，同时配以云纹、字环等传统装饰图案，广为当地群众喜好。

西吉木雕刀法以写实为主，构思新颖、自然淳朴，具有浓厚的生活气息，表现出细腻简洁的艺术风格。其工艺流程：选择木质柔软温润的樟子松、椴木、黄杨木为原料，将选好的木料置于水中浸泡大约40天，然后阴干，下料时根据尺寸大小，选择花样，用纸画图样复写纸拓在木板上。

西吉木雕艺术多有汉代遗风，其吸收了传统楼台亭阁的结构方法，在大量木质材料上精雕细刻，具有较高的观赏价值和收藏价值。

西吉木雕传承人以杨志忠、谢强军为代表，以杨生宝、杨润虎、王安贵等人形成传承梯队。

存续现状：

西吉木雕传承历史长，由于其独特的艺术表达形式和普遍的实用价值广被民间建筑所兼容使用。随着现代新材料、新工艺的普及和推广，以单纯手工为主的木雕已不能适应广大群众日益增长的审美需求和生活理念，民用建筑木雕已然退出了广阔的农村市场，传承群体自然消减。

代表性传承人

　　杨志忠，1941年8月出生，西吉县火石寨人，自治区级非物质文化遗产（木雕）代表性传承人。完成了清代古建筑的一系列翻新仿古项目，后期参建过多市县仿古木雕建设，部分领域至今还留有当年他的纯手工雕刻作品。

　　谢强军，1976年出生，国家级雕刻大师都传恭入室弟子。宁夏回族自治区二级工艺美术大师，宁夏工艺美术协会会员，宁夏工艺美术学会常务理事，山东潍坊市工艺美术协会木雕专业会员，自治区级非物质文化遗产（木雕）传承人。自幼酷爱艺术，擅长泥塑、景泰蓝装饰画、葫芦烙画，尤其痴迷于木雕、核雕，穷数年之功，形成了一套独特的雕刻手法。曾先后在宁夏银川、贵州贵阳、云南昆明、山东潍坊等地交流学习，系统地学习了、雕刻的创作与理论，作品功力深，个性特征强，用料天然奇，雕刻作品大多属于孤品，作品屡受热捧。其作品在2015年西北五省镇北堡非物质文化遗产博览会比赛中荣获一等奖，在2015年宁夏首届中阿国际展获得优秀奖，在2016年文化艺术博览会特色文化荣获非遗产项目优秀奖，在2016年山东工艺美术行业工艺雕刻职业技能大赛中荣获金奖，在2019获宁夏工艺美术学会首届作品展金奖等。

布贴画

作为中国民间传统工艺，布贴画最早源于宫廷补绣，它用剪刀替代画笔，用各色花布替代颜料，巧妙地裁剪，艺术性地粘贴，呈现出浮雕的独特美感。后来流入民间，成为寻常百姓家生活美学的一部分。马淑华老师是县级非物质文化遗传项目布贴画代表性传承人。她将"布贴画"这种根植乡土、几乎已经失传的历史悠久的民间生活样式，挖掘并创造性地升华为市级非遗项目，并使这种艺术形式在当下闪放出绚丽的艺术光芒。

存续现状：

　　布贴画是集传统技艺与现代艺术为一体的非物质文化遗产项目。它以取材便利、工具简单、工艺不复杂而被广大农村妇女所喜爱，在西吉有着悠久的传承历史和广泛的群众基础。随着人民生活水平的日益提高，精神要求也随之提高，布贴画成为民间传统的艺术精品在居家饰品、挂摆件和收藏品方面更是有着很大的市场潜力。2018年，布贴画被列入县级非遗保护项目名录。2022年，被列入市级非遗保护项目名录。

代表性传承人

马淑华，1970年7月生于宁夏西吉县偏城乡，1992年7月毕业于宁夏大学美术系，后进修于陕西师范大学美术系，2018年被认定为县级非物质文化遗产（布贴画）代表性传承人，宁夏民间文艺家协会会员，作品极具渗透力。作品《回家》《赶集》已被瑞士友人收藏。其作品多次获得布贴画大赛一等奖，其中《夜耕图》和《赶集》两幅布贴画2021年入选中职学生教材《美术鉴赏与实践》，2020年10月为保护非遗布贴画，在木兰书院成立了马淑华非遗布贴画工作室，多次组织非遗进校园进乡村活动。她的布贴画在六盘文艺、宁夏蒲公英教育、书院谈艺等平台专栏发表，并被多家媒体专题报道。

玻璃画

　　玻璃画是在玻璃上用油画颜料、水粉颜料、油漆、丙烯等多种绘画材料绘制图画，和纸上绘画是相反的，从玻璃着色的另一面欣赏绘画，着色工艺独特，画面主次分明，色彩亮丽又不失朦胧，画面具有其材质所体现出的独特魅力。玻璃画历史可上溯到古埃及的着色玻璃。17世纪末至19世纪初，它流行于德国、捷克等国家。中国清代乾隆年间，意大利画家郎世宁将玻璃画传入中国。

　　玻璃表面光滑，要在上面反手作画尤其艰难，绘画时要完全反画，同时油漆、颜料等材料要多层上色，上色时间要严格控制，长了短了都不行。而其中最难把握的还是人物的脸。比如一幅普通的侍女玻璃油画，也要耗时月余。

存续现状：

　　玻璃画是西吉民间流传的特殊艺术门类。它以技法独特，突出手控能力和敏感度为主要特征，尤其是反画创作增添了它的艺术魅力。这种画法，专业要求高，手指晕染把控度也高，一个成熟的画师要在练习若干年以后才能独立创作，成才时间相对较长。玻璃画现被列入县级非物质文化遗产保护项目名录。但由于多种因素的制约，传承人及传承群体后继乏人。

代表性传承人

汪雪莲，1974年出生，宁夏吴忠人，宁夏民间文艺家协会会员，农工党宁夏书画院特聘画家。其艺术特点表现在：题材喜庆，内涵丰富，多选取当地群众喜闻乐见的山水花鸟等内容进行创作，表达了人们对平安、幸福、富强等美好生活的向往；工艺精细，色彩明快，采用工笔画技法在玻璃背面勾线，手指晕染色彩，色彩明快，清新典雅。

汪雪莲先后参加了2020年宁夏黄河流域非遗作品创意大赛。2018年、2019年、2020年、2021年非遗宣传日活动。其作品《绿水青山就是金山银山》入展最美小康路——2020年中国西部民间工艺主题创作展；作品刊登于中国艺术报第2368期等。

玻璃画

传统技艺

刺 绣

刺绣，又名"针绣"，俗称"绣花"。以绣针引彩线（丝、绒、线），按设计的花样，在织物（丝绸、布帛）上刺缀运针，以绣迹构成纹样或文字，是中国优秀的民族传统工艺之一。古代称其为"黹""针黹"。中国的手工刺绣工艺，已经有2000多年历史了。在中国，除了苏绣、湘绣、粤绣和蜀绣这"四大名绣"外，还有京绣、鲁绣、汴绣、瓯绣、杭绣、汉绣、闽绣等地方名绣。

民间刺绣在六盘山地区最为兴盛，受地域、民族、民俗、传统观念、生产力和生产方式的影响，在中原文化、草原文化以及民族文化潜移默化的影响下，逐渐显现出了地方特色和民族特色。一般祖辈母女相传、邻里相授发展。长期生活在这里的妇女，几乎人人都会刺绣，人们把刺绣称作"针线"，姑娘媳妇们一手巧的刺绣技艺又往往被称为"好针线"。西吉刺绣完整地保留、继承了六盘山地区民间刺绣的传统技法，又博众家之长，形成了浓郁的地方特色。当地女性很小就养成了在闲暇时刺绣的习惯。刺绣形式种类繁复多样，多表现为神话人物、民间传说、家禽动物、花鸟鱼虫、生活用品等，突出实用性，具有古拙朴素、寓意深刻的特色。如在民间流传的刺绣作品：缠腰、耳套、袜后跟、头饰、鞋垫、枕套、肚兜、荷包、钱包、旱烟袋……内容丰富，构图优美，针法细腻，色彩华丽。刺绣针法有：平绣、锁绣、挑边绣、拉绣、堆绣、盘绣等，施针严谨，针法整齐，色彩鲜艳，显示出灵动精美、大方气派的艺术效果。刺绣作品图案、纹饰吉祥喜庆，绣工精细，质感强烈，具有丰富的想象力和细腻精美的表现力，景物抽象，配色大胆，深浅变化自如。作品既有中国传统工笔写意画的浓烈高雅，又有现代艺术作品的立体视觉效果，大气而不艳俗，绚烂而不花哨，小巧而不失典雅，成为游客喜爱的民俗藏品。

刺绣作品

第二章 非遗项目 | 179

存续现状：

　　西吉刺绣在历史上已经达到了很高的艺术水准，以针脚细致、线条流畅，风格粗犷而广为流传，具有浓厚的地域特色。随着城市化进程的加快，自然村落的日益衰退，传统刺绣生存状态岌岌可危，传承后继乏人。近年来，随着乡村振兴战略的实施，非遗工坊扶持政策的持续推进，传统刺绣又焕发出新的生机。

代表性传承人

　　施满义，1966年7月出生于宁夏固原市西吉县吉强镇大滩村一组，自治区级非物质文化遗产（刺绣）代表性传承人。从小就爱好刺绣，师从祖母何风花。她结合绘画作品进行再制作，所绣作品栩栩如生，笔墨韵味淋漓尽致。她的刺绣也开始在针法、色彩图案等方面开拓创新，形成独特的艺术风格，几乎可以与书画艺术媲美争艳。

　　施满义于2009年申请成立了西吉县吉强镇大滩村妇女促进会，担任促进会会长。自成立以来，促进会专为农村妇女、下岗职工、进城务工人员、残疾人无偿提供刺绣技能培训。2010年，由她主绣的第一幅《梅兰竹菊》水墨四条屏，线条流畅，较高地还原了水墨画的流畅和优美意境，具有很高的收藏价值。2011年，她首次用双南施套针法绣成《西吉县火石寨》，现由西吉县博物馆收藏。2012年，在西吉种植基地取材、构图并独自完成刺绣《中国马铃薯之乡》，2017年被自治区农牧厅评为区级创意金奖。2013年创作的刺绣作品《新时代农家乐》荣获2018年全区

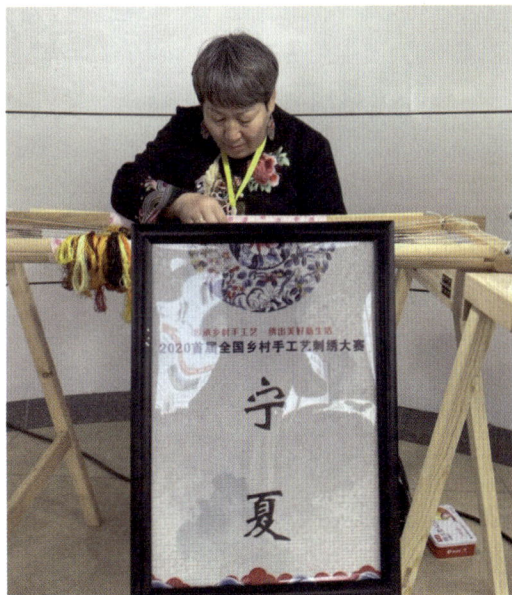

休闲农业创意精品大赛文化创意金奖。同年，施满义被中国民营企业联合会、中国国际经济技术合作促进会授予"年度公益典范人物"荣誉称号。2014年3月被固原市妇女联合会、固原市人力资源和社会保障局评为"巾帼创业之星"称号。2015年3月中共西吉县委员会、西吉县人民政府授予"民族团结进步创建活动模范个人"。2016年3月被宁夏六盘山旅游管委会、固原市旅游局评为"宁夏六盘山旅游"微信"2015年优秀推手"。2017年3月被中共西吉县委员会、西吉县人民政府授予"最美西吉人"荣誉称号。2019年12月被宁夏回族自治区文化和旅游厅认定为第五批自治区级非物质文化遗产（刺绣）代表性传承人。2020年创作的非遗作品《齐心抗疫情》在"2020年全区抗击疫情主题优秀群众文艺作品评奖"中荣获非遗作品类二等奖。2020年6月在"非遗进万家·文旅展风采2020年宁夏黄河流域非遗作品创意大赛"中，刺绣作品荣获三等奖。2020年10月施满义在"2020首届全国乡村手工艺（刺绣）大赛暨展示活动"中荣获优秀奖。2021年5月施满义在中国黄河流域非遗大赛中荣获三等奖。2021年5月参加上海世博会。2021年10月施满义在吉林长春参加"第三届全国创业就业服务展示交流活动"获地方特色奖。

马兰，1976年出生在西吉，自治区非物质文化遗产（刺绣）代表性传承人。她深受刺绣文化的熏陶，自幼就跟随祖母马玉英和母亲马银花学习刺绣技艺。到十四岁时，马兰已是远近有名的"巧姐儿"。"马兰刺绣"以"口、耳、手"相传方式历经四代传承人延续至今，第一代马玉英，第二代马银花，第三代马兰，第四代杨玲。

她多年苦心孤诣创作刺绣技艺，作品多次在全国的大赛中获奖。例如：《黄河宁夏段风光全景》和《百蝶图》在海峡两岸博览会上获银奖，《沙湖风光》和《幸福像花儿一样》分别获得自治区旅游局、文化厅宁夏特色旅游商品荣誉称号和宁夏首届文化创意设计大赛优秀奖。

她多次应邀参展。2014年参加首届宁夏女职工手工艺制作大赛暨优秀作品展览会。

2016年参加第十一届中国（莆田）海峡工艺品博览会。2017年参加第十四届深圳文博会。在2014年首届宁夏女职工手工艺制作大赛暨优秀作品展中，马兰被宁夏回族自治区总工会、自治区妇联评为"优秀组织奖"，被宁夏回族自治区总工会授予"五一劳动奖章"，被国务院扶贫开发领导小组授予"全国扶贫先进个人"。2015年被宁夏回族自治区人民政府授予"自治区劳动模范"。2016年被认定为市级非物质文化遗产（刺绣）代表性传承人，在第十五届中国（莆田）海峡工艺品博览会优秀作品评比中马兰的刺绣作品《黄河宁夏段风光全景》《百蝶图》荣获"银奖"。2017年被全国总工会评为"全国五一巾帼标兵"，被宁夏回族自治区妇女联合会命名"马兰手工创意工作室"。2018年马兰"校企牵手绣出她时代"参赛项目在宁夏巾帼创新大赛中荣获黄河银行杯宁夏巾帼创新大赛创客实战组"金奖"，"马兰刺绣产品"被宁夏回族自治区质量和商标战略工作领导小组评为"宁夏名牌产品"等。

马兰与绣女共同创作现场

泥　塑

　　泥塑，俗称"彩塑"，是纯粹的泥土艺术，即用黏土塑制成各种形象的民间手工艺品。西吉泥塑工序复杂，选材讲究、严谨，以花鸟鱼虫、祥鸟瑞兽为主，结合民间传说、历史故事、乡俗生活等为题材，其造型生动、古朴逼真、别具一格，具有浓厚的乡土生活气息。

　　西吉泥塑博众家之长，继承传统手法，与现代写实技巧高度结合。其艺术内涵丰富，融民俗、传统、艺术、现代元素为一体。

　　泥塑原材料以西吉当地的优质红胶土为主，其制作分为酿泥、造像、捆扎、敷彩等流程，以铁锹、斧头、镢头、铁铲、铁锤、木榔头、扁担、箩筐、泡泥桶、打泥台等为酿泥工具；扎骨架可用谷草、木条、钉粑、铁丝、木钉、钢筛、水泥、砂子（先根据作品的特征确定骨架的姿态，然后用木椽捆扎，这是泥塑最基础的造像工序）；以胶、瓷碗、火炉、铁锅、泡胶桶、毛笔、板笔、板刷、沥粉桶、骨胶、剪刀等为敷彩原料和制作工具。

　　"三分塑，七分彩。"敷彩是泥塑作品能否传神的关键环节，从糊纸、木白、起稿、沥粉、上彩、装金、抛光等工序，打底色到开描总计有20多道工序。

　　西吉泥塑艺术，是葫芦河流域民间艺术的结晶。每一件泥塑都凝聚着西吉泥塑人的高度智慧和艺术创造力，反映了西吉人民勤劳智慧、朴实纯真的艺术品质和对美好生活的追求，为研究西吉民俗、民间文化艺术提供了宝贵的形象资料。

存续现状：

　　泥塑是西吉地域传统的民间艺术门类，历史悠久，流传区域较为广泛，西吉人民大部分有喜好捏泥塑的传统，艺术氛围浓厚。自改革开放以来，泥塑手工艺同样迎来了一个温暖的春天，涌现出一批民间泥塑匠人，他们用双手和智慧创作出许多反映人民群众生活题材的艺术精品。近年来，随着政府政策重视非遗文化的发展传承，培养了一批热爱泥塑的群体和传承人。

代表性传承人

　　刘五虎，1976年4月出生于宁夏西吉县将台堡镇明台村，2021年6月被认定为县级非物质文化遗产（泥塑）代表性传承人。他边打工边学习泥塑，掌握了泥塑技艺系统流程。

　　2003年开始，他创作的作品经常参加非遗文化活动展览，《哪吒闹海》《老寿星》等作品被县非遗展室收藏。2003年，作品《哪吒闹海》获固原市文体局展雕刻类二等奖，深受好评。2018年11月，参加了深圳炜博文化传媒有限公司举办的"泥塑文化最有影响力名师"大赛网络投票"特等奖"。2021年参加宁夏回族自治区农业农村厅和文化旅游厅联合举办的休闲农业创意大赛，作品《献福献寿》获银奖。2021年，由多家单位共同推选《牢记使命，砥砺前行——年度艺术功勋人物》大型活动，他被评为"中国艺术功勋人物"。2021年11月参加全国书画大赛，《中国工农红军长征将台堡会师纪念碑》获优秀奖。

编 织

编织是人类古老的手工艺之一，是将植物的枝条、叶、茎、皮等加工后用手工进行编织的工艺。

编织工艺品按原料划分，主要有竹编、藤编、草编、棕编、柳编、麻编6大类。编织工艺品的品种主要有日用品、欣赏品、家具、玩具、鞋帽5类。其中日用品有席（地席、卧席）、坐垫、靠垫、各式提篮（花篮、菜篮、水果篮）、盆套（花盆套）、箱、旅游吊床、盘（水果盘、面包盘）、门帘、筐、灯罩等；欣赏品有挂屏、屏风及人物、动物造型的编织工艺品。

编织工艺品中丰富多彩的图案大多是在编织过程中形成的，有的编织技法本身就形成图案花纹。常见的编织技法有编织、包缠、钉串、盘结等。棒针和钩针是编织的主要工具，使用棒针可以编织较大而且厚重的织物，使用钩针则可以编织细腻精美的织物，当然在编织高手的手下，无论棒针还是钩针都可以织出精美的作品。

西吉编织主要以藤编、草编、柳编和麻编为主，早期编织主要以山间冰草、芨芨草、麦草、藤条、柳枝等为原料编成实用的草帽、草鞋、炕席、背篓、提篮、缸盖、锅盖等生产生活用品，儿童以草编的形式编织蚂蚱笼、花环、动物等玩具。随着生活条件的改善，加之编织原料不断丰富，一些精巧的装饰品和手工工艺品渐渐多了起来，编织成品的种类也不一而足。因此，随着市场的需求，不仅要求编织者要有精湛的手工技艺，而且要有较高的审美和创新水平，这样才能满足不同消费者的需求。

编 织

存续现状：

在西吉，早期以牛毛、羊毛等为原料的手工编织品，是当地居民进行商品交换的主要物品。西吉手工编织品风格粗犷大气，顺心用手，是当地居民普遍性的手艺活。改革开放以来，尤其近年来随着现代工艺的普及，以手工为主的编织品渐渐退出了人们的生活，以生活必需品为主的编织手艺慢慢向市场工艺品方向转型，现代工坊代替了家庭手工艺。

代表性传承人

代彩霞，1968年8月生，宁夏西吉县吉强镇人。跟随市级编织代表性非遗传承人赵明理学习编织，于2019年被认定为县级非物质文化遗产（编织）代表性传承人。在家带领农村妇女学习编织技艺，并在网络上直播带货。

手工打铁

打铁是一种原始的锻造工艺，盛行于20世纪80年代前的农村。这种工艺，虽然原始，但很实用；虽然看似简单，但并不易学。

打铁铺也称"铁匠炉"。所谓"铺"只是一间破房子，屋子正中放个大火炉，炉边架一风箱，风箱一拉，风进火炉，炉膛内火苗直蹿。要锻打的铁器先在火炉中烧红，然后移到大铁墩上，由师傅掌主锤，下手握大锤进行锻打。右手握小锤，左手握铁钳，在锻打过程中，要凭目测不断翻动铁料，使之能将方铁打成圆铁棒或将粗铁棍打成细长铁棍。可以说在老铁匠手中，坚硬的铁块变方、圆、长、扁、尖均可。铁器成品有与传统生产方式相配套的农具，如犁、耙、锄、镐、镰等，也有部分生活用品，如菜刀、锅铲、刨刀、剪刀等，此外还有如门环、泡钉、门插等。

打铁先得本事硬，西吉把打铁人称为铁匠，打铁人首先得有个好身体，没有力气不能打铁，沉重的大锤轮番起落，需要的是气力和耐力。一个好的铁匠，更是需要不断地累积经验。西吉铁器成品以满足生活劳动需求为主，"马蹄掌"是主要的铁器产品。

存续现状：

自古以来，西吉是边塞要地。在冷兵器时代，手工铁制武器是国防重器，工坊更是重要部门。随着历史的发展，打铁手艺传至民间，用来打制各种民用生活器具。近些年来，随着现代工艺的飞速发展，这种手工技艺已濒临失传。

代表性传承人

　　刘锐钢，西吉县马建乡同化村人，县级非物质文化遗产（手工打铁）代表性传承人。自幼跟随爷爷学习手工打铁，打制的铁器主要以农业生产工具和家庭生活用具为主，质量优良、工艺精湛广为当地群众所喜好。现带领徒弟在西夏影视城从事手工打铁。

民间饮食

酿 醋

在宁夏回族自治区固原市西吉县，人们喜食牛羊肉，饮食讲究，还喜欢腌菜食酸，醋是饮食中必备的调味品。这里独特的地理位置、孕育的多种优质杂粮，盛产的小麦、荞面、莜面及副产品麸皮都是酿醋的最佳主原料，西吉手工醋也因此得名。

西吉手工醋在当地经过数代人的传承与发展，形成了一套与现代科学相匹配的、以手工技艺为基础的传统醋酿工艺，风味独特，别具地方特色。西吉手工醋酿以高粱、麸皮和水为主要原料，以小麦、大豌豆所制大曲为糖化剂，经酒精发酵，再经固态醋酸发酵、熏醅、陈酿等工序酿制而成。

存续现状：

酿醋是在西吉民间流传的传统技艺，历史悠久。在西吉所有乡镇都有酿造手工醋的传统，而且经验丰富，虽然受现代化生产的影响，手工酿醋面临失传，但其味道鲜美，香气淳厚而广为当地群众所喜爱，传统手工醋还有众多的消费者和广阔的市场前景，这种技艺自然得到了很好的传承。

代表性传承人

董淑琴，1964年10月出生在西吉县，凭着勤苦贤惠、善解人意，硬是把一个不足40平方米小面馆经营到近500平方米的唱吧餐厅；把一个只有家传酿醋三件宝——拌醋盆、淋醋缸、盛醋坛的传统技艺办到300平方米的专业酿醋作坊。不仅传承保护了董氏老味道的精湛技艺，同时也为地方特色经济的发展起到了积极作用。

2020年6月被认定为县级非物质文化遗产（土家醋）代表性传承人。不光心灵手巧而且孝顺贤惠，用她公公的话说："唯有儿媳贤孝道，福禄住宅多安康。"她是远近闻名的孝顺媳妇儿，曾多次受县乡表彰，尤其扶持四个婆家兄弟考学成家的事迹，被《宁夏日报》报道"状元之家——大嫂子"，感动了不少人。

甜醅

　　甜醅是西北地区的民间传统小吃。清明一过，便是西吉人普遍制作甜醅的时间，尤其端午节前后，在农村家家户户都有制作甜醅的习俗。甜醅用莜麦制成，先将莜麦装进袋子摔绊或在簸箕里揉搓去掉毛皮，然后簸净煮熟，撒上发酵的曲菌，用毯子将盆子包裹严实，保持合适的温度，三天以后取出食用。甜醅醇香、清凉、甘甜，口渴的时候，来一碗甜醅，比喝任何饮料都舒坦。夏天吃可以清心提神，去除倦意；冬天食用则能健脾暖胃，补中益气，催发食欲。

　　只要是土生土长的西吉庄户人，家家都会做甜醅。即使平时不做，五月五是一定要做的。只要是在端午节前后，无论你去西吉农村的任何人家，都可以吃到香甜美味的甜醅。

存续现状：

　　甜醅是西吉地区传统的民间小吃之一，它的加工工艺简单，原料现成，味道香甜可口，成为家家户户的日常佐食，也是招待嘉宾和馈赠亲友的上品。

代表性传承人

　　马志花，西吉县宁宁甜醅工坊法定代表人、市级非物质文化遗产（甜醅）代表性传承人。1985年7月马志花出生于西吉县将台堡镇火家沟村，这是一个贫困的小山村，童年记忆中的零食是匮乏的，每年端午能吃一小碗甜醅便是所有的念想。

　　2005年，马志花嫁入西吉县马莲乡北山村，婆家家境殷实，世代制售甜醅。马志花跟随奶奶、

婆婆学习甜醅制作技艺，很快便青出于蓝而胜于蓝。她熟练掌握了这门古老民间传统美食的制作技艺。

　　2020年4月，马志花决定独自创业，注册成立西吉县宁宁甜醅工坊。创业前期，经营惨淡。但她坚持了下来，正如她自己所说："创业路如同甜醅一样，满是酸甜。"如今，西吉县宁宁甜醅工坊茁壮成长，稳居西吉甜醅销售市场龙头老大。

传统医药

民间接骨术

中医接骨是中医正骨方法的一种，可以把折断的骨骼进行合并，脱臼的关节进行复位，再加上中药调理进行治疗。骨头有愈合期，所以接上的骨头并不能马上就好。中医推拿也能够使骨头复位，加速愈合。

西吉民间接骨又称"接骨术"，实施接骨的民间医师被称为"接骨匠"，西吉接骨术闻名于西吉县、原州区、隆德县、海原县以及甘肃静宁、会宁等地，尤其是西吉月亮山的李氏接骨术更是神乎其技，擅长诊治骨折、腰腿疼、挫伤类等。除接骨外，李氏家传的梅花十三针在当地也十分有名气。其中，接骨匠李应东持有的验方"颈椎康宁剂"被录入《宁夏中医药传统知识调查保护名录》一书。接骨匠在实施接骨过程中一般不用药物止痛和消炎，更不用石膏、钢板等固定，只是根据患者的情况，采取不同的揣、捏、拉、按摩等技术进行关节复位、骨头正位、裂骨修复。接骨时将鸡蛋清刷在纸上，用麻叶（方言，一种细草绳）缠住木板，固定扎绑在受伤的地方，接骨时止痛效果非常明显。缠绑麻叶的手法十分高超，行外的人只看到接骨匠轻轻地将麻叶缠绕在木板上，病人也不觉得疼，待缠绑完之后，绳子会越勒越紧，达到良好的固定效果。

民间接骨术的优势在于不用手术，能够减轻病痛，骨病治疗效果好，恢复快，但是民间接骨匠在当地的文字记录极少，接骨术的记载尤为稀缺。

存续现状：

　　月亮山"接骨匠"，在西吉历史上曾是一个叫得响的民间品牌月亮山"接骨匠"凭借精湛的祖传医术和高尚的医德为方圆几十里地甚至相邻外省县的无数患者解除疼痛，治疗伤病，留下了许多感人的故事。家族传承事业呈良性发展，传统接骨术在长期的实践经验中也得到了很大提升。随着现代医疗水平的提高和医疗保障政策的完善，传统接骨术面临残酷的"退出"命运，且后继乏人。

代表性传承人

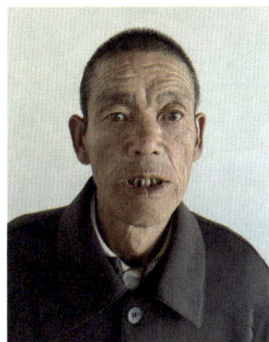

　　李应东，1956年出生，2014年12月被认定为县级非物质文化遗产（传统接骨术）代表性传承人。

民 俗

西吉春官词

六盘山区春官送福是国家级非遗项目，又叫春官词，俗称：社火仪程。它是流行于宁夏六盘山区一种古老而富有地域特色的乡土文化，分布在固原市各县区，流行于西吉县的春官词保留了很好的原生状态。

西吉传统春官词是民间社火形式说唱表演的典型代表，是一种用嘴说成的文化，它具有大众性、口头化、变异性、表演性和传承性五大特点。它善于把叙事与抒情融为一体，运用夸张、想象和描述等手法，表达的思想感情。仪程词的内容包罗万象，大多为祝福、吉祥、喜庆、和谐、颂赞之类的彩词。它没有文字版本，也没有固定的格式，它的灵感往往来自田间地头，随口呵成，它是民间欢快的劳动小调，也是一首充满生活情趣的山歌。传统春官仪程辞受传统诗体文化濡染，结构、格式近似古风绝句，合辙押韵，但形式不拘一格且骈体自由。语言运用不受韵律词牌束缚，灵活自如、朗朗上口。把大众化的语言、家常话糅合在方言中，经过艺术诗化处理，常常收到很好的情境效果。作为土生土长的文化，它具有很强的艺术表演性、历史的传承性和大众文学性，有着不可估量的学术价值和表演价值。

西吉传统春官词的语调亲切、欢快、活泼，表演中常常出现几乎"朗诵调"的说白味道，加之仪程官习惯在用词中加进"这个""那""呀"等虚词，让人有一种亲切感，听者非常舒坦！

西吉传统春官词融入了秦腔等戏剧元素，充满丰富的舞台表演性。传统社火仪程在长期的走场互访巡演中，喝仪程的腔调自然形成了一道独特的艺术风格，有"文腔"和"武腔"之别。文腔语调舒缓、抑扬顿挫，近似舞台剧中须生角；武腔语速紧促、铿锵有力，近乎舞台剧中花脸行当。传统春官仪程辞语调的戏剧舞台化更加提升了"乡巴佬"的艺术感染力，有耳目一新、百听不厌的效果。

西吉春官词

存续现状：

　　近年来，县非遗保护中心在挖掘整理保护春官词方面做了大量工作，积极组织申报六盘山区春官送福入选国家级非遗名录；搜集整理出版了《西吉春官词》《六盘山区春官词图录》等；成立了"西吉春官词学会"，利用民间力量开展春官词学术交流和培养传承队伍；举办了春官词学习班。充分利用现代便捷的多媒体资源优势，通过开办班空间课堂、直播平台等多种形式的传播手段，挖掘培养了一批传承新秀，对于春官词文化的传播也起到了积极的推动作用。在新时代、新形势下找到了一条传承新路径。

代表性传承人

　　王汉军，生于1957年7月，内科主治医师。中国国学研究会研究员，自治区级非物质文化遗产（春官词）代表性传承人。1980年至1994年在基层乡镇卫生院工作，1995年至2017年在西吉县人民医院工作，2017年7月从西吉县人民医院光荣退休，现应聘于宁夏新安康医院，担任工会主席、党建办公室主任。他自1993年开始挖掘创作春官词，在20多年的春官词研究创作中，挖掘古代春官词，创新现代春官词，密切结合社会发展的历史阶段，当地民间文化、地域特点、人文环境和民俗习惯推陈出新，编撰春官词5000余条，带徒12名，每年春节期间在县城和乡下开展春官词传承表演，2013年被认定为自治区级非物质文化遗产项目春官词代表性传承人。多次参加自治区和固原市非遗项目培训学习，不断提高传承能力和工作水平，其个人说词和传承表演悦耳动听，朗朗上口，语言诙谐幽默，动作新颖优美，深受当地群众喜爱。

胥劲军，笔名墨玉，1972年出生，宁夏西吉县人。系自治区级春官词代表性传承人、中国民协会员、中华诗词学会会、中国楹联学会会员、中国诗歌学会会员，宁夏作协会员、宁夏民协会员等。现任西吉县诗联和春官词学会会长、北斗星诗社理事长。

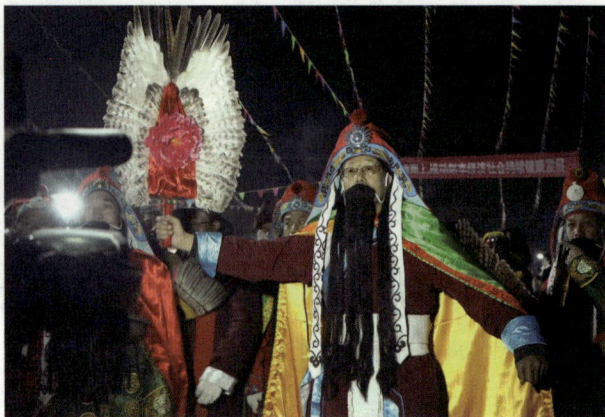

长期从事流行于六盘山区及甘肃陇东地区濒临灭绝的古老春官词的研究和抢救性保护工作，经过数十年的挖掘整理，现已完成了《西吉春官词》草稿近20万字。2016年组织导演了第一部全面反映西吉春官民间活动的现场纪实视频《西吉春官》上下两集。2016年应邀参加了由宁夏师范学院组织的关于六盘山地区春官词的国家课题研究项目。2019年参加了西吉春官词入选国家级非遗名录的申报工作。2021年编导制作了由文化和旅游部非遗司线上推出的"非遗过大年，文化进万家——视频直播家乡年"活动系列视频作品。有多篇关于春官词理论方面的文章发表在《固原日报》《葫芦河》等多家报纸杂志。2018年被固原市文化体育新闻出版广电局和固原市群艺馆评为"优秀传承人"。2020年被自治区民协评为"先进工作者"。2021年被固原市人才工作领导小组办公室和固原市委宣传部授予"固原市六盘文化文艺人才胥劲军非遗工作室"。在新时代如何很好地传承春官词非遗文化方面探索出了一条利用现代便捷网络资源开辟"春官词空间课堂"开放式传承新路径。不断加强完善春官词表演艺术从传统地摊走向现代舞台的实践，并在"秉承原生态，融入新元素"深入推广传承新理念方面也取得了很好的经验总结。

六盘山区社火

社火是民间在节日举行的传统集体游艺活动，它来源于古代劳动人民对"土地"与"火"的崇拜，"社"，为土地之神，"火"，即火祖，是传说中的火神，寓意驱邪避难，祈求风调雨顺、国泰民安。因此，社火成为非物质文化遗产项目，受到保护，对于弘扬优秀传统民族文化有重要意义。

社火流传下来，但随着人类的进步，时代的演变，其形式、内容发生了质的变化，新的时代赋予社火以新的内容。现在，社火从根本上摒弃了对"神"的崇拜和对祖先的祭祀，已经成了一种形式活泼、名目繁多、生动有趣的文化娱乐活动，同时，也成为一种新的民俗。

社火在节日中有各种杂技，把各种不同爱好的人组织起来，每逢集会必然举行游艺活动。锣鼓、红娃、助威、狮子、龙灯、游行，人群相随，热闹至极。这种活动在春节期间深入城乡，人们共同祝愿生活美好，健康顺遂。社火表演形式丰富多彩，有高跷、推推车、赶毛驴、花船、秧歌队、彩车、腰鼓队表演等，涉及表演、语言、造型、彩绘、手工制作等多重艺术类型，每每经过，爆竹声声，锣鼓喧天，人山人海，气氛热烈。

六盘山区传统社火主要有：腰鼓、抬花轿、扭秧歌、舞狮、舞龙、划旱船、骑毛驴、踩高跷、大头娃娃、钱鞭、高台社火、马社火等。由于宁夏山区与川区的自然条件和经济文化特点不同，对社火的演变发展具有重要的影响，造就了宁夏川区与山区社火的差异。

以前六盘山区社火主要是由家族、村落、寨子自发组织的班子，后来逐步变成有组织的活动，2006年国家下发文件，组织全区"新春乐"社火大赛，由文化部门统一组织，每年正月初十到正月十五在全区各个县城同时表演社火，促使社火队伍的组织形式、表演内容都发生了变化，从社火群演队伍到参与活动的人数逐年增加。

社　火

　　六盘山区传统社火主要在隆德、西吉、海原等县城，各地还因地制宜的创编了花束、花环、花灯、民族舞蹈、生肖等一些符合现代年轻人欣赏的社火表演，或融入当地的民间艺术，如脸谱、剪纸、刺绣、布艺、绘画、安塞腰鼓、少年轮滑等，融娱乐性、观赏性为一体，受到群众的欢迎和喜爱。在传统和现代的结合方面也下了很多功夫，把现代服装、道具巧妙的融入传统社火表演中，创新社火表演形式。近几年，宁夏对于社火的保护也做了很多工作，隆德的高台马社火已经被列入非物质文化遗产项目。

　　六盘山区社火代表性项目主要有以下几种。

　　隆德高台社火，是一种在高台架子上展现古装人物的造型社火艺术形式，具有"六盘山区民间艺术的活化石"之称，主要在宁夏南部山区隆德县一带流行，与近邻甘肃地区的高台社火相似。

　　隆德马社火，是隆德县社火的一大特色。所谓的马社火，是由欢蹦乱跳的真马出场，骑马者身着古装，画有脸谱，或坐或站在马背上的一种造型社火形式，现在已被列入国家级非物质文化遗产保护项目。

　　海原湖湾舞狮历史悠久，近年被评定为宁夏非物质文化遗产保护项目。据海原胡湾村村民介绍：早在清代时，海原社火中就有舞狮。

　　高跷，也称踩高跷、踏高跷、走高腿，是传统民俗技艺表演活动。由舞蹈者脚上绑着长木跷进行表演。

　　秧歌，也叫"扭秧歌"，即演员在锣鼓器伴奏下以腰部为中心点，腰系红绸、边走边扭的舞蹈，头和上体随双臂大幅度扭动，脚下以"十字步"做前进、后退、左腾、右跃的走动。

旱船是用竹竿做船形框架，再用彩纸糊顶棚，用彩绸做船帮，由船姑娘驾船，走碎步，犹如船在水中行走。有的随高跷部队表演，有的单独表演。

舞龙，也称舞龙灯，源自古人对龙的崇拜，每逢喜庆节日，人们都会舞龙，从春节开始舞龙，然后二月"龙抬头"、端午节时也舞龙。

社火是中华民族传统文化的一种重要表现形式，具有丰富的文化内涵。诸如社火中表现出来的劳动精神、团结精神、奋斗精神、创造精神、勇敢精神等，社火中的每一项表演或比赛都是群众集体智慧和共同努力的结晶，为了集体荣誉拼搏和不怕困难敢于胜利的斗志，鼓舞着一代代人的精神追求，因此，许多优秀的社火在为人们提供娱乐的同时也有明显的教育意义。

社火是不可多得的非物质文化遗产，随着人们生产生活方式发展变化，一些社火的表演者、参与者以及表现形式都发生了变化，所以出现了一些项目传承断代的困境。相反，对待传统文化遗产需要秉持发展的眼光和科学的态度，讲求吸取精华，剔除糟粕，根据时代的发展和乡村文化振兴的需要，对那些优秀的社火文化遗产做好创新性发展和创造性转化，用好现代新技术和传媒新手段，更好地传承中华传统美德，培育中华人文精神。

（作者系西吉县文化馆干部　苏正花）

民间祭祀

六盘山区域民间祭祀一般为家庭祭奠和扫墓祭祀，整个流程中礼仪、供品、宣读祝文、乐曲紧密相连，浑然一体，以示后辈对先人的感恩怀念。而在繁缛复杂的祭祀过程中，作文祭悼是一个十分重要的环节，无论是孝子祭悼尊亲（家祭），还是族外人祭悼亲友，都是一种极为庄严肃穆的群体活动，其中祭文内容丰富，形式多样。唐宋八大家中，每一家都有许多篇祭文，其中尤以韩愈、欧阳修、王安石、苏轼突出。韩愈的《祭十二郎文》打破祭文之常套，不去叙述亡侄的早年行迹，只写早年的家庭困境和长大后父子离多聚少的悲悔，以及噩耗传来之后哀痛痴迷的苦衷，可谓字字血泪，处处动人，故被誉为"祭文中千年绝调"。《祭郑夫人文》也不追述嫂嫂的早年行迹，却以"天祸我家，降集百殃"两句统摄全文，尽叙韩门连连灾祸，在此困境中突现嫂娘的"视余犹子，诲化谆谆"的鞠育大恩，末尾引大兄临终遗言"尔幼养于嫂，丧服必以期"，巧点自己哭祭嫂娘，为嫂娘服丧服一年的告慰之意，哀情苦语，读之泪涌。曾子曰："慎终追远，民德归厚矣。"谨慎地对待父母的去世，追念久远的祖先，自然会培育出忠厚老实的百姓。在一定意义上讲，祭文是一种至情至性的艺术作品，情之所钟，莫过于此。

祭祀文化是人类物质文明和精神文明有机融合的产物，随着社会、经济、科技的飞速发展，六盘山区民间祭祀文化的生存现状在一定程度上反映了在特定的领域里具有较强的影响力和重要作用，也反映出民间祭祀文化一直延续至今，成为一种经久不衰的传统文化。近几年来，人口变迁移居，广大民众更有强烈的怀故之心，不忘乡愁，坚定文化信念，以今天伟大祖国的繁荣昌盛告慰祖先是凝结在广大民众心中的核心精神，充分表明了祭祀文化旺盛的生命力。

传承发展民间祭祀传统文化，激发优秀传统乡土活力，助力实现乡村产业兴旺、生态宜居、乡风文明、治理有效、生活富裕，为全面推进乡村振兴，加快农业农村现代化作出积极贡献。

存续现状：

　　民间祭祀是宁夏第一个县级非遗项目入选名录，是西吉县挖掘整理出的一个特色项目。对于保护和研究儒家文化、传统礼俗文化、中华孝文化都有着非常现实的积极意义。随着城市化进程的加快，现代文明的冲击，民间祭祀的传播区间受到严重挤压，传承群体后继乏人。

代表性传承人

　　刘守宁，生于1964年1月，宁夏固原市西吉县马建乡同化村人。自幼深受先父言传身教，春节、清明等传统节日期间常应乡域亲朋邀请，跟随先父外出修家谱，作祭文，行周礼，缅怀逝者，安慰生者。

　　2014年被认定为县级非物质文化遗产（民间祭祀）代表性传承人。固原市民间文艺家协会会员，西吉县楹联诗词学会会员，银川市西夏区诗词学会会员等。2020年加入自治区民间文艺家协会会员。农闲时潜心学习，笔耕不辍，不断传承创新弘扬民间祭祀传统文化。

　　蒙焕斌，1953年6月出生，西吉县震湖乡人，县级非物质文化遗产（民间祭祀）代表性传承人，西吉县原文化局副主任科员、中学一级教师、政工师。1973年参加工作，2013年退休，从事教育教学工作18年，文化工作22年。曾编辑出版诗集《蓖艾草》《西吉五十年》，编纂《西吉县志》（文化编），编辑《西吉县文化志》《西吉县文物志》，辑撰《宁夏通志》（西吉卷）、《西吉文史》（第三辑），主创绘制《红军长征会师60周年》《西吉建县六十周年》大型展览。主创大型花儿歌舞剧《走出黄土地》、西吉建县六十周年文艺晚会《走进新时代》、西北五省文艺大联演等文学台本。搜集整理陇原民间民俗祭祀礼仪唱词及祭文，与朱进国合编民俗丛书。主纂民间族谱10多家，撰写各类碑文20多篇，主持民间隆重祀典160多次。获首届自治区级"书香之家"荣誉称号，获全国老年书画大赛二等奖。

传统舞蹈

花儿歌舞

花儿舞蹈又称"花儿歌舞剧""花儿剧",是20世纪70年代初,由当时的西吉县文艺宣传队自编自导,在舞台表演实践过程中形成的一种具有地方特色的舞蹈。

花儿剧是结合花儿演唱动作衍生的一种表演形式。最初的花儿剧是将群众喜爱的花儿调子配上表演者的舞蹈动作创作的节目,由于具有很好的群众基础,因此广为当地群众所喜好。花儿剧本的创作是集体智慧的结晶。一个偶然的机会,文艺宣传队队员萌生了以神话故事或民间传说作为题材进行剧本创作的想法。于是,1979年年底,西吉县业余文艺宣传队自编自演的第一部花儿歌舞剧创演成功,得到了自治区领导和专家的一致好评,观众百看不厌。曾多次参加全国巡演和全区调演,并冠名"花儿歌舞剧"。这一新剧种一经诞生便被载入《中国民间艺术大辞典》,极大地丰富了宁夏舞台艺术的表演形式。西吉县文工团创作并演出的《金鸡姑娘》《林草情》《花儿四季》《走出黄土地》《情暖农家》《大移民》等,开创了花儿歌舞剧的先河,展现了六盘山区人民淳朴的民风和高原厚土本来的色彩,是新时代黄土地上的风俗画,充满生活气息,它是对民族民间艺术的继承与发展。

大型花儿歌舞《花儿四季》根据"牡丹花儿俊了,山丹花儿艳了,野菊花儿黄了,蜡梅花儿红了"四季花儿为创作背景,展现了六盘山区各族人民思想感情和淳朴的民风,十四段根植于民间的花儿歌舞,是新时代黄土地上的风俗画,洋溢着浓厚生活气息的民间艺术。它反映着社会生活,反映着劳动人民对自由、爱情、生活的向往与追求,传播着历史知识,传承着一种地域文化特色和民族艺术的风格,具有很强的群众性、艺术性和观赏性。

该剧由西吉县文工团创作,1991年首演于西吉影剧院,同年8月参加了中国宁夏国际黄河文化节演出,随后在宁夏党校、宁夏大学及各市县进行巡回演出,剧目受到了社会各界的高度评价和赞扬。1992年12月应文化部艺术局邀请进京演出，1993年10月人型花儿歌舞剧《花儿四季》精选部分节目代表宁夏赴日本进行民间艺术交流演出，该节目得到了日本各界人士的欢迎和高度称赞。

存续现状：

花儿歌舞是把"花儿"搬上舞台的艺术实践，原西吉县文工团经过多年的探索发展，取得了很好的舞台艺术效果，并广为观众所认可。西吉县从20世纪80年代就尝试这种艺术形式的舞台化，从音乐、舞美、灯光、歌词等方面成立专班进行创作和编导，经过不断努力，创作出了一批影响全国的精品佳作。这些年来，因县原文工团的改制，花儿歌舞剧所受影响很大。花儿歌舞专业要求高，演员需具备一定的艺术素养，在今后如何健康传承这门艺术已迫在眉睫。

代表性传承人

冯亚新，1955年出生，宁夏西吉人。中国音乐家协会会员、宁夏音乐家协会原理事、固原市音乐家协会原副主席，国家一级演奏员。曾任宁夏西吉县文工团团长、固原市秦腔剧团（固原市民族歌舞团）书记兼团长。1974年高中毕业后考进西吉县文工团担任竹笛、板胡、大提琴演奏员，同时师从作曲家王华元学习作曲。1983年到西安音乐学院理论作曲系进修学习，后在中国音乐学院作曲系师从樊祖荫教授，函授学习三年毕业，从此与"音乐创作"结下不解之缘。

三十多年来，创作了三百余首（部）富有民族风格和地方特色的音乐作品，代表作有大型花儿剧《金鸡姑娘》《林草情》《大山的女儿》，六盘音乐诗话《王洛宾的花儿情》《红旗漫卷六盘山》等，器乐曲《数花》，歌曲《西海固可爱的家乡》（合作）、《好一朵花儿红》《总书记是咱农家人》《六盘春晓》《美丽西吉》等，花儿联唱《好日子越唱心越欢》，歌舞《欢天喜地过大年》等。其中根据宁夏数花创作的器乐曲《数花》，参加全国农民调演获文化部颁发的优秀作品奖，同时拍入纪录影片《泥土的芳香》。歌曲《西海固可爱的家乡》多次在中央电视台第三套节目中播放并获宁夏第四届精神文明建设"五个一工程"奖，歌曲《总书记是咱农家人》《好一朵花儿红》《用真情播洒阳光》等收录在固原文化丛书《六盘情韵》和文学期刊《六盘山》（2008年5月第145期）。因其在"花儿"音乐研究、传承与创作上有着"生活＋思想＋技法"的独到见地，使其在多部大型花儿剧的音乐创作中成绩斐然，其以大量的原始"花儿"与厚重的现代西方交响乐相融合，赋予西北民歌异彩纷呈的生命力，使"花儿"这一中华文化瑰宝历久弥新，充满时代精神。

社火舞蹈

社 火

"地摊舞队"当地俗称"地摊社火"。所表演内容有"开场""十炷香""打鞭子""旱船""狮子舞""顶灯""万灯""猴子玩灯""龙灯"等，除此之外，还有主要是以唱为主的小戏、小曲，和以武打为主的对打等，是西吉县流传的一种以欢快喜庆为风格特点的民族民间舞蹈。正月初开始至正月二十三"断瘟"后结束。在这期间，人们在本庄或外庄的平场及家庭院落进行演出。

据称，"地摊舞队"从清代开始在西吉县形成，由于当时的社会条件，舞队并不发达，只是以祭祀为主，每年正月进行表演，今天已成为参与群体多，内容较丰富的社火舞蹈。

"开场"是西吉县"地摊社火"中的开场节目，故以开场命名。"地摊社火"以演地摊戏为主，最初为比较简单的民间歌舞，大约在明末清初时形成为戏曲形式，以山歌小调为唱腔，后又揉进眉户曲调。地摊戏正式演出前的开场表演，正是受早期民间歌舞的影响。"地摊社火"队在每次演出前，先去寺庙焚香敬神，然后再返回庭院进行"天官赐福"仪式，随即表演开场，接下来便是地摊戏的演出了。开场的表演有两个流程：一是打场子，为下面的地摊戏演出打开场地；二是对观众进行礼节性的问候，在歌词中对主人家的人和事进行赞颂，并对自己的演出质量表示谦虚。开场一般由两生两旦共四个角色进行表演。过去因妇女不能参加社火活动，且角均由男性装扮，1949年后逐渐改由女性表演。舞蹈以"沙沙步"（因双脚擦地行走，发出"沙沙"之声而得名）为贯穿动作，比较简单，但情绪热烈欢快，演员与观众之间像拉家常一样，

社 火

自然亲切地交流着情感，不时引起阵阵笑声，充满了浓郁的生活气息。

"耍狮子"是西吉县流传的一种汉族舞蹈，十分欢乐，在喜庆场合，可随时来舞以激发人们的喜悦之情。所以该舞颇受当地人的欢迎。

"耍狮子"始于清初。狮子象征着吉祥，为了突出狮子表演者的勇猛、好玩，另一表演者用绣球引诱、驯服、逗玩。人们认为耍狮子可以为消灾除病，永葆吉祥安康，当地人还说"面黄肌瘦久病的患儿经狮子戏耍后，可以病情好转"。而今舞狮子更多的是闲暇之时给人们以喜庆娱乐的享受。

"耍狮子"以打"四门"（分别从前台、后台、左右方向进行表演）为主，主要动作有跳跃、跌扑、登高、空翻及跑圆场，动作技巧性强，是当地很受人们喜爱的民间舞蹈。服饰无具体规定，一般引狮人身穿白黄黑褂均可，腰系红布彩带，头围毛巾，下身随白、黄、黑色等色适当配合而定。

该舞乐队主要是以武乐贯通全舞，一般有大鼓、大钹就可以，但武乐越多越好，这样更能把气氛烘托出来。

"跑旱船"是西吉县流传的一种汉族舞蹈，具有欢乐的风格特点，在喜庆场合，可随时舞来激发人们的喜悦之情。所以该舞颇受当地人的欢迎。

"跑旱船"由船姑和老船公两人表演，如同行船于水面之上。通过船姑乘船过渡时和老船公的谈话，反映出了船姑的内心世界，即对自由恋爱的向往，同时为了表演出在水中的情景，行走一段后，船仿佛因遇风浪而搁浅，这时老船公做出紧张状态，经过一番努力才使船继续前行。

全舞以欢快轻稳的舞步，划船如水上漂游，从观众眼前划过，那蹁跹起舞的动作，似有一种身临其境的感觉，引以观众屏气敛息。

服饰为老船公头戴草帽，挂白胡须，身穿黄色长袍，腰系长布条带，双手持桨。扮女旦角的船姑一位，顶彩船漂流水面。

"打鞭子"流传于西吉县将台乡保林村，是地摊社火中的一个节目，多在春节期间表演。"鞭子"即霸王鞭。舞者为男扮女装，边唱边舞用鞭子击打身体各部位，发出有节奏的声响。1949年传授给女青年，才变为女子舞蹈。初时表演者从头至尾皆是自唱自跳，常因力不从心，唱至一半而中止。所以后来改为由场外伴唱。打鞭子时应掌握的四字艺诀，即"快"（随着节奏变化越打越快）、"响"（击打脆响）、"齐"（二人动作划一）、"圆"（将裙子下摆旋转为圆），方能使舞姿飘洒、轻快。打鞭子动作看似自由，但需要靠演员熟练的技巧和默契的配合才能跳得准确、优美。打鞭子的伴唱曲调是固定的，唱词则可视表演场地、节令、时间的不同而临时变更，亦可套用其他节目的唱词。此舞的传授者梁富成（1916年生）原籍甘肃静宁县。据他介绍，他13岁前在家乡学会此舞，1929年随家迁居西吉县，此舞也随之传入。

存续现状：

社火是西吉地区流传最古老、最普遍的传统艺术门类。社火内容繁杂，项目颇多且形成各县特色，其中，秧歌舞、舞狮、旱船舞等热闹喜庆，场面宏大的艺术表现形式更是深入人心，广为当地群众所喜爱。伴随着城市化进程的加快和社会转型，民间社火无一例外受到影响和冲击，尤其是传统的舞狮、旱船舞、秧歌舞等项目普遍呈现出表演水平低下，传统技法走样变形，传承人群等状况，这已困扰着社火舞蹈的健康发展，抢救性挖掘、科学性保护传承已迫在眉睫。

曲 艺

小曲、地摊戏

西吉域内流传最广的民间音乐有小曲、口弦、泥洼呜、说唱、三弦、号子、小调等，尤以小曲为特色，它主要反映劳动生活，历史文学、爱情故事、生活哲理等，如《上去高山看平川》《茉莉花》《十劝人》。据称，小曲从清代开始在西吉县形成，由于当时的社会条件，只是以祭祀为主，每年正月进行表演，是西吉地区流传的一种以欢快喜庆为风格特点的民族民间音乐。

社火中配乐演唱小曲叫作"小曲"。演唱时有两人扮小旦，着花衫，执彩扇，有一人扮小丑，执拂尘，三人在乐曲声中载歌载舞。社火进庄，必先由小唱唱《进门曲》开场，演出结束必须唱《道谢曲》，以感谢主人的盛情接待。故小唱是社火中不可或缺的节目。

西吉小曲曲调流畅婉转，结构比较整齐，以多段分节为主。内容涉及面广，以咏唱历史传说故事，描写自然，抒发离情者较多。其主要曲目有《绣荷包》《十对花》《茉莉花》《劝人心》《十杯酒》《喜新年》等。小曲为民间演出的主要形式，眉户传入后与之穿插演唱，称为"小唱""蕤唱"。曲牌、曲目繁多，行腔婉转悠扬。演出有对唱、合唱，边唱边舞，走十字步、八字步，甩扇、舞帕、蝇刷（拂尘），摇霸王鞭作舞。

小调在流传过程中，曲调由于歌者的个性、审美习惯、填配新词、唱法不同等发生不同程度的变异，因而形成不同的变体以及蕴含着不同的情绪和表现性能，一首小曲流传的地区愈广和时间愈久，其变体就愈多。因而，各种变体与原歌的关系也是有远有近，纷杂而多样。西吉小曲就是由西吉当地祖辈流传至今。

小调（地摊戏）的产生和发展，经历了漫长的岁月。汉代的相和歌就是用丝竹伴奏歌唱形式，同徒歌谣（清唱一类的歌）有明显不同，相和歌可以说是小调的源头之一。魏晋南北朝时期，民间出现了序体的乐府民歌，从中可以看到后世传播较广的几

地摊戏

种传统小调，隋唐之际有更多的小曲得到选择、提炼而成为说唱、歌舞演出的一部分，形成曲子，它也是小调体裁的早期形成。宋元之后，伴随中国城镇经济的日益繁荣，小调也进入了一个全面发展的成熟阶段，变为一种传统易懂、流畅优美、仍保留着曲牌名称的小曲。明清时期，在一部分学士中兴起了编纂民歌词专辑的风气。

存续现状：

　　地摊戏在西吉的历史较长但分布区域不大，主要分布在西吉东部的将台堡、兴隆、马莲、什字等乡镇的一部分村庄，由于传承群体大多属于老年人，接受新事物的能力较差，对现代文化的反应意识不强，所以保留了较好的原生状态。传播形式的单一性和没有年轻人群的加入，传承队伍老化严重，亟待新鲜血液输入，对于如何很好地传承这个古老文化已经成了不可回避的现实。

代表性传承人

　　鲁淑芳，出生于1967年6月，西吉县什字乡杨庄村人，2016年5月担任西吉什字杨庄村文化专管员，在春节"社火""舞蹈"比赛中获得优秀奖和个人奖。2020年被认定为县级非物质文化遗产项目（地摊戏）传承人，立志要把民间文化传承下去。

马长兵，1978年6月出生，宁夏西吉县将台堡牟荣村人，创建了马丑子文化大院。2017年在固原市乡村大明星节目中荣获全市二等奖。喜爱地摊戏，农闲下来，组织人员排练地摊戏，起到一定的传承效果。

王占江，1969年9月出生于西吉县兴隆镇罗庄村王家堡子，自幼就喜欢听小曲，尽管听不懂，但小小的他跟着奶奶妈妈一起看小曲、地摊戏，幼年的记忆对他产生潜移默化的影响，使他对小曲表演有独到的领悟能力。五六岁时，就开始学习玩舞狮，唱小曲，天天在家哼唱《王祥卧冰》，"离城十里的王家庄，王家庄有个王员外，所生一子叫王祥，他母亲有病卧在床……把鞋袜脱在石头上，净身儿趴在冷冰上，暖得冷冰清零沧浪响，惊动了东海的老龙王，拿两条鲜鱼送王祥"。长大后，自己攒钱买小曲光盘，在家里开始自学自唱。本着对小曲的热爱，他在小曲传承方面做着不懈的努力。

杨银姑，1981年4月出生于西吉县将台堡镇毛家沟，从小受爷爷奶奶的影响，喜欢唱小曲、地摊戏。从小就喜爱哼唱《绣荷包》，"哗啦啦钥匙响，打开了牛皮箱，取两张鸢红纸，剪一个荷包样……"她独特的嗓音使其逐渐形成细腻、委婉的风格，一支从未受过专业训练的小曲班子，穿红着绿，在忠实的粉丝的簇拥下，一幕幕粉墨登场。

快板（单口串）

快板是一种传统说唱艺术，属于中国曲艺韵诵类曲种。早年称作"数来宝"，也叫称"顺口溜""流口辙""练子嘴"，是从宋代贫民演唱的"莲花落"演变发展而成的。

快板表演方式简单，有单口、对口、群口三种表演方式。唱词合辙押韵自由，一段唱词可以自由转韵，称为"花辙"。表演时演员用竹板或者击打节拍，一般只表演说理或抒情性较强的短篇节目，快板书艺术形成后，也开始着重创作并表演长篇书目。

西吉快板又称"单口串"。因其唱词朗朗上口，语言通俗直白、朴素和谐，加之运用方言押韵自然流畅、节奏感强，并且大多时间是由一人进行表演，故此得名。西吉快板与时俱进，能紧跟时代步伐，例如有反映脱贫攻坚小康幸福生活的、有歌颂农村新面貌的等等，其作品唱词贴近生活，具有浓烈的生活味和烟火气。近年来，随着群众文体活动日渐频繁，网络发展迅速，快板形式也逐渐丰富，快板作品的数量逐渐增多，其篇幅灵活，作品质量和艺术性也越来越高，很大程度满足了本土群众刁钻的欣赏口味，深受当地群众喜欢。

存续现状：

　　快板是民间说唱艺术的代表性项目，历史悠久，流行区域大。西吉快板主要是20世纪五六十年代来自全国各地的支宁青年从城市带来慢慢传播的一种说唱形式，因唱词合辙押韵，表演时用竹板打击节拍，说唱内容直白抒情，叙事简洁干练，颇受当地群众喜爱。随着本地越来越多的爱好者加入行列，运用方言说唱便成了快板新的艺术表现形式。随着公共文化服务体系的完善和良性发展，快板这种喜闻乐见的艺术门类又激发出了新的蓬勃生机。

代表性传承人

王彦武，1967年11月出生，西吉县马建乡刘垴村人，自小热爱文艺，喜欢秦腔，在本村的社火班三十年。2014年自编自演的《村长讲话》在固原市获得二等奖。2015年进入丁香花演艺公司，承接西吉县文广局送戏下乡每年50多场，参演了小品《村长禁毒》《移风易俗》《二楞子脱贫》《抵制高额彩礼》，快板《争当致富代头人》《爱在人间》《致富路上奔小康》等，其中《二楞子脱贫》曾在2018年入选西吉春晚，并在宁夏广播电视台录制。

代表性作品

脱贫路上奔小康

甲

竹板一打响连天

高高兴兴上台前

今天不把别的讲

咱把脱贫致富来畅想

乙

开口我把家乡表

百姓现在脱贫了

丙

家住西吉马建乡

刘垴村上我的庄

甲

提起马建不简单

领导带头走在前

党员干部往前站

百姓任劳又任怨

乙

说起领导我点赞

小康社会全面建

丙

扶贫攻坚上战线

打赢脱贫攻坚战

甲

脱贫路上不畏难

市委号令重于山

县委政府总部署

乡政府销号有任务

各种工作搞得全

危房改造建家园

乙

提起危房我刚笑

安全住房真可靠

上下圈梁三七墙

铝合金门框玻璃窗

丙

全乡没有个土坯房

各级干部下乡忙

硬化路面到家门口

里出外进好行走

甲

党中央恩情大

把惠民的政策传天下

国爱百姓民爱国

日子越过越红火

大家小家都是家

全面脱贫靠大家

乙

要建社会主义新农村

首先脱贫拔穷根

党的政策特别强

领导的得力有担当

丙

全县上下总动员

干部职工齐参战

进村入户细排查

和咱百姓是一家

甲

你两人的嘴很甜

文化程度也一般

打赢脱贫攻坚战

开口把政策说得全

致富带头说得好

齐心建设新刘垴

乙

新刘垴怎么建

是不是你心里有主见

丙

有主见你就讲

百姓个个有好思想

甲

你两人莫要急

听我给你说心里

听党话跟党走

脱贫路上显身手

发展种养产业链

合作社里把平台建

乙

他王家爸你说得对

这几年确实富得快

水帮船、船帮水

咱马建不给国家拖后腿

丙
马建乡一盘棋
为全面脱贫都出力
惠民的政策来普惠
致富路上不掉队

甲
乡村振兴确实好
环境整治不可少
美丽乡村人称赞
新刘垴根本没污染

乙、丙
妇女号称半边天
我们带头做模范
疫情期间往前站
志愿者关口把岗站

甲
你们自愿把岗站
谁说女子不如男
别说女人半边天
父女贡献不一般
别的咱们先不说
先说疫情期间作贡献
西吉的护士真能干

逆行湖北支援武汉

这种精神真震撼

大家伸手来点赞

三人合

说得好、做得赞

马建的志愿者进了县

听党话跟党走

种植养殖显身手

各行各业都能行

才是攒劲的刘垴人

2006年以来，在全国范围内启动了非物质文化遗产保护工程，开始了国家级、省级非遗项目及非遗传承人的评定工作。2008年至2020年，西吉县政府已公布四批西吉非物质文化遗产名录，共41项，西吉县政府认定县级非物质文化遗产代表性传承人四批次，总计98名。入选固原市非遗名录11项，认定市级非遗代表性传承人11人。入选自治区非遗名录7项，认定自治区级非遗代表性传承人17人。入选国家级非遗项目名录1项，认定国家级非遗代表性传承人1人。这些非遗传承人是西吉县众多民间艺人中的佼佼者，也是西吉宝贵的民间民俗文化财富。这一群体的人生经历反映着近百年来西吉地区民间民俗文化的发展脉络和历史，他们各自掌握的非遗技艺及其传承现状十分值得记录与研究。经过多年的挖掘保护，西吉县已建立起了一支优秀的非遗传承队伍。

国家级非物质文化遗产代表性项目传承人

马凤章，1966年出生，西吉县火石寨乡新开村人。2013年被认定为自治区级非物质文化遗产代表性项目（砖雕）传承人，2018年被认定为国家级非物质文化遗产代表性项目（砖雕）传承人。

主要代表作有：《海水朝阳》《百鸟朝凤》《迎客松》《牡丹图》《四季图》等。在西吉县火石寨、固原市二十里铺、银川市及甘肃省兰州市、静宁县等地，都留存有马凤章的优秀砖雕作品。其中，砖雕作品《孔雀戏牡丹》于2017年应邀在中国建筑材料工业规划研究院、中国艺术研究院建筑艺术研究所、中国砖瓦工业协会和甘肃省砖雕协会共同举办的"2017全国砖雕文化传承与创新峰会暨全国砖雕传统手工技艺大赛"期间展出。

自治区级非物质文化遗产代表性项目传承人

李凤莲，1957年2月出生，西吉县白崖乡人。2008年被认定为自治区级非物质文化遗产代表性项目（山花儿）传承人。多年来，在学习和探索花儿艺术的过程中，逐渐形成了独特的风格和演唱技巧，其音域宽广，音质甜美可亲，颤音恰到好处。代表曲目有《哥是阳沟妹是水》《獐子吃草滚石崖》《五哥放羊》等。李凤莲在全国各地的花儿民歌演唱比赛活动中多次获奖，享誉西北花儿歌坛。1980年参加全国民族民间唱法调演；1993年随宁夏党政代表团赴日本岛根县访问演出；1998年获"沙湖杯"中国西北民歌花儿歌手比赛二等奖；1999年获南宁"国际民歌艺术节"特别奖；1999年获"宁夏第二届群众文化专业岗位技能大赛"金奖。2002年获"首届宁夏花儿文化艺术演唱会"金奖；2006年获"福彩杯"老年文艺汇演二等奖；2012年获"第六届中国原生态民歌大赛"优秀传承奖。参加了花儿歌舞《花儿四季》等的演出，分别荣获三等奖等。

杨志忠，1940年4月出生，西吉县火石寨乡新庄村人。2010年被认定为自治区级非物质文化遗产代表性项目（木雕）传承人。

王汉军，生于1957年7月13日，内科主治医师，中共党员，毕业于宁夏师范学院，于2017年7月自西吉县人民医院退休，现就职于宁夏新安康医院，担任党支部组织委员，工会主席。自治区级非物质文化遗产代表性项目（春官词）传承人。

王汉军搜集整理编撰春官词3000多条，在六盘山春官词的创作传承中，发挥了积极作用，深受当地群众喜爱，启发和带动了西吉县及毗邻县区数十名春官词爱好者参加当地春官词的学习演艺传承。2009年，王汉军被宁夏回族自治区创争活动领导小组评为创建学习型组织、争做知识型职工"先进个人"，被固原市总工会评为职业道德建设"十佳个人"；2010年被中国医院协会医院文化专业委员会评为第三届全国医院文化建设"先进工作者"；被中国文化资讯协会和谐中国系列丛书编委会授予"和谐中国百位杰出爱国诗人"；被固原市总工会评为"劳动模范"，荣获"五一劳动奖章"。2013年被中国基层党建网评为"全国行业标兵"；2020年7月被固原市委组织部、固原市委老干部局、固原市离退休干部工作委员会评为"全市离退休干部先进个人"；2021年8月被中国诗词书画理事会、中国文化艺术馆、中国文化艺术研究院评为"共和国文艺双百人物"。

胥劲军，笔名墨玉，1972年10月出生，宁夏西吉县人。自治区级非物质文化遗产代表性项目（春官词）传承人、中国民协会员、中华诗词学会会员、中国楹联学会会员、中国诗歌学会会员，宁夏作协会员、宁夏民协会员等。现任宁夏民协联谜专业委员会主任、固原市民协副主席、西吉县民协副主席兼秘书长、西吉县诗联和春官词学会会长。

长期从事流行于六盘山区及甘肃陇东地区濒临灭绝的古老春官词的研究和抢救性保护工作，经过数十年的挖掘整理，现已完成了《西吉春官词》草稿近20万字。2016年组织导演了第一部全面反映西吉春官民间活动的纪录片《西吉春官》上下两集。2016年应邀参加了由宁夏师范学院组织的关于六盘山地区春官词的国家课题。2019年参加了西吉春官词入选国家级非遗名录的申报工作。2021年编导制作了由文化和旅游部非遗司线上推出的"非遗过大年，文化进万家——视频直播家乡年"活动系列视频作品，有多篇关于春官词理论方面的文章发表在《固原日报》《葫芦河》等多家报章杂志上。2018年被固原市文化体育新闻出版广电局和固原市群艺馆评为"优秀传承人"。2020年被自治区文联和自治区民协评为"先进工作者"。2021年被固原市人才工作领导小组办公室和固原市委宣传部授予"固原市六盘文化文艺人才胥劲军非遗工作室"。在新时代如何很好地传承春官词非遗文化方面探索出了一条利用现代便捷网络资源开辟"春官词空间课堂"开放式传承的新路径；不断提升春官词表演艺术从传统地摊走向现代舞台的实践，并在"秉承原生态，融入新元素"深入推广传承新理念方面也取得了很好的经验总结。

李银德，1949年8月出生，西吉县震湖乡河滩村人。第六批自治区级非物质文化遗产代表性项目（剪纸）传承人，自治区民间文艺家协会会员。自幼学习绘画、剪纸艺术，1990年开始从事剪纸艺术工作，作品包含着浓郁的乡土气息和鲜明的地域特色，题材来源于生活，表现内容丰富，大多以神话故事、民间传说、花鸟虫鱼、历史人物、民俗文化、乡村生活为题材。2020年11月，作品《众志成城抗疫情》《中国必胜武汉加油》入选天津2020"西岸"剪纸艺术展；2021年11月，"众志成城抗疫情"系列作品入选宁夏非遗抗疫主题作品展；2021年11月，在自治区农业农村厅举办的宁夏休闲农业创意精品大赛上，李银德提交的剪纸作品《众志成城抗疫情》中国梦分别获得文化创意金、银奖，《花开富贵》《脱贫攻坚》获得优秀奖。

马少云，1959年12月出生，西吉县吉强镇酸刺村人。自治区级非物质文化遗产代表性项目（花儿）传承人。

2007年参加西吉县首届"花儿"歌手选拔赛获得一等奖，同年9月在固原市文化艺术月活动中，演唱的《养了一对牛》获得花儿三等奖，2007年被评为宣传思想文化和精神文明建设工作先进个人。2009年在固原市庆祝新中国成立60周年暨首届"花儿漫六盘"电视大赛中荣获二等奖；同年在西吉县第二届花儿歌手大赛中荣获一等奖；2010年在固原市第二届"花儿漫六盘"电视大赛中荣获三等奖；2010年获第八届中国西部民歌花儿银奖；2014年在第十二届中国西部中歌会花儿获得银奖；2017年获第十三届中国西部民歌花儿金奖。参加了2014年全国第四届新农村建设四川达州分会场中央电视台2017年全国农民春晚、2019全国少数民族春晚的演出；2015年参加全国少数民族优秀声乐展演并获得优秀奖；2016年成为全国农民歌手大赛西北十五强。2017年获中国西部八省区音乐节大赛三等奖；2018年成为山西省庆祝改革开放四十年十六省区·特邀歌手；2019年参加中国成都第七届世界非遗日的演出并获得第八届、第十二届中国西部十三省民歌花儿大赛银奖、第十三届金奖等区市县各种大奖，并参加了《花儿的家乡》《这里是宁夏》《贺兰山》，闽宁镇《倾听》，央视《倾国倾城》及历届西吉春晚的演出等栏目的主题演唱。

张淑芳，1966年4月出生，西吉县将台堡镇明台村人。自治区级非物质文化遗产代表性项目（剪纸）传承人，自治区民间文艺家协会会员。1986年被县文化局评为优秀剪纸员，1988年在"自治区三十年大庆"剪纸作品展出中获得二等奖。

《教师节》《社会主义教育运动》《母亲水》《学科学》《柳编》等十余幅作品被《宁夏日报》《固原日报》刊出。1998年，在自治区妇女联合会举办的全区"迎大庆家庭手工制作活动"中，剪纸作品荣获"二等奖"。2003年，《养鸡》《退耕还林》《植树》《抗旱》等作品被农业部门制作挂历赠予国际友人。2004年，《母亲水》《井窖》等十余幅作品被县妇联收集送予全国妇联收藏。2008年9月，代表西吉县参加了宁夏首届文化旅游作品展示会，创作的抗震救灾等系列作品被中华民族文化促进会剪纸艺术委员会收藏，并授予"为5.12灾民做出特别奉献"荣誉称号。在上海世博会公益画展活动中荣获银奖，并授予"共和国杰出剪纸艺术家最高荣誉成就奖"金质奖章，同时颁发"国史委诗书画院"理事证。

创作作品万余幅，从1998年开始传承剪纸技艺，近年来采用带徒、办培训班等形式，培训剪纸学员3000余人，培养优秀剪纸传承人15名，徒弟带徒弟5人（谢玉娣、杨克慧、王燕、张淑琴等），其中杨开慧参加2017年自治区传统手工艺大赛期间，因技艺出色荣获剪纸技艺大赛优秀奖。

谢科选，西吉县王民乡红太村人。自治区级非物质文化遗产代表性项目（皮影）传承人。他从1957年开始表演皮影戏，后戏箱锁了15年。20世纪80年代初，皮影戏在村中又"复活"了。谢科选不但会演皮影戏，还会制作皮影人。皮影戏的布景道具和皮影人都是用牛皮加工刻成的。在制作时，先将牛皮的毛、血去净，然后经药物处理，使皮革变薄，呈半透明，涂上桐油，然后把皮革镂刻成所需的人物形象。皮影人的头、四肢、躯干等各自独立，用线连成一体，分别以连杠由演员操纵，就可以活动自如了。皮影戏人体比例夸张，头大身长，手臂过膝。男影人眼大额高、女影人眉弯眼小，通天鼻子，小嘴巴，镂刻十分精细，刀法犀利多变，纹样华丽而疏密得体，造型各异，形象生动，着色鲜艳，反差分明，对比强烈。影人由5大部分、12小件组成，表演时可按剧情需要调换增减，给皮影人涂上红、黄、青、绿、黑等颜色后，就可以表达人物的善恶美丑了。

安维善，1938年9月出生，2023年3月去世，西吉县平峰镇李营村旧营组人。自治区级非物质文化遗产代表性项目（皮影）传承人。18岁拜多金老汉为师开始学习皮影戏，跟随师傅入乡入村演出。后来由于诸多原因演出停止了好多年，2012年被三合社予以"民间老艺人"称号。参加了由平峰镇政府组织的公益演出，并多次参加村上组织的公益演出活动。

曹志勤，1947年1月出生，西吉县震湖乡陈岔村人。自治区级非物质文化遗产代表性项目（皮影）传承人。从小就爱好文艺，十一岁登台说快板，十四岁开始唱戏。一次偶然的机会，他目睹了皮影戏的精彩，对于热衷戏曲艺术的他而言，皮影戏这种融多种艺术元素于一体的表演形式无疑具有巨大的吸引力，着实让他入迷，当即便拜胥生录、牛振中二人为师，学习皮影戏，由此，他便跟随师傅游走于各个村镇，开始了巡回表演。

姚占桂，1946年出生，西吉县火石寨乡人。2010年被认定为自治区级非物质文化遗产项目（刺绣）代表性传承人。

施满义，1966年7月出生，西吉县吉强镇大滩村人。自治区级非物质文化遗产代表性项目（刺绣）传承人。施满义2009年发起成立了西吉县吉强镇大滩村妇女促进会，并担任会长。2010年，她的第一幅《梅兰竹菊》水墨四条屏问世，线条流畅，较高地还原了水墨画的流畅和优美意境，具有很高的收藏价值。2011年，她首次用双南施套针法绣成《西吉火石寨》，现由西吉县博物馆收藏。2012年，她完成大型刺绣作品《中国马铃薯之乡》,2017年被自治区农牧厅评为区级创意金奖。2013年，她创作的作品《新时代农家乐》荣获2018年全区休闲农业创意精品大赛文化创意金奖；同年，被中国民营企业联合会、中国国际经济技术合作促进会授予"年度公益典范人物"荣誉称号。2014年3月，她被固原市妇女联合会、固原市人力资源和社会保障局评为"巾帼创业之星"。2015年3月，她被中共西吉县委员会、西吉县人民政府评为"民族团结进步创建活动模范个人"称号。2017年3月，她被中共西吉县委员会、西吉县人民政府授予"最美西吉人"荣誉称号。2020年4月，她的作品《齐心抗疫情》在"2020年全区抗击疫情主题优秀群众文艺作品评奖"中荣获非遗作品类二等奖。2020年6月，她的作品在"非遗进万家·文旅展风采2020年宁夏黄河流域非遗作品创意大赛"中，荣获三等奖；10月，她在"2020首届全国乡村手工艺（刺绣）大赛暨展示活动"中荣获优秀奖。2021年5月，她在中国黄河流域非遗大赛中荣获三等奖；同月，参加上海世博会。2021年10月，她参加吉林长春"第三届全国创业就业服务展示交流活动"获地方特色奖。

马兰，1976年出生，宁夏西吉人。自治区级非物质文化遗产代表性项目（刺绣）传承人。2014年参加首届宁夏女职工手工艺制作大赛暨优秀作品展览会，先后被宁夏回族自治区总工会、自治区妇联授予"优秀组织奖"，被宁夏回族自治区总工会授予"五一劳动奖章"，被国务院扶贫开发领导小组授予"全国扶贫先进个人"。2015年被宁夏回族自治区人民政府授予"自治区劳动模范"称号。2016年参加第十一届中国（莆田）海峡工艺品博览会；第十五届中国（莆田）海峡工艺品博览会优秀作品评比中《黄河宁夏段风光全景》《百蝶图》作品荣获"银奖"，《沙湖风光》和《幸福像花儿一样》分别获得自治区旅游局、文化厅宁夏特色旅游商品荣誉称号和宁夏首届文化创意设计大赛优秀奖。2017年被全国总工会评为"全国五一巾帼标兵"。2018年"校企牵手绣出她时代"参赛项目在宁夏巾帼创新大赛中荣获"黄河银行杯""宁夏巾帼"创新大赛创客实战组金奖，"马兰刺绣产品"被宁夏回族自治区质量和商标战略工作领导小组评为"宁夏名牌产品"等。

李淑霞，1968年9月出生，西吉县文化馆职工。2016年被固原市人民政府认定为固原市非物质文化遗产代表性项目（花儿）传承人，2021年被认定为第六批自治区级非物质文化遗产代表性项目（花儿）传承人，二级演员，毕业于陕西省咸阳市戏曲学校。工作30年来，爱岗敬业，积极向上，出色完成各项演出和节目编导工作，多次参加国家级、区市级演出活动，受到社会各界的一致好评。在2009年获得"全国三八红旗手"荣誉称号。2013年获得固原市首届小戏小品大赛最佳导演奖。2014年获得第十二届中国西部民歌（花儿）歌会宁夏赛区总决赛二等奖。选后获固原市第五、第六、第七届"花儿漫六盘"电视大奖赛原生态花儿组二等奖。

谢强军，1976年出生，西吉县将台堡人。自治区级非物质文化遗产代表性项目（木雕）传承人，国家级雕刻大师都传恭入室弟子，宁夏回族自治区二级工艺美术大师，宁夏工艺美术协会会员，宁夏工艺美术学会常务理事，山东潍坊市工艺美术协会木雕专业会员，自幼酷爱艺术，擅长泥塑、景泰蓝装饰画，葫芦烙画，尤其痴迷于木雕、核雕，穷数年之功，形成一套独特的雕刻手法。曾先后在宁夏银川、贵州贵阳、云南昆明、山东潍坊等多地相互交流学习，系统地学习了木雕、雕刻的创作与理论，作品功力深厚，个性独特，用料天然奇，创作题材雕刻作品大多属于孤品，屡被热捧。

其作品在2015年西北五省镇北堡非遗非物质文化遗产博览会比赛中荣获一等奖；2015年宁夏首届中阿国际展获得优秀奖；2016年文化艺术博览会特色文化荣获非遗产项目优秀奖；2016年山东工艺美术行业工艺雕刻职业技能大赛中荣获金奖；2019获宁夏工艺美术学会首届作品展金奖等。

刘成才，1966年9月2日出生，宁夏西吉县人。自治区级非物质文化遗产代表性项目（民间故事）传承人，中国写作学会会员、宁夏分会理事。现任固原市民协副主席、西吉民协主席。曾从事教育、文化旅游等方面工作，喜好文史哲及历史文化，热爱民俗文化，大力挖掘富有特色的地方历史文化，讲好故事，曾编辑《走进西吉》《西吉民间故事》《西吉旅游文化》《西吉非物质文化遗产丛书》等民俗文化书籍，为发展地方历史文化作出一定的成绩和贡献。曾著有长篇历史小说《红军连》，入选"学习强国"栏目，被江西于都长征学院聘为客座教授，传讲革命历史故事，赓续红色精神。

马覆平，1991年7月出生，西吉县火石寨乡新开村人。自治区级非物质文化遗产（砖雕）代表性传承人。2015年参与制作了大型雕刻作品《百鸟朝凤》。2016年参与制作《四季青》《丝绸之路》两幅作品的砖雕部分工作。2018年设计并参与雕刻制作了中和堂文化长廊工程。

固原市级非物质文化遗产代表性项目传承人

马彦莲，1959年7月出生，西吉县火石寨人，2015年被评为固原市级非物质文化遗产代表性项目（剪纸）传承人。在母亲的熏陶下，自幼喜欢剪纸，50年来爱不释手。

在马彦莲的眼中，剪纸不仅是喜庆的装饰，也承载了人们对美好生活的期盼，传递了幸福与希望。

马女子，1962年9月10日出生，西吉县兴隆镇川口村人，固原市级非物质文化遗产代表性项目（刺绣）传承人，爱好传统刺绣，多次参加西吉县及固原市刺绣作品展。

吕璨，1983年11月出生，西吉县吉强镇人，固原市级非物质文化遗产代表性项目（花儿）传承人。1997年进入西吉县文工团工作，凭借一副好嗓子，她得到了李淑霞老师的赞赏，并收她为徒。经过老师的悉心教导和自己的勤学苦练，吕璨掌握了花儿演唱的要点，并且对花儿的演唱有了独到的见解，唱出了自己的风格。她参演的花儿剧《六盘儿女情》《情暖农家》《心泉》《走出黄土地》《大移民》《花儿联唱》《花儿唱法制》等多部剧目曾多次在区市获奖。

李转能，1993年2月出生，西吉县新营乡人，市级非物质文化遗产代表性项目（刺绣）传承人。现为甘肃省民间文艺协会会员、甘肃省庆阳市民间文艺家协会会员、中国工艺美术产业研究院敦煌分院研究员。

杨雪，1996年6月出生，西吉县火石寨人。2019年被认定为市级非物质文化遗产代表性项目（花儿）传承人。毕业于宁夏艺术学院音乐系。2021年被评为最美网络禁毒宣传员。2016年全国青年优秀艺术新人选拔大赛中，获得了宁夏赛区金奖、全国赛区金奖；2016年参加第十四届全国民歌大会取得铜奖。2017年代表宁夏参加昌吉回族自治州举办的花儿邀请赛；2017年参加中央音乐学院全国青年展演活动获得金奖；在第十五届西部民歌（花儿）歌会获得银奖。2018年被邀请参加山西卫视《歌从黄河来》活动。2019年参加了第四届全国少数民族传统运动会。受邀参加央视《七台·乡约》栏目。2020年代表宁夏到浦东地区、川渝地区、福州地区、广东地区旅游推介。2021年获青海省第十八届西北五省区花儿邀请赛铜奖，在深圳阳台山全国实景山歌大赛获得银奖，在第二届中国昌黎民歌会演唱获得风采奖。2022年参加央视春节特别节目《新春的交响》，录制了央视《一鸣惊人》。

安周玲，西吉县新营乡人，2016年被认定为固原市非物质文化遗产代表性项目（刺绣）传承人。2005年以来，创作2000多幅刺绣、剪纸作品，参加了中国首届西部（云南）博览会。2009年，刺绣《金陵十二钗》等多幅作品荣获"固原市建国60周年妇女刺绣、剪纸、作品展"一等奖、二等奖、三等奖。2013年，参加第八届中国（深圳）国际文化产业博览会，参展传统刺绣作品《开口笑荷包》《辟邪五毒挂件》《双鱼莲挂件》等得到海内外专家的赞赏和好评。

柳秀梅，西吉县吉强镇团结村人，固原市级非物质文化遗产代表性项目（刺绣）传承人。

白月英，西吉县将台堡镇人，固原市级非物质文化遗产代表性项目（刺绣）传承人。

司效堂，西吉县吉强镇万崖村人，固原市级非物质文化遗产代表性项目（春官词）传承人。

李琦（已故），西吉县新营乡下河村人，固原市级非物质文化遗产代表性项目（皮影）传承人。

赵甲祥，固原市级非物质文化遗产代表性项目（民歌）传承人。

县级非物质文化遗产代表性项目传承人

王海邦，1965年2月出生，西吉县文化馆职工，县级非物质文化遗产代表性项目（民间故事）传承人。

刘梅，1971年9月出生，县级非物质文化遗产代表性项目（眉户戏）传承人。毕业于陕西省榆林市戏曲学校，三级演员。主攻武旦，小旦。后师从李瑞芳老师学习眉户剧。代表作有《兄妹开荒》《十二把镰刀》《梁秋燕》等剧目。

王秀琴，1970年8月出生，县级非物质文化遗产代表性项目（眉户戏）传承人。毕业于陕西省榆林市戏曲学校，现为二级演员。她曾多次被区、县、团评为优秀演员。1991年表演的舞蹈《植树》获自治区环保文艺汇演三等奖。1992年扮演《拾玉镯》中的孙玉娇在全区青年演员大赛中获二等奖。2002年1月在固原首届秦腔大赛专业组获金奖。演出的剧目有《哑女告状》《三请樊梨花》《生死牌》《玉蝉泪》等40本秦腔戏。曾先后参加演出了大型花儿剧《花儿四季》《林草情》《土豆变金豆》《羊响板》《送媳妇回娘家》等。参加演出的表演唱《土豆变金豆》1997年获自治区文化厅举办的第八届群星奖"万得杯"文艺表演金奖。1999年获全国表演唱"爱我中华"一等奖；1999年参加全国体育表演项目《羊响板》获二等奖。2001年演唱《夸家园》获特别奖。2003年，她编导并演出的表演唱《八姐妹进城》获固原市第三届民族团结杯最佳节目奖、编导奖。2005年在第一届宁夏文化艺术节专业表演艺术评奖中荣获优秀剧目个人表演一等奖，花儿剧《情暖农家》参加宁夏首届艺术节获表演金奖。2007年在表演项目类比赛项目中荣获一等奖。

李应东，1956年出生，西吉新营乡石岘村人，2014年12月被认定为县级非物质文化遗产代表性项目（民间接骨术）传承人。

伏玉梅，1951年8月出生，西吉县震湖乡河滩村人，县级非物质文化遗产代表性项目（刺绣）传承人。作品注重细节的展现，以衣帽、服饰为主，通过生活中细心的观察并融入自己的风格，能将花草的枝枝叶叶、动物的动作形态绣得栩栩如生，既细腻又美观。

郭辉，1972年7月14日出生，西吉县马建乡人，县级非物质文化遗产代表性项目（木雕）传承人。在2020年宁夏黄河流域非遗作品创意大赛获三等奖。

张志忠，1965年3月出生，西吉县红耀乡人，县级非物质文化遗产代表性项目（唢呐）传承人。经常参加各种丧葬、庙会、春官词表演、戏曲演唱的唢呐演奏。

卢世虎，1977年9月出生，西吉县红耀乡红耀村吴家湾组人，县级非物质文化遗产代表性项目（春官词）传承人。爱好春官词的创作和演艺，时常参加民间社火及县文化部门多次组织的社火大赛。

张志虎，1986年8月出生，西吉县新营乡上河村人。县级非物质文化遗产代表性项目（木雕）传承人，宁夏民间文艺家协会会员。

杨永升，1976年5月13日出生，西吉县红耀乡人，县级非物质文化遗产代表性项目（春官词）传承人。爱好春官词的创作和演艺，时常参加民间社火及县文化部门组织的社火大赛。

刘钊，1973年9月出生，西吉县新营乡碱滩村人，县级非物质文化遗产代表性项目（春官词）传承人。现为西吉县诗联和春官词学会常务副会长，西吉县春官词工作室负责人，自治区民间文艺家协会会员，爱好文艺，喜欢春官词创作与演艺，多次参加民间社火展演和比赛。

刘德胜，1970年7月1日出生，西吉县震湖乡龙川村人。县级非物质文化遗产代表性项目（民间武术）传承人，现为宁夏武术协会副会长，固原市武术协会常务副会长，西吉县武术协会会长。

刘守宁，1964年1月出生，西吉县马建乡同化村人。县级非物质文化遗产代表性项目（民间祭祀）传承人。深受父亲言传身教。在春节、清明等传统节日期间，常应乡域亲朋邀请，跟随父亲外出修家谱，作祭文、行周礼、缅怀逝者，安慰生者。2019年成为固原市民间文艺家协会会员，同年成为西吉县楹联、诗词学会会员，银川市西夏区诗词学会会员。2020年成为自治区民间文艺家协会会员。热爱民俗文学，农闲时潜心学习，笔耕不辍，尝试用不同文体进行创作，构建钟情于文辞、楹联和诗词的传笔梦，传承创新民间祭祀传统文化，弘扬民族文化精神。

王力，1985年10月出生，宁夏西吉县人。县级非物质文化遗产代表性项目（楹联习俗）传承人。中国楹联学会会员，中华诗词学会会员，宁夏作协会员。现为宁夏民协联谜专业委员会副主任，西吉民协副主席，西吉县诗联学会副会长，诗词作品散见于《朔方》《六盘山》《夏风》《银川日报》《固原日报》等报章杂志。2017年3月在"将台杯"纪念中国工农红军长征胜利80周年暨文艺扶贫全国楹联、诗词书法活动中荣获三等奖。2018年9月，在"我为宁夏六十大庆献首诗"主体诗词大赛活动中荣获三等奖。

马志花，1985年7月出生，西吉县将台堡镇火家沟村人，县级非物质文化遗产代表性项目（甜醅）传承人。2005年，马志花嫁入西吉县马莲乡北山村，婆家家境殷实，世代制售甜醅。马志花跟随奶奶、婆婆学习甜醅制作，很快便掌握了这门民间古老传统美食的制作技艺。2020年4月，马志花决定创业，注册成立西吉县宁宁甜醅工坊。如今，西吉县宁宁甜醅工坊在茁壮成长，稳居西吉甜醅销售市场龙头老大，她个人也被认定为县级甜醅制作技艺传承代表人。

马维军，1976年2月出生，西吉县沙沟乡中口村人，2018年被评为县级非物质文化遗产代表性项目（根雕）传承人。

张丽霞，1975年5月出生，西吉县第四小学音乐教师，县级非物质文化遗产代表性项目（花儿）传承人。固原音乐家协会会员，曾获宁夏民族歌剧演唱优秀奖，固原市一等奖，宁夏十八省花儿铜奖，合唱指挥奖，在教学之余喜钻研戏曲花儿、小品、快板、民族美声，男声模仿教学，传承教育。

何正强，1974年8月出生，西吉县新营乡人，2018年被认定为县级非物质文化遗产代表性项目（木版年画）传承人。

鲁淑芳，1967年6月出生，西吉县什字乡杨庄村人，县级非物质文化遗产代表性项目（地摊戏）传承人。2016年5月担任什字杨庄村文化专管员，组织村民在每年春节"社火"舞蹈获得优秀奖和个人奖。

孙娟霞，1980年12月出生，西吉县新营乡庙儿岔村人。县级非物质文化遗产代表性项目（刺绣）传承人，自治区民间文艺家协会会员。2013年作品《蝶恋花》荣获"西吉县刺绣技能大赛"一等奖。2015年作品《民族和平》荣获"固原市刺绣大赛"一等奖。

张淑琴，1955年2月16日，西吉县将台堡镇明台村人，县级非物质文化遗产代表性项目（剪纸）传承人。

周鹏举，1975年11月24日出生，西吉县将台堡镇保林村人，县级非物质文化遗产代表性项目（春官词）传承人。现任西吉县诗联和春官词学会副会长。自治区民间文艺家协会会员。2022年由静宁县政府举办的第二届"万得杯"民俗文化艺术节中说仪程二等奖获得者，被评为优秀工作者。

杨克惠，1965年8月7日出生，西吉县将台堡镇明台六队人，县级非物质文化遗产项目（剪纸）传承人。曾参加乡、县、市、区级剪纸作品交流、多次展览。主要代表作有《红军长征系列》《伟人》《英雄人物肖像》《十二生肖》《团花》及各种花鸟鱼虫等。

冉朋章，1962年5月出生，西吉县吉强镇沙村洼村人，县级非物质文化遗产项目（春官词）传承人。曾带领本村社火队获得过三等奖两次，现为西吉楹联诗词协会和春官词学会党支部书记，每年参加春节期间文化演出。

马付清，1975年3月出生，西吉县火石寨乡人，县级非物质文化遗产项目（砖雕）传承人。2017年参加甘肃省临夏青韵砖雕文化传承手工技艺大赛。

代彩霞，1968年8月14日出生，西吉县吉强镇大滩村人，县级非物质文化遗产项目（手工编织）传承人。西吉县蓝天民族刺绣培训中心教师，共荣获两次奖项。

刘文俭，1967年6月8日出生，西吉县红耀乡人，县级非物质文化遗产（春官词）传承人。

何东繁，1991年5月出生，西吉县吉强镇羊路村人，县级非物质文化遗产项目（春官词）传承人。

单勇，1961年12月28日出生，宁夏西吉县人，县级非物质文化遗产项目（花儿）传承人。1978年应征入伍。1980年复员到西吉县商业部门工作。1981年参加首届宁夏全区职工文艺会演。期间任西吉县总工会职工艺术团团长。1988年考入宁夏回族自治区党校学习。1990年参加西吉县文工团《花儿四季》排练演出。2007年调入县文化馆工作。2016年，参加全国六盘山山花儿传承人学习。

宋里，1973年11月14日出生，西吉县新营乡石岘村人，县级非物质文化遗产项目（泥塑）传承人。专门承作文化古建筑的彩绘、雕塑，旧貌复新，仿古设计工作，如假山、假水、仿真水泥树的制作，新农村墙体彩绘、庭院设计等，受到了社会各界的认可。

杨贵仓，1982年7月6日出生，宁夏西吉县人。县级非物质文化遗产项目（砖雕）传承人，固原市民间文艺家协会会员。2017年在甘肃省临夏地区参加全国砖雕文化传承与创新峰会暨全国砖雕传承手工技艺大赛。

赵永红，1966年10月5日出生，西吉县将台堡镇明台六队人，县级非物质文化遗产项目（剪纸）传承人。曾多次参加区、市、县举办的剪纸培训班。主要的作品有《五十六个民族》《伟人肖像》《英雄人物》《十二生肖》《抗战疫情的英雄人物》《动物花卉》等，受到社会各界的认可，在"百年辉煌·纸艺华章"庆祝中国共产党成立100周年全国剪纸精品邀请展中荣获优秀奖。

周小红，1970年9月11日出生，宁夏西吉县人，县级非物质文化遗产代表性项目（刺绣）传承人，固原市民间文艺家协会会员，西吉县蓝天民族刺绣培训中心教师。曾在区、市、县获得多个奖项。

张芳兰，1971年2月出生，宁夏西吉县人，县级非物质文化遗产代表性项目（刺绣）传承人，自治区民间文艺家协会会员，隆德县汇英刺绣培训中心教师。曾在区、市、县获得多个奖项。

房自军，1966年10月出生，西吉县新营乡人，县级非物质文化遗产代表性项目（春官词）传承人。2017年在西吉县举办的春节社火比赛中，获得二等奖。2019年3月，参加由西吉县文化馆举办的"西吉县文化艺术人才培训班"。

李永勤，1981年4月13日出生，西吉县人，县级非物质文化遗产代表性项目（民间乐器）传承人。毕业于西安音乐学院，曾多次参加多所高校埙乐艺术知识讲座及演奏，专长于古埙制作技艺和演奏。

蒲满堂，1959年1月14日出生，西吉县兴隆镇罗庄村人，县级非物质文化遗产代表性项目（春官词）传承人。曾带领吉强社火队连续四年获得一等奖，获得市二等奖一次。

马德彪，1963年11月15日出生，西吉县新营乡玉皇沟村人，县级非物质文化遗产代表性项目（木雕）传承人。

赵静，1991年7月出生，西吉县吉强镇大滩村人，县级非物质文化遗产代表性项目（刺绣）传承人。现任西吉县妇女发展培训中心并担任校长，2021年任西吉县乡土文化创意产业有限公司董事长。主要作品有《梅、兰、竹、菊》四条屏、团扇、肚兜、板枕等。

胡玉琴，1972年1月22日出生，西吉四中美术教师。2021年被认定为县级非物质文化遗产代表性项目（剪纸）传承人。作品《逆行者》《空中课堂》在新华社、《人民日报》等各大媒体刊登，《拒绝毒品》在禁毒征稿中获得西吉县二等奖，《讲卫生》剪纸作品在固原市百年征稿中获得三等奖。

赵鹏飞，男，汉族，1976年8月27日出生，西吉王民乡红太村人，县级非物质文化遗产代表性项目（皮影）传承人。

张俊奎，1977年7月出生，西吉县新营乡白城村人。县级非物质文化遗产代表性项目（春官词）传承人，固原市民协会员。现为白城村月亮山民间文化艺术团团长，西吉县诗联和春官词学会副会长。参加过多次春官大赛，并获得过多个奖项。

李耀斌，1971年12月17日出生，2021年被认定为县级非物质文化遗产代表性项目（泥塑、彩绘）传承人。专门承作古建筑的彩绘、雕塑、旧貌复新、仿古设计工作。

杨国宝，1972年3月1日出生，西吉县吉强镇大滩村人，县级非物质文化遗产代表性项目（春官词）传承人。曾多次参加春节社火拜年演出和陈阳川等地民俗文化节演出，2017年参加过中央电视台7套农民春晚龙王坝演出。

潘拴虎，1974年出生，西吉县吉强镇龙王坝村人，县级非物质文化遗产代表性项目（春官词）传承人，西吉县诗联和春官词学会会员。

张永强，1974年出生，西吉县吉强镇套子湾人。县级非物质文化遗产代表性项目（春官词）传承人。2002年10月，代表套子湾社火队议程官参加西吉县建县60周年大庆活动社火比赛中荣获三等奖。2003年带领村社火队议程官参加庄浪社火邀请赛荣获二等奖。2015年，在西吉县"新春乐"社火大赛中荣获三等奖。2018年，参加西吉县首届"新春乐·庆元宵"社火大赛中荣获一等奖。参加固原市组织举办的"新春乐"第十四届全区社火大赛暨元宵节巡演活动荣获一等奖。

马三虎，1983年2月16日出生，西吉县什字乡保卫村人，县级非物质文化遗产代表性项目（花儿）传承人。在2015年、2016年、2017年固原市花儿比赛中荣获二等奖。2018年央视农民春晚特邀嘉宾。2021年受聘为西吉县公安禁毒大使。

马国雄，1959年6月25日出生，西吉县马建乡白虎村人，县级非物质文化遗产代表性项目（花儿）传承人。

马福兰，1966年12月10日出生，西吉县吉强镇人，县级非物质文化遗产代表性项目（剪纸）传承人。西吉县消防救援大队消防志愿者，获得中卫市支队剪纸作品二等奖。

樊昌义，1965年9月9日出生，西吉县吉强镇团结人，县级非物质文化遗产代表性项目（曲艺）传承人，于2019年11月15日成立昌盛美猴王演艺有限公司，在宁夏传统武术锦标赛猴棍中获得金奖，武术自选拳获得银奖，在第三届中国猴山·五龙口猴王争霸赛决赛中荣获优秀奖。

宣爱芸，1987年2月出生，宁夏隆德县人，中共党员，县级非物质文化遗产代表性项目（国画）传承人。国画作品获县级、市级、省级绘画大奖。

张锦，1974年6月16日出生，西吉县新营乡人，县级非物质文化遗产代表性项目（手工编织）传承人。

马永万，1978年4月出生，西吉县新营乡玉皇沟村人，县级非物质文化遗产代表性项目（花儿）传承人。

袁廷成，1966年3月4日出生，西吉县吉强镇夏大路村人，县级非物质文化遗产代表性项目（花儿）传承人。荣获西吉青年电视大奖赛三等奖，西吉花儿大赛二等奖，固原市花儿漫六盘大赛三等奖，两次荣获中国西部花儿大赛铜奖、优秀奖。2014年参加拍摄中央电视台乡愁专题片，参加"百年震湖""苍天一滴泪"大型晚会演出。

刘五虎，1976年4月6日出生，西吉将台堡镇人，县级非物质文化遗产代表性项目（泥塑）传承人。2021年参加宁夏休闲农业创意大赛，作品《献福献寿》荣获银奖。

张雨辰，2003年6月出生，宁夏西吉县人，县级非物质文化遗产代表性项目（花儿）传承人。就读于西南民族大学音乐学院，唱法多为传统花儿与现代声乐技巧唱法相结合。师从自治区级传承人李凤莲老师。2018年荣获韩国国家钢琴大赛三等奖，全国钢琴大赛"言子杯"三等奖。

谢玉弟，1979年6月4日出生，西吉县马莲乡人，县级非物质文化遗产代表性项目（剪纸）传承人。

高冰琴，1971年5月出生，西吉县吉强镇人，县级非物质文化遗产代表性项目（武术）传承人。2017年全国邀请赛（贺兰）个人赛银牌，2017年全国邀请赛（贺兰）集体赛金牌。2018年西吉县首届武术馆校邀请赛暨首届空翻王挑战赛中优秀教练。2021年线上气功比赛三等奖。

张满祥，出生于1966年4月，县级非物质文化遗产代表性项目（民间书法）传承人。自幼喜欢书画，书学二王，2010年9月作品入展"神宁杯"第三届"塞上清风"作品展，2010年11月获"和谐宁夏光彩事业。书法美术摄影作品展"优秀奖，2011年7月作品入展首届"六盘山杯"中国书法之乡书法作品集。

王文科，1981年出生于宁夏西吉县，县级非物质文化遗产代表性项目（草编、泥塑）传承人。2014年9月在中国艺术品博览会获创新奖。2017年成立了辰阳泥塑工作室，受邀参加了"匠心铸梦·运河传承非遗展"，同年泥塑作品《负荆请罪》在国际通用航空博览会获设计奖、运河文化传承奖，他被授予北京传统泥塑技艺优秀教师称号。2018年创办了北京辰阳文科文化传媒有限公司，同年泥塑作品《手足情》获优秀奖。2019年注册"泥人王"商标。2020年经国家知识产权局批准颁发"泥人王"证书，开展非遗文化技艺交流与传授，设计制作过多个纪念馆、博物馆等雕塑场景，并在行业内荣获多个奖项，同年被授予北京传统文化艺术行旅项目"故宫以东"文化主理人。2021年8月草编作品《母爱》《四大神兽》分别获得"工美杯"银奖和铜奖。

杨德裕，1962年11月30出生，西吉县新营乡蒿子湾村人，县级非物质文化遗产代表性项目（唢呐）传承人。

蒙焕斌，1953年6月生，宁夏西吉县震湖乡人。西吉县原文化局副主任科员、中学一级教师、政工师。县级非物质文化遗产代表性项目（民间祭祀）传承人。编辑出版诗集《蒺藜草》《西吉五十年》，编辑《西吉县文化志》《西吉县文物志》，辑撰《宁夏通志（西吉卷）》，《西吉文史（第三辑）》，主创绘制《红军长征会师60周年》《西吉建县六十周年》大型展览。主创大型花儿歌舞剧《走出黄土地》、固原建市文艺会演、西吉建县六十周年文艺晚会《走进新时代》、西北五省文艺大联演等文学台本。搜集整理陇原民间民俗祭祀礼仪唱辞及祭文，与朱进国合编民俗丛书。主纂民间族谱10多家，撰写各类碑文20多篇，主持民间隆重祀典160多次。获首届自治区级"书香之家"荣誉称号，获全国老年书画大赛二等奖。

程浩光，宁夏西吉县人。毕业于西北民族大学，县级非物质文化遗产代表性项目（泥哇呜）传承人。8岁开始跟随师父学习制作和演奏泥哇呜。2016年开始深入对泥哇呜进行研究，在手工的基础上加入现代手法，提高了制作速度。针对泥哇呜的腔体加以研究，提出黄金分割率做法，使其更为美观标准。研究烧制窑变，做出了独一无二的泥哇呜。2017年创办卧鱼埫演奏制作工作室，从事泥哇呜制作工艺技术的研发及生产管理工作，期间不断更新专业技术，注重提升自身专业修养及管理能力，夯实基础。同时努力钻研泥哇呜烧制传统工艺技术，具备专业技术制作能力和指导能力，完成泥哇呜制作的每一道工序。出于对泥哇呜烧制技艺的热爱与渴望，经多年努力及成百上千次的反复试验，成功烧制出个人泥哇呜代表作品——窑变埙。受广大藏友热爱并收藏，2018年开始在各大网络平台上大量宣传和教学，让更多人了解泥哇呜。被网友评为网络教学优质传承者。2019年参加高古之音演出，同时中国新闻播报网采访并发表《玩泥巴的西吉大学生》报道。目前致力于新产品的研发。

马淑华，1970年7月出生，宁夏西吉县偏城乡人。1992年7月毕业于宁夏大学美术系，后进修于陕西师范大学美术系，县级非物质文化遗产代表性项目（布贴画）传承人，宁夏民间文艺家协会会员。作品有一种极有渗透力的聚合着的张力气场，隔着老远都能进入观赏者内心，真切感受到来源于传统乡土生活。《回家》《赶集》两幅作品已被瑞士朋友收藏，至今多次获得布贴画大赛一等奖。其中《夜耕图》和《赶集》两幅布贴画2021年入选中职学生教材《美术鉴赏与实践》。2020年10月为保护非遗布贴画在木兰书院成立了马淑华非遗布贴画工作室，多次组织非遗进校园进乡村活动。在六盘文艺、宁夏蒲公英教育、书院谈艺等平台专栏发表。

汪雪莲，1974年出生，宁夏吴忠市人，县级非物质文化遗产代表性项目（玻璃画）传承人，宁夏民间文艺家协会会员，农工党宁夏书画院特聘画家。汪雪莲玻璃镜画的艺术特点表现在：题材喜庆，内涵丰富，多选取当地群众喜闻乐见的山水、花鸟等进行创作，表达了人们对平安、幸福等美好生活的向往；工艺精细，色彩明快，采用工笔画技法在玻璃背面勾线，手指晕染色彩，对手的控制力和敏感度要求很高。参加2020年宁夏黄河流域非遗作品创意大赛，2018年、2019年、2020年、2021年非遗宣传日活动。其作品《绿水青山就是金山银山》入展"最美小康路——2020年中国西部民间工艺主题创作展"，作品刊登于中国艺术报第2368期，作品集刊载于银川晚报官方文化微信平台1027期。

尹德智，1952年8月生，西吉县将台堡镇人。县级非物质文化遗产代表性项目（脸谱）传承人。西吉县原文工团团长、二级演员。曾荣获国家级奖项一项、省部级奖项九项。搜集整理戏剧脸谱900多张，主创大型花儿歌舞剧《花儿四季》《送粮路上》《走出黄土地》《永远丰碑》《大移民》并都担任主要角色。在固原建市文艺会演和西吉建县六十周年文艺晚会中担任总导演。

樊智义，中共党员，1949年10月出生，宁夏西吉县人。县级非物质文化遗产代表性项目（牧羊鞭）传承人，一级演员。固原市政协委员。曾任固原市舞蹈协会副主席，固原市学科带头人，固原市首届道德楷模。中国魔术家协会会员，宁夏舞蹈家协会、戏剧家协会理事，全区离退休干部党组织和党员创先争优优秀离退休干部党员。

樊平义，中共党员，1966年3月出生，宁夏西吉县人，二级演员，县级非物质文化遗产代表性项目（民间社火）传承人，中国舞蹈家协会会员、宁夏舞蹈家协会会员。固原市舞蹈家协会会员。曾任西吉县舞蹈家协会主席，担任西吉县政协第七、八、九届政协委员，西吉县原文工团团长、西吉县文化馆党支部书记。多次参加国家、区、市、县各种调（会）演，并获多个奖项。

孙汉忠，中共党员，1968年12月生于宁夏西吉，毕业于陕西省咸阳市戏曲学校，国家二级演员，县级非物质文化遗产项目（秦腔）代表性传承人。演出剧目有：《铡美案》《秦香莲后传》《哑女告状》等。曾先后荣获固原市首届秦腔大赛铜奖、中华人民共和国第七届、第八届、第十届少数民族传统体育运动会一等奖。

李金山，西吉县新营乡人，1956年1月出生，中学教师，县级非物质文化遗产代表性项目（秦腔）传承人。创办了固原市金山秦艺社、宁夏李氏皮影演艺有限公司、宁夏金萍梅演艺（集团）有限公司，修建了多功能影剧院、戏剧人生馆、民俗生存体验馆，已收藏民俗藏品2800余件。现有自编剧目6本；改编历史剧3本5折；2018年荣获第七届全国服务基层服务农村先进文化单位称号。2020年荣获宁夏回族自治区演艺公司优秀企业推荐一等奖。2021年荣获宁夏回族自治区优秀农民文化大院，并入选文化和旅游部2021年乡村文化和旅游能人支持项目。

董淑琴，1964年10月出生，西吉县新营乡人，县级非物质文化遗产代表性项目（酿醋）传承人。

张虎胜，1978年10月出生，西吉县田坪乡人，县级非物质文化遗产代表性项目（民间社火）传承人。

缑左忠，1959年9月出生，新营乡石岘村人，县级非物质文化遗产代表性项目（唢呐）传承人。

刘锐钢，西吉县马建乡同化村人，县级非物质文化遗产代表性项目（手工打铁）传承人。靠打铁为生，自幼跟着爷爷打铁，主要以农业工具为主，如锄头、镰刀、剪子等。

马付清，1975年3月出生，西吉县火石寨乡人，县级非物质文化遗产项目（砖雕）传承人。2017年，参加青海省临夏青韵砖雕文化传承手工技艺大赛。

王仁，1965年2月出生，西吉县马建乡台子村人，县级非物质文化遗产代表性项目（民间戏剧）传承人。2015年参加非遗社火大赛获得三等奖。

赵继民，1968年7月出生，西吉县吉强镇人，县级非物质文化遗产代表性项目（手工编织）传承人。多次参与政府组织的文旅展销会。

石菊瑞，1968年5月出生，县级非物质文化遗产代表性项目（剪纸）传承人，原文工团演职人员。

任晓辉，西吉县硝河乡人，县级非物质文化遗产代表性项目（木板年画）传承人。

张天宇，西吉县新营乡黑城河人，县级非物质文化遗产代表性项目（花儿）传承人，多次参与舞台演出，演唱风格较为原生态。

韩鹏，西吉县吉强镇人，县级非物质文化遗产代表性项目（民间故事）传承人。

王炳忠，西吉县将台堡人，县级非物质文化遗产代表性项目（民间故事）传承人，原文化站工作人员，多次做文化资料征集工作。

李柱，西吉县新营乡人，县级非物质文化遗产代表性项目（民间文学）传承人，多年游走于乡间，被评为宁夏有名的民间说书家。

李振甲，西吉县田坪乡人，县级非物质文化遗产代表性项目（民间故事）传承人。

胡启超，西吉县红耀乡关儿岔村人，县级非物质文化遗产代表性项目（石贴画）传承人。

柯福宝，西吉县火石寨大庄村人，县级非物质文化遗产代表性项目（花儿）传承人，曾荣获全县花儿大赛二等奖。

王少飞，西吉县平峰镇人，县级非物质文化遗产代表性项目（民间泥塑）传承人。

苏永花，西吉县什字乡人，县级非物质文化遗产代表性项目（刺绣）传承人。

金占有，西吉县马莲乡人，县级非物质文化遗产代表性项目（民间版画）传承人。

李耀升，西吉县震湖乡王坪村人。县级非物质文化遗产代表性项目（民间书法）传承人，多次参与全国性书法展并获奖。

张善奎，西吉县新营乡白城村人，县级非物质文化遗产代表性项目（地摊戏）传承人。

张守成，西吉县将台堡镇人，县级非物质文化遗产代表性项目（皮影戏）传承人。

陈建华，西吉县平峰镇人，县级非物质文化遗产代表性项目（掌萝）传承人。

第四章

非遗论述

西吉非遗保护传承工作纪实

周彦虎

西吉县位于六盘山西麓，沿葫芦河溯渭水之源，寻探古三滴水之遗址，访战国秦长城、凿火石寨石窟群，这块厚土演绎出无数的历史传说。古丝绸之路必经西吉驿站，多种文化相互交融，形成了丰富多彩的多元文化。中国工农红军三次途经并驻扎西吉，在平峰梁、将台堡、单家集留下了胜利会师的革命足迹。悠久的历史和灿烂的古代文明，为子孙后代留下了极其丰富的文化遗产。

西吉县素有"文化先进县""马铃薯之乡""西芹之乡""中国首个文学之乡"等诸多荣誉。西吉县非物质文化遗产保护工程于2005年启动，截至2022年，已申报入选国家、区（省）、市、县级非遗传承项目16个，传承人127人。建成非遗展室1间，整理非遗图书1套，录制非遗数字化专题片10集。

2017年，西吉文化馆对全县范围内濒危的非物质文化遗产进行了普查、挖掘、抢救和整理，一批具有代表性的传承项目、传承人得到了有效保护和扶持，非遗保护工作初见成效，代表性传承人（基地）资料档案齐全，图片、视频资料完整，实物征集逐年增加，已建成"县非遗中心展室""将台堡非遗展室"和龙王坝非遗馆，均免费对外开放。

为了有效保护非物质文化遗产，繁荣皮影戏艺术，近年来承担非物质文化遗产保护工程的文化馆工作人员对新营乡、震湖乡、平峰镇、将台堡镇、王民乡等乡镇的皮影队及民间皮影艺人进行摸底调查，发现各乡仅有的皮影队普遍存在着设施老化、陈旧、表演人才流失严重等问题，针对存在的问题，文化部门采取为皮影戏班挂牌、配备设备、给予经费扶持等措施，对流散于民间的皮影进行征集、收藏，拟举办全县皮影戏调演和申报命名西吉县皮影戏班的生存状态，让更多的人了解关注皮影戏，重视和保护皮影艺术，使西吉县皮影艺术得到有效地传承和保护。

2017年5月，西吉县市级传承人14人到固原参与了非遗培训工作，6月举办了少儿绘画剪纸艺术作品展。7月，张淑芳、李银德、马彦莲参加固原剪纸创意大赛，其中马彦莲获得银剪奖，张淑芳、李银德获得铜剪奖。9月，非遗中心办公室组织举办了非遗传承人培训，邀请区市知名专家进行剪纸、石贴画培训，地点在吉强镇大滩文化大院举办，有80多名爱好者参与。11月，区级传承人张淑芳在红色的将台堡镇举办了剪纸培训班，40多人参加了培训。2017年度，非遗中心主任刘成才获得区文化厅表彰的非遗传承人先进个人称号。2017年，认定袁廷成等40人为县级非遗传承人。10月，安排市级传承人李淑霞、马彦莲、胥劲军、王汉军一行到山西参观交流学习非遗工作。

近年来，李凤莲老师先后为当地培养出了一批又一批花儿传唱能手，获得区级传承人的马少云，县文工团二级演员李淑霞、吕璨，小学教师张丽霞，幼儿教师刘佳宁、固原市群艺馆的二级演员徐爱琴等花儿歌手都是她的学生。

自治区级剪纸传承人张淑芳，她从小热爱剪纸艺术，她的家乡逢年过节家家户户兴贴窗花，用来美化居住环境，营造节日气氛，从那时候起，她就和姐妹们一起拿起剪刀学剪十二生肖的技艺，花鸟虫鱼、家禽家畜在她们的剪刀下栩栩如生，跃然纸上。20世纪80年代始，她的剪纸艺术已在当地小有名气。在20多年的传统剪纸生涯中，她始终勤耕不辍，为继承和弘扬剪纸艺术，不断吸取和借鉴别人的长处，创作了一大批优秀作品，她的剪纸作品多次在《宁夏日报》《固原日报》上刊登。近年来，她多次应邀举办剪纸培训班，培训学员400多人。

在自治区先后两次公布的全区非物质文化遗产代表性传承项目和传承人中，西吉县先后共有9人获得此项殊荣，西吉县文化馆作为项目保护责任单位，每年召开传承人技艺交流会，进行面对面现场演示交流，同时协助相关单位进行人员培训，让更多的非遗爱好者了解非遗、学习非遗、掌握非遗保护技能。文化馆专业干部不定期上门拜访传承人，了解传承人的生活、传承、创作动态等情况，并向他们送去政府和主管部门的关怀，确保西吉县代表性传承项目顺利进行并得到有效保护。

2018年9月，非遗中心办公室组织举办了非遗传承人培训，邀请区市知名专家进行培训，在吉强镇大滩文化大院举办留守妇女培训班，有80多名群众参加学习。

自治区级花儿传承人李凤莲深入西吉中小学对200多名喜爱歌唱的中小学生进行花儿演唱、试场与花儿知识的培训，培训时间长达一个月。利用广场舞演出之际，县文化馆专门组织全县花儿爱好者进行花儿的普及，传承演唱专场，向全县广大人民群众展示了西吉县花儿歌手的精彩表演，深受群众的喜爱和欢迎。

西吉文化馆根据工作需要，联合西吉中学、西吉四小、实验中学、马建中学、兴隆中学、将台小学等中小学校行"戏曲进校园"，利用这个大好时机，李凤莲、张天玉、袁廷成等花儿选手，对上述学校的青少年进行花儿表演培训，同时深入课堂，传授花儿理论知识。

西吉文化馆学习了党的十九大精神和区、市、县有关振兴文化、保护非遗传承的精神，在力所能及的范围内，传承非遗文化，弘扬优秀传统文化。文广局和文化馆创作了反映西吉县民族风情及民族团结的剪纸作品8幅，自创作品9幅，送区上参展。参加区、市（区文联、群艺馆）举办的非遗传承人培训班和剪纸大赛，荣获两次三等奖。参加自治区非遗传承中心组织的一个月的南京旅游职业技术学院非遗传承人业务学习，受益匪浅，收获良多。考察临夏非遗传承基地，在将台堡镇举办剪纸艺术培训班一期。2018年11月，应邀参加了宁夏塞上工匠的作品展览会。

在西吉县人民医院的大力支持下，自治区级春官词传承人王汉军抽调全院各科室共160多人组建了社火队。每年正月初九、正月十一在县城卫生系统和各有关部门单位拜年演出，受到广大群众的高度关注和赞扬。精彩的舞蹈、搞笑的小品、顺口悦耳的快板、喜闻乐见的秦腔等节目异彩纷呈，迎得了观众的阵阵掌声，受到了群众的好评。

国家级砖雕传承人马风章，2017年8月参加全国砖雕技艺大赛和创新峰会，作品《孔雀戏牡丹》受到一致好评，并荣获特邀作品奖，颁发了荣誉证书，三名徒弟也荣获优秀参赛选手荣誉奖。通过招收学徒这一过程，让更多喜欢砖雕的人接触、研究这门艺术。

马兰刺绣非遗传承基地，2013年3月5日入驻西吉县吉德慈善园区5号，为扩大培训规模，公司规划建设刺绣示范基地项目，规划总占地面积14160平方米，建筑面积14000.7平方米，2018年10月建成营业。公司为加大培训力度，提高培训质量和服务水平，挂牌成立西吉县蓝天民族刺绣培训中心。为引领农村妇女更好地创业就业，还挂牌成立了西吉县农村妇女创业发展协会，协会成立党支部，常年开展党的路线、方针、政策宣传，发挥党的基层战斗堡垒作用。2017年实现销售额689万元，利润175万元；

现有员工223人，专业技术人员27人，培训老师87人。已经免费举办培训班227期，培训学员13397人次；培训残疾学员两期，学员45名。2017年向西吉、隆德、同心的精准扶贫建档立卡户举办培训班共16期，每期学员40人至50人，共培训学员606人次，培训残疾人135人次。其中熟练掌握技能的妇女达205人，每月可创收2800—3000元；中等掌握技能的妇女达364人，每月可创收1500—2000元；偏低等掌握技能的妇女达172人，每月可创收500—1500元，平均收入2200元，回收她们制作的各类产品9370件，支付资金98.36万元，带动千余名农村妇女就业。炕头经济，形成产、供、销一体化服务模式，使手工艺制品成为西吉县乃至周边地区贫穷农村妇女增收致富的主要产业。2018年初至今举办培训班27期，培训学员1354人。

2019年10月10日，为了推广非遗文化，传承刺绣技艺，增加非遗征收渠道，西吉县文化馆领导带领非遗工作人员，参加了在西吉县吉强镇大滩村妇女促进会文化大院举办的"固原市非物质文化遗产项目刺绣传承人"培训班。此次培训班由固原市文化旅游广电局主办，固原市群众艺术馆、固原市非物质文化遗产保护中心承办，委托西吉县妇女促进会举办。此次培训班有来自全县各乡、镇刺绣爱好者及学员共50多名，由西吉县市级刺绣非遗传承人施满义负责，聘请专业技师精心指导。通过理论手把手操作示范相结合、一对一辅导，对刺绣工艺的技巧、刺绣图案绘画和选择以及色彩的搭配等，进行现场培训。宣传保护和传承民族文化，培养更多非物质文化遗产项目刺绣项目传承人。

为进一步充实西吉县非物质文化遗产的内容，挖掘刺绣非遗传承人，西吉县文化馆员工参观学习了众多刺绣匠人的技艺和针法，并拍摄和整理了相关学习材料和影像资料。

6月13日，全国"文化和自然遗产日"当天，由县文化旅游广电局主办，县文化馆承办，县博物馆、图书馆、将台堡红军长征会师纪念园、红军寨协办的西吉县2020年"文化和自然遗产日"宣传展示活动在将台堡游客中心广场举行。活动围绕"非遗传承，健康生活"主题，现场进行了非遗展演、作品展览、技艺展示、非遗购物节、宣传咨询等多项活动。县文旅系统多部门齐动、宣传展示与推介营销联动、"线上线下"互动，演非遗、展非遗、讲非遗、看非遗、买非遗，营造了全民参与文化遗产发展保护的良好氛围。活动中，由"文艺轻骑兵"带来的精彩演出和西吉县部分非遗传承人现场演唱的"花儿"和即兴"春官词",赢得了现场观众的阵阵掌声。文化工作人员现场还发放了非遗文化宣传资料与礼品,非遗传承人现场展览和演示了各类琳琅满目的非遗作品。

本次"文化和自然遗产日"宣传展示活动宣传普及了非遗文化,进一步增强了文化自信,有效宣传了健康生活理念,让传统"活"造福大众。县文化系统通过常态化开展"非遗进校园、进社区、进景区"等活动,进一步诠释优秀传统文化的魅力,努力把优秀传统文化潜移默化地融入广大群众生活之中。活动最后,非遗传承人代表和"三区"人才文化志愿者参观了将台堡游客中心和红军长征会师纪念园,通过重走长征路,让广大群众从不同角度感受红色文化,更广泛地认识非遗文化。

自治区文化和旅游厅于2020年5月29日至31日在中卫沙坡头旅游景区举办"非遗进万家 文旅展风采——2020年宁夏黄河流域非遗作品创意大赛",西吉县文化馆推荐9名优秀非遗传承人参加比赛。比赛现场进行了扎染织绣、雕刻雕塑、刻绘剪贴、陶冶烧造、乐器制作五个门类的比赛,自治区文化和旅游厅抽取各非遗专家库中的专家评委,本着公开、公平、公正的原则,从作品的政治性、艺术性、创新性、实用性等方面进行严格评分。经过评委逐一评审,参考群众网络点评意见,评委组集体讨论合议,最后,西吉县推荐的国家级非遗传承人马凤章的砖雕荣获全区二等奖,区级非遗传承人施满义的刺绣、郭辉的木雕荣获全区三等奖,区级非遗传承人张淑芳的剪纸、市级非遗传承人谢强军的木雕荣获全区优秀奖。

2021年4月12日,西吉县非遗(剪纸)培训班在宁夏莆田文化创意产业园开班,县文化馆负责人、非遗中心工作人员及60多名学员参加了开班仪式。此次培训班特聘请区、市级剪纸传承人授课。一把剪刀、一张艳丽的红纸、一双巧手上下飞舞,来自甘肃庆阳的非遗(剪纸)传承人张荣娟面带笑容,系统讲授了剪纸艺术历史、特征、风格、创作方法及剪纸基本技巧、各类图案的剪法,并展示了自己的作品。张荣娟从折纸、裁纸等基础技巧,从五角星到对称图案,由易到难、由简到繁,耐心细致地讲解,手把手地传授剪纸技巧,耐心指导,带着学员们一同走进剪纸艺术的创作。此次培训,学员们连续七天学习剪纸艺术,并用所学独立完成一幅作品,不仅让学员们开阔了眼界、拓展了创作思路、提升了技艺水平,也对西吉县剪纸文化起到了传承和推动作用。

2021年是中国共产党成立100周年,是"十四五"开局之年,也是开启全面建设社会主义现代化国家第二个百年奋斗目标新征程的重要一年。西吉县文化馆在县委、县政府及文广局的正确领导和关心支持下，以习近平新时代中国特色社会主义思想为指导，增强"四个意识"、坚定"四个自信"、做到"两个维护"，大力开展全民艺术普及，积极组织文艺骨干及非遗工作，以传承保护为重点，非物质文化遗产保护工作再上新台阶。

西吉县文化馆申报的春官词（六盘山区春官送福）被文化和旅游部认定为第五批国家级非物质文化遗产代表性项目名录，根据工作实际，文化馆指派专业技术人员深入农村挖掘整理春官词200多条，推进春官词数字化，收集整理、录制春官词、专题片1集、视频100多分钟，推出了具有地方特色的春官词表演，受到了广大群众的好评。

西吉县春官词特色最为突出、传播最为广泛，主要分布于西吉县吉强镇、新营乡、震湖乡、马建乡、田坪乡、红耀乡、平峰镇、将台堡镇、火石寨乡等乡镇。改革开放以来，随着社会主义文化大繁荣，春官词的分布区域也在不断拓展，内容更加丰富多彩，近十多年来，西吉县吉强镇龙王坝村、苟庄村、套子湾村，新营乡陈阳川村，震湖乡震湖村、党家岔村，红耀乡红耀村，马建乡马建村、周吴村、台子村等乡村的春官词创作传承就很受群众欢迎，得到了社会各界的认同。文化馆现已挖掘古老的春官词2000多条，在当地流传较广的传统段子有《三元堂》《五福堂》《十全堂》《十二唱春》《十盏灯》《十杯酒》等，是我国源远流长的农耕文化的活化石。

西吉春官词近十多年已初步形成规模，现有省（区）级、市（地）级、县级和未获得级别的春官词爱好者150多人，其中省（区）级传承人两名，市级传承人1名，县级传承人13名。

在"非遗进万家 文旅展风采——2021年宁夏黄河流域非遗作品创意大赛暨'两晒一促'优品大赛""宁夏黄河流域非遗美食大赛""宁夏黄河流域非遗讲解大赛""宁夏黄河流域非遗保护实践成果征集活动""庆祝建党100周年区、市相关大赛"活动中，西吉文化馆选送了砖雕、刺绣、木雕、剪纸、泥塑等非物质文化遗产代表性项目参加，其中马凤章创作的砖雕获得二等奖，施满义创作的刺绣获得三等奖，谢强军的木雕、张淑芳的剪纸、汪雪莲的玻璃画、马覆平的砖雕、王文科的泥塑作品获得优秀奖。在自治区农业农村厅、文化和旅游厅联合组织举办的2021年宁夏休闲农业创意精品大赛中，经线上网络投票、专家评审，西吉县李银德的非遗剪纸《众志成城抗疫情》获金奖，焦建鹏的宁夏固原市休闲和乡村旅游精品景点龙王坝旅游规划获得金奖。获得银奖的有刘五虎的泥塑《献福献寿》、施满义的刺绣《中国马铃薯之乡》、李银德的剪纸《中国梦》。获得优秀奖的有：王文科的草编《奋斗的小白》、李银德的剪纸《花开富贵》《脱贫致富》、谢强军的木雕《多子多福》。

西吉县2021年"文化和自然遗产日"非遗系列宣传展示活动，现场展示了各类非遗作品，有砖雕、春官、木雕、剪纸、刺绣、编织、泥塑等10多个项目，非遗传承人还表演了唢呐、武术、民歌、太极拳、春官、花儿等精彩节目，赢得了现场观众的阵阵掌声，同时还发放了非遗文化宣传资料和非遗宣传品2000多份，为全县人民群众呈现了一场别样的文化遗产盛会。为全面展现西吉县乡村振兴的信心和决心，加强对非物质文化遗产技艺的传承和保护，提升西吉特色工艺品技能，满足群众文化需求，分别举办了非遗项目"剪纸""木雕""刺绣"三期培训班。提升了传承项目的技艺水平，推动西吉县传承非遗文化。

为大力弘扬中华优秀传统文化，加强文化宣传工作，创新传统文化的载体和形式，宣传好西吉、展示好西吉，讲好西吉故事，努力营造西吉良好的文化氛围，全面助推乡村振兴，西吉文化馆正在收集整理编辑《红色圣地·多彩西吉》系列丛书《文化西吉》《非遗西吉》。为增强非物质文化遗产保护意识，切实提升非物质文化遗产系统性保护水平，大力弘扬西吉县优秀的民族民间文化传统，切实保护好、传承好西吉县非物质文化遗产保护，加大非遗保护传承专业队伍建设，西吉文化馆编辑整理《西吉非遗概述》书籍。

近些年，西吉县文化馆馆长、西吉县非遗保护中心主任刘成才率领文化馆非遗工作人员，奔波田野，盘坐炕头，走访群众，积累了大量的非遗资料，从2000年起，先后在《宁夏日报》《固原日报》《葫芦河》等报纸杂志发表关于研讨民间故事的多篇文章，其中红色故事《夜宿单家集》《红粉的故事》等先后被央视采访报道。2003年担任《今日西吉》主编，特辟专栏"西吉民间故事"，受到广大读者的好评和学术界的高度关注。2012年11月，出版了章回体中篇小说《红军连》。2019年由陕西省委宣传部推荐至中宣部，改编成广播剧在"学习强国"学习平台推出。2016年8月出版了由刘成才和周彦虎主编的西吉文化史《走进西吉》一书，对于西吉文化的发展和研究提供了教科书式的理论依据，对于宣传推广西吉文化起到了积极作用。从2018年开始，他多次被央视、新华网及区内外多家媒体多个栏目采访报道，他的红色故事也讲到了全国各地。一分耕耘一分收获：刘成才2017年被自治区评为全区非物质文化保护先进工作者，

2019年6月江西于都县政协邀请参加"长征文化专家研讨会",2019年5月被于都长征学院聘为客座教授,2020年参加自治区文化和旅游厅举办的2020年宁夏非遗保护工作暨三区人才计划培训班,2020年被县委宣传部、文联评为2019年度文学特别贡献奖。

穿越千年时光,传承非遗文化,厚植乡土情怀,西吉文化馆将多渠道、多形式、多举措、常态化对非遗项目进行深入研究和挖掘,有针对性地制定保护措施,培养好非遗项目的后继者和接班人,让非遗技艺世代传承,让非遗文化活起来,促进西吉经济发展,推动城乡文化综合实力的提高,再出新彩。

六盘山区春官送福的研究综述

胥劲军

六盘山区春官送福被国务院列为第五批国家级非遗项目名录，是西吉县第一个国家级非遗项目。六盘山区长期受到多元文化影响，交融孕育出了许多人类优秀的文化遗产。六盘山区春官送福以农耕文化为核心，是农耕文化的"活化石"，以游牧文化、移民文化、边塞文化等多元文化影响而形成的地域文化为主要内容，涵盖多种表达形式及个性构成，对其研究呈现深入化、系统化、精细化，突出原生性、地域性与传承性等特征。

六盘山，古称陇山，主峰在宁夏固原市境内，海拔2928米，南北狭长，横贯陕甘宁三省区，是渭河与泾河的分水岭，黄河水系的清水河、葫芦河均发源于此。陇山以东称陇东，以西称陇西，是以陇山为地理分界线形成的两个自然区域，同时，又是陇东农耕文明和陇西游牧文化为各自主要特征的文化分水岭。

125处古人类遗址证明，早在四五千年前，六盘山区就有原始人群傍依葫芦河、清水河、泾河等河谷地带繁衍生息。月亮山西南麓的三滴水新石器时代文化遗址、马莲河沿岸的秦长城遗址、众多的汉墓群等，都印证了这块黄土地上悠久的历史和灿烂辉煌的文明。这里是古丝绸之路东段北道必经之地，明代九边重镇之一，文化遗存具有"古""贵""多"的特点。农耕文化、游牧文化和悠久的中原文化长期交融和相互影响，孕育出了六盘山区丰富多彩、璀璨夺目的民间民俗文化瑰宝。由古代"春官劝农"演变而来的"六盘山区春官送福"国家级非物质文化遗产代表性项目更是独树一帜，很好地保留了其淳朴、纯粹的原生状态，这是先民们经过长期的历史实践创造出的精神财富，也是留给后人的宝贵文化遗产。

由此可知，六盘山区春官送福是以其清晰的地理分界线为中心，以涵盖的区域范围为界限。它不是单纯地自然形成的地理单元之上的文化称量，而是凝聚和吸收了该地区悠久的历史积淀、厚重的文化底蕴和突出的地理特征等因素共同形成的地域性强、个性更突出的历史文化体系。特殊的地理位置、多民族不断融合的良性循环、农耕文明的传统生产方式，多种文化在这块黄土地上相互碰撞、交相辉映，生生不息创造出了许多灿烂的人类文明。

六盘山区春官送福的文化特质

以陇山为地理分界线的狭小地域是历史上农耕文化与游牧文化强烈伸缩进退的交错地带，从而形成了该地区鲜明的亦农亦牧的文化特征。六盘山区春官送福，它是流行于宁夏六盘山区的一种古老而富有地域特色的古老民俗文化，主要分布在固原市的六盘山区和甘肃陇东一部分地区。六盘山区春官送福民间俗称"喝仪程"，是传统社火在开场、转庄、巡演时特有的表现形式，也是六盘山区社火活动中不可或缺的一个主要角色。流行于这个地区的六盘山区春官送福既很好延续和保留了传统春官"送春""祝福"的古老习俗，又创造性地拓展了"业务范围"：驱瘟除邪。每逢春节期间，春官挥动羽扇，挂起披风，头戴风帽率领社火队伍浩浩荡荡转村游乡巡演，不亦乐乎！

（一）保留了朝廷春官"劝农"的基本特性

春官何许人也？史料记载可查。春官，古官名，颛顼氏时五官之一，为木正。（见贾公彦《〈周礼正义〉序》引《左传·昭公十七年》汉服虔注。）《史记集解》引应劭曰："黄帝受命，有云瑞，故以云纪事也。春官为表云，夏官为缙云，秋官为白云，冬官为黑云，中官为黄云。"在《周礼》中，春官宗伯管祭祀礼乐，夏官司马管行政军事，秋官司寇管刑法禁令，冬官司空管工程建设。这种以云为公职是早期黄帝部落内部由各部落首领分别担任的职务，到后来黄帝成为部落联盟首领之后，由各部落首领分别担任的部落联盟公职则称为"当时"（天官）、"禀者"（地官）、"土师"（春官）、"司徒"（夏官）、"司马"（秋官）、"李"（冬官）。（《管子·五行》记）至唐、宋、明、清司天官属有春官正、夏官正等五官。（见《旧唐书·职官志二》《宋史·律历志》《明史·安然传》）明太祖于洪武十三年（1380年），依仿古制，设置了四辅官，称春、夏、秋、冬官，用以辅佐皇帝政务。春官、夏官各选三人，每月三旬轮流任事，秋官、冬官不专设，由春官、夏官兼任。历代春官的职责就是送"春贴"，教化民众积极接受学习有助于农业生产的历法和气象知识。

（二）传承了民间春官"唱春"的习俗

相传远古时期，人们还不知道按照节气播种庄稼，常常延误农时，有种无收，掌管天地的"三皇爷"和"五帝"十分着急，便骑着耕牛深入农村向农民积极传播气象知识，种田要紧紧把握节气不误农时。年年往复，岁岁如斯。慢慢由"春官劝农"形成了后来的"春官说春"，在甘肃礼县的许多地方普遍流传着这样的"说春"习俗。唐朝初年，朝廷重视农业生产，皇帝还专门封授了"春官"，指派他们下到农村给家家户户送"春帖"（后来的节气表）。"春官"们送春帖时也顺便说些吉祥话，长此以往，就慢慢兴起了"说春"之俗。农民看到"春官"风尘仆仆，远道而来送春帖，并顺口说些吉祥话，也就酬谢点钱财或送些粮食、茶叶等土特产。当时朝廷的"春官"很少，能涉足的地方自然是很有限的。一些口齿伶俐、能说会道的民间艺人看到了一点小商机就开始自动翻印春帖，慢慢代替了朝廷的专职春官。

（三）创造性赋予春官"驱瘟"的神性

六盘山区的春官更具特殊性。相传在商朝时期，瘟疫盛行，百姓苦不堪言。当时，在长安城内有一姓敖的马夫，外出牧马，来到一片青草地，忽然一阵风儿吹过，在他面前掉下了一把花雕玉扇，上书"仪程"二字。后来他无意间发现这把羽扇能解瘟驱疫，于是他手摇羽扇常穿行于坊间，道吉言，解民难，他足迹所至瘟疫尽除，大地一派生机盎然。每逢年节，百姓踊跃与其一道敲锣打鼓，云游民间驱瘟除邪。先王闻讯后，便封他为春官（俗称仪程官），后来传至民间，相沿成习。关于它的身世有春官词为证："仪程官儿本姓敖／身披锦衣大红袍／一把羽扇手中摇／专为人间把春报。"烙记在人们记忆深处的春官始终不改驱瘟除邪的初衷，执着地把春天的问候和祝福送给人们。

追根溯源，春官是历史上最早的"三农"工作者，这是从众多的历史记载和民间传说中得出的结论。流行于六盘山区的春官送福与全国诸多地区的春官活动从形式、特点和内容都有着本质的区别。六盘山区春官送福在以陇山为地理分界线的狭小区域内长期受自然、历史、文化、社会等多种因素的影响形成了地域性强、更加彰显个性的文化特质。它是多种文化融合的产物，它所包含的丰富文化内涵远远超出了春官的历史使命，对于研究六盘山区的历史文化提供了生动的活态资料。

六盘山区春官送福的核心内容

六盘山区春官送福是在自然地理环境、历史文化和人文社会等多种因素的共同作用下，在漫长的历史发展中逐渐形成的。以农耕文化为根本，长期受到边塞文化、游牧文化和移民文化等多种文化的碰撞、交融自然形成了内涵丰富的多元文化特征。

（一）促进了历法和气象知识的普及推广

历代春官的天职就是给农人送"春帖"，普及推广历法和气象知识，是历史上最早的"科技特派员"。西部边陲，地域偏僻，交通、信息、物流闭塞，加之战争频繁和社会变迁，有些年份民间干脆见不到官府的春官和历书，农耕生产全凭着物候经验进行，这就显得春官在这个地区尤为重要。春官一路风尘仆仆，远涉千山万水走村串户送"春帖"。在不辞劳苦传播、普及历法、气象知识的同时，春官看见笑逐颜开的农人们也就顺便说些吉祥话，长此以往，春官们便把本土山歌调融入进来编唱歌谣，更是广为当地民众所喜好。后来，春官们把二十四节气编成了《春官歌》：

正月立春天文合，节气相逢雨水多。
世上只有春富贵，春去春来百花开。

二月惊蛰百虫醒，春风暖意太阳红。
金犁插进软土里，人欢马叫忙春耕。

三月清明谷雨送，家家门前播籽种。
一籽落地生万籽，来年五谷又丰登。

四月立夏小满天，牛马耕地在田间。
庄稼不误勤苦人，来年定有好收成。

五月芒种夏至当，雄黄药酒过端阳。
家家门口插白艾，无灾无病人健康。

六月小暑大暑到，炎阳似火把人烤。

农夫下天苦收田，公子王孙把扇摇。

七月立秋处暑凉，新麦新面味道香。

务农虽苦也有乐，七十二行农为上。

八月白露与秋分，中秋月光亮如银。

瓜果喷香月饼甜，家家坐有赏月人。

九月寒露遇霜降，粮食酿酒满院香。

农人端起三杯酒，封我宰相也不当。

十月立冬小雪临，上山打柴汗涔涔。

孝敬老人过好冬，天凭日月人凭心。

戌月大雪接冬至，闪弹琵琶又诵诗。

耕读本是传家宝，喜看农家有才知。

腊月小寒与大寒，火盆童茶香又甜。

一年勤苦换舒坦，欢欢乐乐过新年。

以民众喜闻乐见的山歌形式进行送春活动，深受农人们喜爱并对于历法和气象知识的传播推广更为直接有效。随着历史的发展慢慢就演变成了流传至今的《二十四节气歌》。积极活跃在广大农村的春官对于促进农业发展，传播和科普历法气象知识都起到了推动作用。

（二）民间说唱艺术的典型代表

随着送"春贴"的范围不断扩大，春官"唱春"的传播方式更是深入人心，广为大众接受。民间春官大胆地把当地流行的陇山歌调融入春官歌，收到了很好的艺术效果，为六盘山区春官说唱艺术的发展奠定了基础。流行于六盘山区的陇山歌节奏明快，或高昂或悲情，其表现形式多运用赋比兴的手法，创作体裁较多，有劳动歌谣、历史歌谣、情歌谣、儿童歌谣等，其中，生活歌谣占量最多，具有很强的生命力。陇山歌有歌头，起歌引子的作用，在春官歌中广为应用。"说春官，道春官／春官送春到身边／一年四季春为头／大地回春歌满天／春官春歌唱不尽／保你今年交好运／碰见春官把礼敬／五谷丰登粮满囤。"随着各种文化的交融发展，以陇山歌为基调的春官歌吸收了很多新的元素和表现形式，受唐宋诗体文化濡染，结构、格式近似古风绝句，七言四句、合辙押韵，但形式不拘一格且骈体自由。灵活自如、朗朗上口，把大众化的语言、家常话糅合在方言中，经过艺术诗化处理常常收到很好的情境效果。"锣鼓阵阵催人魂／春官登台报新春／新年新春新气象／全县人民奔小康。"六盘山区春官送福是先民们从庄稼地收获的沉甸甸的果实，它是土地里长出的文化，它满身乡土，散发着黄土地浓郁的芳香。"农村交通很发达／洋芋变成金疙瘩／玉米棒子，荞麦面／出国也能赚美元。"淳朴厚重的乡土气息常常能收到雅俗共赏的艺术效果，它从田野里来，带着民间的喜庆讲述着春天的故事……

六盘山区春官送福是民间说唱文学的典型代表，用词犹以直白、家常话和方言语为主，语言精练、合辙押韵、诙谐逗趣并且说辞内容吉祥、喜庆或针砭时弊、劝善醒世、或褒扬风尚、讽喻鞭策而广为当地群众所喜闻乐道和口耳传唱。它没有文字版本，也没有固定的格式，它的灵感往往来自田间地头，随口呵成，它是民间欢快的劳动小调，也是一首充满生活情趣的山歌。

（三）充满军事思想的民俗表演艺术

把传统春官"唱春"和社火紧密结合，是六盘山区春官送福独特的表演形式。由于长期受到边塞文化的影响，自然融入了好多军事思想，常常表现在民间社火接迎活动中，这种别具一格的民俗活动在全国是不多见的。六盘山区春官送福以社火为载体，通过春官的艺术说唱，把美好的祝福传播到千家万户。"社火到门前／四季保平安／人口多发旺／富贵万年长。"六盘山区春官送福很早就已融入社火中，是社火的灵魂。在六盘山区民间社火就有转场互访巡演、礼尚往来的优良历史传统，春官俨然一位挥师千军的统帅，南征北战、东讨西伐，全凭口舌论英雄。六盘山区春官送福之所以有着广泛的群众基础，这与它特殊的表演、传播方式密不可分，六盘山区春官没有专设的表演场地，他率领社火队伍不分场合即兴随吟、边走边喝，与观众互动。这不，一群小孩子们追逐过来了，春官弯腰细瞅："这些娃娃不简单／个个长得五官端／快回学堂把书念／将来定中大状元。"家长们听到能不喝彩吗？抱着孩子的大嫂也挤进来了，"怀里抱着蛋蛋娃／好像画上画的花／你大你妈好造化／栋梁之材顶呱呱"讨了个满口彩好不喜欢！队伍在行进的路上一户人家映入眼帘，春官边将胡须思忖着："这个庄儿圆圆的／柴草垛得严严的／千军万马吃不了／不知银钱有多少。"妙语连珠，"这条大路长又长／旁边造了一面场／年年打得万担粮／祖辈儿孙状元郎。"循声望去，这个粮场还真不小！"汪、汪、汪"锣鼓吼声惊动了拴着的狼狗，"春官猛然把头回／这条狼狗喂得肥／要问狼狗你咬谁／不咬亲戚专咬贼。"春官的说词往往运用比喻、夸张的手法，把人和事物的特征描述的惟妙惟肖，能够一语中的，不断掀起笑声的波澜。

六盘山区传统社火的互访巡演不断丰富着春官词的内涵，同时，"百家争鸣"的新气象在切磋、交流中传统春官词的说辞内容也逐渐形成了一套完整的表演体系。社火互访巡演给这一活着的远古文化赋予了生命，激发出其创新发展、与时俱进的勃勃生机。

"年兄博学有识见／我把年兄盘一盘／何人大战在百团／何人会师井冈山？"对曰："年兄即问听我言／这个问题并不难／彭总大捷在百团／朱、毛会师井冈山。"一问一答，自然贴切。"年兄的历史学的通／再把年兄问一问／苏联发生了啥事情／日本首相是何人？"穷追不舍。"为弟本是中国人／反穿皮袄说仪程／扯的远了分了心／咱俩还是就地论英雄！"以守为攻的韬略让观众悬着的心落了个四平八稳，欢闹喝彩声此起彼伏，回味新鲜的仪程说辞好像春风拂面，使人耳目一新、余兴未尽。在西海固传统的社火活动中，双方唇枪舌剑、一决雌雄的场面中因言语不慎引起社事争端的"事件"也是常有的。"年兄的胡子黑又黑，赛过三国张翼德；三声喝断当阳桥，年兄的威名我知道。"听着言语不对头，"年兄的胡子黑又黑／就像三国刘玄德／借去荆州不思归／还在人前论是非。"看，真是针尖对麦芒！六盘山区春官词是群众语言的艺术升级版，它来源于生活，是地地道道的群众文化。你看，"左提笼子右拿锨／出了家门端朝南／十字路口左右瞅／哪里有粪哪里走"来了个生活大写真，"老骟匠，技术精／六畜兴旺你有功／双手劈开生死路／一刀割断是非根"抓住特点，描述人物活灵活现、栩栩如生。

六盘山区春官送福是一种地域特色浓厚的乡土文化艺术，它吸取古诗词及传统文化的给养，并受到秦腔唱腔和戏文的熏陶，不断丰富春官词的用词意境。"黑压压雾沉沉红灯两行／观年兄带人马来到我乡／上前去施一礼哈哈大笑／将亲戚比做了一乡同胞。"同时，在取材选题上，融入生产、生活中的思想、感悟，使它的情感更加饱满。"教育观念转变快／没有文化活受罪／宁可碗里没有菜／不能耽搁下一代。"表演中常常出现几乎"朗诵调"的说白味道，加之春官习惯在用词中时时加进"这个""那""呀"等虚词，使人觉得有一种亲切、亲近感，听着非常舒坦。传统社火仪程在长期的走场互访巡演实践中，喝仪程的腔调自然形成了一道独特的艺术风格，有"文腔"和"武腔"之别。文腔语调舒缓、抑扬顿挫近似舞台剧中须生角；武腔语速紧促、铿锵有力近乎舞台剧中花脸行当。传统春官词语调的戏剧舞台化更加提升了"乡巴佬"的艺术感染力，收到了耳目一新的视听效果。

六盘山区春官送福的历史意义和社会说教功能

六盘山区春官送福是六盘山区广大劳动人民的智慧结晶，它浓缩了这块黄土地上的人们历经沧海桑田的世事变迁，展现了六盘山区人民在漫长的历史发展过程中与命运、自然抗争，追求美好生活的历史画卷。"月亮爷，亮光光／长工回家看婆娘／炕上一摸冰凉凉／婆娘死的硬邦邦。"苦难的旧社会劳动人民身处水深火热之中，"梆郎鼓，嘣噔嘣／两面站的八路军／打倒日本保家乡／全国人民喜洋洋。"赶走了鬼子，人们难掩喜悦之情。"东方红，太阳升／中国出了毛泽东／他为人民谋幸福／他是人民大救星。"全国解放，群情振奋。"敲锣打鼓真热闹，革命形势无限好／三中全会召开了，改革开放大步跑。"人们的情绪又一次高涨。"中央政策实在好／给我农民交养老／发了折子领了钱／心里吃了定心丸。"党中央高瞻远瞩，举全党全国之力打赢了脱贫攻坚战。"国家主席有远见／打赢脱贫攻坚战／决胜小康不畏难／人民幸福是关键。"民生德政，群众从心眼里拥护。不同的历史时期，六盘山区的人民群众总能通过艺术表达方式唱出自己的理解、感悟，直抒胸臆、表达情感。

六盘山区春官送福红火、激情、热烈、温馨，它以积极向上、健康奋发的精神状态时刻燃烧、感染着广大民众的情绪，把观众的思想消融在这活着的远古文化的汩汩涓流中，流淌着亘古不变的执着情怀，是生活在这片土地上人们的难以释怀的牵挂和乡愁。当我们从中博取无尽欢乐陶醉的同时，也感同身受到它迸发出的社会说教功能潜移默化的穿透力。饱经风雨沧桑的六盘山区春官送福一路走来，踩着黄土地沉重的鼓点喝醒了一个又一个春天……"文化大革命"中几乎湮灭、绝迹了的传统社火仪程急亟待我们抢救、挖掘、保护和整理，让闪烁着六盘山区人民睿智、让源于天然流于自然的原生态六盘山区春官送福这一非物质文化遗产得以传承和发展并焕发出勃勃生机。

西吉民间故事概述

刘力群

西吉的民间文学种类齐全、内容丰富多彩。首先，在西吉广为流传的体现着古代人类认识大自然、解释大自然的朴素心理和朴素想象力的神话故事，引起了我们的极大兴趣。诸如《盘古开天地》《女娲捏人》等，这些神话既能和中外古典文献中的神话故事相印证、相辉映，又明显带有西吉人民在世世代代的繁衍生息中认识、思考、想象、阐释大自然的朴素心理和世界观形成的印记。因此，这些神话故事使西吉民间文学宝库闪烁着人类远古文化的熠熠光彩。

其次，许多土生土长的西吉民间传说以其鲜明的历史性、地域性和完整的艺术结构，给人们展示了一幅幅反映西吉人文地理、历史文化的多彩画面，也是认识西吉、了解西吉历史的一部生动的教科书。如闻名于世的西吉火石寨丹霞地貌，奇特秀丽，被列入宁夏名胜风光。在这里产生和流传的《火石寨的来历》《满四和石城》《寺口子》等传说，都生动形象地描绘了当地的历史风物，赋予奇特的山水风光以无限的神韵。又如《白城子》（传说中的白天锁城）、《穆家营》（传说中的穆桂英营）、《硝河城》（传说中的萧银宗营）等名胜传说，从一个侧面印证了历史上的西吉是一个兵家常争之地。这类传说还以形象可信、知识丰厚、结构完整、艺术精练等特色，长期在西吉人民中传播。《红军经过单家集》等红色革命传说，以红军长征经过西吉为背景，反映了红军严格执行纪律、发动和团结各族群众参加革命事业的情景。许多风俗传说，对西吉各族人民的风俗习惯作了解释和介绍性的描述。从《爷爷为啥心疼孙子》这类古老的传说中，还可窥见远古人类丧葬习俗的影子。总之，斑斓多姿的西吉历史风物，孕育产生了丰富多彩的西吉民间传说。

在本书入选的作品都体现出"科学性、全面性，代表性"，注重突出地方特色，口头讲述风格，使读者能从本书中体味较为浓烈的西吉乡土气息。

选编了具有代表性的几组地方风物传说，如"火石寨风物传说""月亮山传说""葫芦河传说"等，以此集中展现西吉民间故事所产生的特定历史地理环境。

这部分还保留了部分方言故事，以真实地记录和反映西吉部分地区的方言土语的风格。这类故事里的方言土语无论在行文的简约流畅上，内含的广厚丰盈上，表情达意的生动妙趣上，都有着其他语言形式无以替代的特殊功能。同时，这些方言土语也是探索和研究当地语言个性特点及思维方式的第一手资料。

西吉的劝力歌

王　力

西吉历史悠久，文化源远流长。县内有各类古遗址306处，早在四五千年前，就有原始人群在这里繁衍生息。众多的古城遗址、秦长城遗址、汉墓群、古战场遗址等，都在无声地印证着西吉这块黄土地上曾经悠久的历史和灿烂的文明。

"劝力之歌"是人类历史上产生最早的语言艺术之一。先民们在生产劳动中，凡"举重"必唱"劝力之歌"。原始人抬木、拖猎物发出的"吭唷、吭唷"声，就是最早的"劝力之歌"。文献表明，从传说中的黄帝"弹歌"到"吭唷、吭唷"的原始劝力歌到今天，五千余年间，作为社会大众最熟悉最喜爱的一种民歌艺术形式，在民间从未中断，而且每个时代都留下了优秀的内容。

"劝力之歌"，其历史源远流长，蕴藏丰厚。先秦典籍《吕氏春秋》记载：今夫举大木者，前呼"邪许"，后亦应之，此举重劝力之歌也。这是先民一边集体搬运巨木，一边呼喊号子劝力的逼真描写。西吉百十里长的秦长城就是六盘山区劳动人民喊着"劝力之歌"完成这一巨大工程的。

为了改善生存环境，在建造房屋、筑堤打坝、修路等劳动过程中，西吉人民不断地创作、发展"劝力之歌"，形成了西吉"劝力之歌"的特色。

西吉劝力歌，包括各种劳动号子，诸如夯歌、伐木歌、搬运歌等，是一种由体力劳动直接激发起来的民间歌谣。它伴随着劳动节奏歌唱，与劳动行为相结合，具有协调动作、指挥劳动、鼓舞情绪等特殊作用。歌词多是领歌人根据劳动情况即兴编唱的，歌词诙谐、幽默、有趣。内容大多是反映劳动者生活、习俗、自然风物、历史故事及青年男女忠贞爱情等。感情朴实，语言流畅，形式活泼，泥土味浓厚。

"劝力之歌"分为慢歌和快歌两种，一般多为二拍子，采用一唱众和的方式进行演唱，主要是"领、合"式，即一人领，众人合，或者众人领，众人合，也有少数是独唱、对唱、齐唱式的。其节奏规整，强弱分明，曲调简练、质朴、热烈、欢快。在节奏较缓的劳动中，"领"句较长，"合"句稍短。而在较为紧张的劳动中，领句、合句都十分短促。另外，多数情况下，领句唱完之后，合句再接唱，但也有合句在领句结束以前就进入的，两个声部由此构成重叠。

劝力歌在打夯、抬木、拖重等集体劳动中使用。当劳动强度较小时，曲调潇洒而豪爽；在强度大而节奏紧张的劳动中，曲调就显得粗犷而沉重，音乐的节奏快而有力，旋律简单，有时甚至出现单纯的呼号。曲调的艺术性与劳动强度成反比，这是劝力歌普遍特点。

"劝力"用的主要工具是夯，一种是石夯，一种是木夯，有大小之分。石夯多为六方形，小夯约150斤，4人操作，大夯约250斤，8人操作；木夯多为圆柱形，重不足百斤，一般4人操作。夯的底边周围稍上有系绳子的4个眼，打夯时随领夯人的歌声节奏，拉着绳子将其举起砸下。为了起落一致，激发劳动热情，组织力量，协调动作，解除疲劳，振奋精神，"劝力之歌"也就成了打夯时不可缺少的一种歌唱形式。

劝力歌作为一种语言艺术，最突出的特点就是它那强烈的节奏感。每一首劳动歌都有与劳动动作相配合的节奏，它是凝聚了劳动节奏而创造出来的，因而充满了浓郁的生活气息。

西吉劝力歌体裁丰富，风格多样，手法简洁，语言精练。它是一种口碑艺术。每一首流传至今的曲目，都经过了千人唱、万人传，并在即兴的不自觉的磨研、锤炼中，日益精练、成熟。

劝力歌遍布六盘山区各地。在每年春秋两季筑堤、打地基的劳动中最为壮观。届时，千里大堤上响彻了成千上万的民工们唱的各种各样的"夯号"，构成了一幅有"声"有"势"的巨大无比的音画。

劝力歌是人与自然和劳动相结合又相碰撞而产生的最早的精神艺术之花，因此，它具有永恒的历史文化价值。

因现代建筑业多用机械操作，民间很少再唱劝力歌，加之现代人单家独户生产，集体劳作越来越少，会唱劝力歌的人年龄均在70岁以上，传承者后继无人，存续已呈现出濒危状况。

西海固花儿的独特魅力

火仲舫

宁夏南部山区亦称为西海固。这里有一种别具风骚的情歌叫作花儿。西海固花儿是大西北花儿中绚丽多姿的一束。那粗犷豪爽的野味，那热烈奔放的激情，那缱绻缠绵的曲调，创造了一种大都市无与伦比的环境氛围，深邃而恬淡，遥远而亲近，空旷而密集，欢乐中夹杂着惆怅，苦闷中表露出陶醉。"阿哥的肉，面片子稠稠地舀上。"这是西海固的老少都会唱的花儿。这本是"臊（情歌）花儿"中的一句副歌，但在"瓜菜代"的年月，却成了人们呼唤食物的心声。

> 油泼辣子醋调上，
> 面片子稠稠地舀上；
> 阿哥哥吃了上新疆，
> 你把尕妹妹领上。

西海固花儿常以六盘山地区的地名打头比兴，来阐发感想，表达心愿。

> 穆家营的花儿开得红，
> 有的深红有的品红；
> 嫁了个阿哥是过路人，
> 不知是回民（么）汉民？

> 西吉有个月亮山，
> 盘盘路儿上哩；

维了个花儿赛貂蝉，

一天三回（者）浪哩。

火石寨有个云台山，

月亮山连的是南华山；

尕妹是麝香鹿茸丸，

阿哥是吃药的病汉。

"穆家营"是西吉县城的别称，有的花儿便用"穆家营"填花儿的副歌。

山里的野鸡娃红冠子，

我给我尕妹子插簪子；

穆家营，说一回理哩。

山里的野鸡娃白脖子，

我给我尕妹子戴镯子；

穆家营，说一回理哩。

山里的野鸡娃绿嗉子，

我给我尕妹子扯裤子；

穆家营，说一回理哩。

山里的野鸡娃蓝翎子，

我给我尕妹子穿裙子；

穆家营，说一回理哩。

山里的野鸡娃花尾巴，

我给我尕妹子织手帕，

穆家营，说一回理哩。

西海固花儿大部分是放羊娃在山上胡诌出来的。那些个长年累月与羊群为伍的尕少年或者光棍老头，脚踏茫茫草原，头顶白云蓝天，自我陶醉，便成为他们憧憬生活、抒发感情的最方便也最惬意的方式。

> 白杨树儿谁栽哩，
> 叶叶儿，咋这么嫩哩？
> 娘老子把你咋生哩，
> 模样儿，咋这么俊哩？

> 麻纸糊下的窗亮子，
> 风吹着哗啦啦响哩；
> 三天没见尕妹的乖样子，
> 清眼泪欻啦啦淌哩。

> 上了（么）高山望平川，
> 平川里，一地牡丹；
> 我有心下山折牡丹，
> 心乏者，折了个马莲。

西海固花儿又是麦浪里冒出来的。五黄六月，壮实的小伙子一字儿排开，摆在滚滚的麦浪间，花儿便飞出心窝窝，借以引起姑娘们的注意，也借此缩短一眼望不到边的地头。"喳喳喳"的镰刀声错落有致地打着节奏。

> 青稞大麦穗连穗，
> 豆角儿，没有个秕的；
> 天下十三省我游到，
> 没有个顶住尕妹你的。

> 麦子割了草留下，
> 地雀儿抱一窝蛋哩；

婚缘满了情留下，

路头路尾（者）见哩。

西海固的麦客子把花儿带到八百里秦川，带到了泾川火辣辣的麦场上。

白洋布汗衫黑钮子，

难怅者没有个里子；

阿哥是西海固的麦客子，

尕妹是这达的女子。

尕妹子你把人活好，

只等到泾川把麦割倒；

泾川的麦子割完了，

尕妹子想成个黄连了。

西海固花儿在毛驴背上漫开，那又是一番风味。

阿哥哥骑在尕马上，

一根（么）尕枪背上；

尕妹妹站在尕门上，

一对儿眼睛瞅上。

尕驴儿驮的是黑白糖，

老骟马驮的是麝香；

阿哥不是欢乐者唱，

惆怅时解一解心慌。

铁青的马儿红肚带，

清水的河里饮哩；

　　　　　　叫一声尕妹子跟前来，

　　　　　　治我的相思病哩。

对爱情执着地追求有时也赤裸裸地表现在花儿中：

　　　　　　手掰杨柳折着哩，

　　　　　　心在你上扯着哩；

　　　　　　手掰杨柳折断了，

　　　　　　心在你上扯烂了。

　　　　　　花儿本是心上的话，

　　　　　　不唱由不得自家；

　　　　　　钢刀拿来头割下，

　　　　　　不死了还是这个唱法。

　　最惬意、最热烈的要数"对花儿"。小伙子的花儿常常撩拨得姑娘春心萌动，不能自己，于是便羞答答地对唱起来。

　　　　　　男：

　　　　　　大山洼里花儿红，

　　　　　　照花了阿哥的眼睛；

　　　　　　看着尕妹子怪心疼，

　　　　　　花衣裳穿了个紧承。

　　　　　　女：

　　　　　　墙头上一对老公鸡，

　　　　　　我当是一对老鸹；

　　　　　　阿哥唱歌好声音，

　　　　　　我当是吹响的唢呐。

男：

荞麦三棱豆儿圆，

胡麻开花是瓦蓝；

尕妹子模样儿真好看，

脸蛋儿好像朵牡丹。

女：

一把尺的小刀子，

蛇蜕皮的鞘子；

阿哥是少年人梢子，

麻利得活像个鹞子。

男：

后花园里的刺玫花，

花儿俊得抖哩；

我有心摘一朵嗡在口里，

就怕是碎刺儿扎手哩。

女：

刺玫花儿一扑拉，

碎刺儿护住花花；

摘花儿心诚胆要大，

才算个攒劲的儿子娃娃。

有时也有些拉撒婆娘和精壮汉子故意编排花儿逗趣。

女：

你是个鹁鸽我是个崖，

王家哥，你到这达垒窝来，王家哥。

男：

金桶里打水银桶里倒，

李家妹，扳开门儿把哥哥叫，李家妹。

西海固花儿也像黄土地一样，经历了由衰到兴，由落后到进步，由愚昧粗俗到文明高雅的历史变迁，各个时代都有张扬主旋律的新花儿应运而生，不断充实人们的文化生活。

> 高楼大厦一层层地盖，
> 一台一台地上了；
> 穷阿哥上了大学堂，
> 不要把根本忘了。
>
> 花儿越唱越爱唱，
> 唱花儿心里头舒畅；
> 脱贫致富奔小康，
> 好睡梦越梦越香。

西海固地区丰富多彩的文化底蕴为花儿这种民歌的发展提供了肥沃的土壤和传承活力，所以，数百年来，西海固花儿一直久唱不衰，在六盘山大地上鲜艳地开放着。

人民大会堂里传出了西吉口弦声

刘成才

　　1983年西吉县文工队赴京参加全国"乌兰牧骑"式调演时，曾演出了这个节目，影响很大，报社记者纷纷前来采访，很多文艺演出单位预约录音，索要演唱资料。这个节目还被选上在人民大会堂参加国庆献礼演出，受到中央首长和外宾的赞扬。

　　在六盘山区不论是在风和日丽的白天，还是星明月朗的夜晚，也不论是在金色的场院上还是在淙淙的溪水旁，每当人们闲暇之时，你都会听到一种令人神往的"滴滴滴、冬冬冬"的声音，那就是姑娘们在弹奏她们喜爱的口弦。

　　口弦，也叫"口琴"，是一种衔在嘴边弹奏的小乐器，有竹制和铁制两种。竹制的有三寸长，扯线弹奏。铁制的有一寸半长，以手拨勾簧，经弹拨，中间的勾簧里外颤动，用口腔作共鸣箱并利用口腔的变化，舌头一顶一抽，气息地呼出和吸进，来调节声音的变化，形成音阶。会弹的人能弹得轻松悦耳，随心所欲。她们经常弹奏的有"廊檐滴水""骆驼铃""珍珠倒卷帘"等口弦曲。她们还喜欢在口弦上拴上五颜六色的丝穗子和五彩珠子，其中有的珠子是用沙枣核、山核桃等串起来，打上清油和颜色。妇女们把它当装饰品，挂在胸前的纽扣上，很是好看。

　　在旧社会妇女，深受封建礼教的束缚，"家女不见外男，青丝不见青天"，她们既见不到外边的事情，也难听到外边的声音，只好用梳头的破篦子背，做成一头窄中间有个簧、两头扯线线的乐器，消忧解愁，后来发展成为了口弦。有的姑娘婚事不如意，或者思念情人，有的小媳妇受了婆婆的气却又无处诉说，就只好倚门靠窗用口弦诉说心事。

　　新中国成立后，妇女们那种"倚门靠窗掩面而泣"的时代一去不复返了。她们取得了和男人一样当家作主的权利和地位，精神面貌也和过去大不一样。妇女们在劳动之余，常常三五成群围坐一起，用口弦斗嘴或弹奏歌谣。有时，一人领弹大家合弹，说说笑笑、兴高采烈。

口弦确实能传情达意，它能够通过特殊的节奏，"说"出话来，而且你必须要懂得方言，区分什么是"说音""唱音"，什么是"过音"，也叫"气音"。"说音"也就是具体要说的字，"过音"是字与字之间的过渡音。只有弄清楚这些关系，才能听懂它要说的意思。

口弦弹乐曲，实际是用喉气音打节奏，但用口弦唱歌就复杂多了，如：高"号"不过蓝"汉"天"汉"／深"汉"不过海"号"／美"嘿"不"呼"过"何"／党"夯"的"西"政"哼"策"嗨"（句中打引号者为"过音"或称"气音"）。

口弦的弹奏方法也因人因地不同，有的地方弹奏是呼吸很深，发出的声音很深远，并带有颤音，夜晚传得很远。有的地方弹奏的气息多半在口腔里，如唤小猫时的发音，一个像叹气，一个像吸气，两种用气。有的地方气浅，口腔动作大，弹出的声音明亮、欢快，能做很多技巧性的演奏。铁口弦和竹口弦演奏的效果差不多，只是成年妇女喜欢弹竹口弦，姑娘们一般喜欢弹"铁口弦"（铁口弦只在山区有），弹法也不一样，有会拨勾的，有会扯线的，也有两样都会的。

过去只有妇女们才弹口弦，如今放羊的小尕子、赶脚的小伙子，以及其他男青年也愿意弹着耍，他们用口弦宽心、解乏、传情，口弦的需要量越来越大，市面上也就有了制作和出售口弦的小商贩。

竹口弦的制作有特殊的工艺要求，必须用"油竹子"做原料，就是要用滚开的清油把竹子炸透，去掉原竹子的"青气"，因此也叫"熟竹子"。经过处理的竹子有几大好处：1.制作时竹子不易破裂；2.阴天晴天都不变音（一般竹子天阴时声音喑哑）；3.声音明亮，音量大，清脆悦耳；4.好看，炸过的竹子像上了一层棕红色的油漆一样光滑美观。

口弦虽小，但在妇女们的心目中地位可不低，有一首花儿就是形容竹口弦的："三寸竹片片，两头扯线线。一端口中衔，消罪解麻缠。"因为它前三句的第一个字加起来正好是"三二一"所以，这种花儿叫"三二一"令。

口弦吸引了六盘山区不少专业和业余文艺工作者，为了能把它搬到舞台上作为一个民间乐器演奏节目让广大观众欣赏，做了很多努力和尝试，也收到了一定的效果。

话说西吉皮影戏

杜　斌　马雄宏

皮影的历史

皮影戏又名"影子戏""灯影戏""土影戏"，它是流传于六盘山区的一种具有地域特色的传统戏种，皮影戏的原理与后来的电影有相似之处，有人甚至认为，中国的皮影技术乃是电影发明的先导。传说在2000年前的西汉时期，汉武帝刘彻最疼爱的妃子李夫人因病故去，武帝因思念爱人整日闷闷不乐。群臣为了解除武帝的思念召集各方人士商议，这时有位方士想了个主意，他用木头雕刻出李妃的形象，在晚上，借用灯光把木人投影在武帝的帷帐上，朦胧中汉武帝见轻盈袅袅的爱妃重现眼前，喜出望外。后来这种形式便在民间流传。慢慢地人们用"皮影"代替了"木影"，以兽皮或纸板作成人物剪影，加以绘彩，用线牵动，用灯光将其投射到白幕上以供观看。演出时还配以音乐和唱词，就成为皮影戏在民间开始流传。皮影戏在宋代（960—1127年）已极为盛行，每逢节日，影戏台数甚多。到清末民国初，据不完全统计，六盘山地区的皮影班社竟达百十余家，西吉就有10多家。

13世纪的蒙古军营中就演皮影戏，作为一种娱乐，后来还随军带到了中东地区。之后，皮影在东南亚各国流传。中国的皮影从18世纪中叶传到欧洲。据记载，1767年，法国传教士把中国皮影戏带回法国，并在巴黎、马赛演出，被称为"中国灯影"，曾轰动一时。

电影，在世界历史上被人们称为比较年轻的艺术，它在人类文化中表现着不可替代的独立性。电影的活动摄影和放映技术的进步发展，也是世界各国众多智慧的集体结晶。作为中国的早期电影，追根寻源，还与很早就流传于他国的宋代"灯影戏"（皮影戏）密不可分，他们相互间有着一段彼此关系。相传公元前140年左右，汉武帝曾为召亡妃李夫人之"魂"，采用了"灯影戏"的办法：利用光源照射不透明或半透明的物质产生了不可活动的影戏，自此之后，这种皮影戏逐渐流传到了国外，1776年，皮影戏已远涉于法国，并以"中国灯影"闻名于法国。

中国的"灯影戏"虽然早在2000年前就闻名于世，但始终没能对现代电影的早期发明产生认识。1895年12月28日，法国里昂的路易·卢米埃尔正式放映了《墙》等几部世界最早的影片，从而拉开了世界电影时代的大幕。而中国古代"灯影戏"在欧洲的广泛流传，又为世界电影的启前提供了最初的研究课题，中国也在1896年有了电影。8月11日，上海徐园内的"又一村"首次放映了"西洋影戏"，影片多半穿插"戏法""烟火"等游艺杂耍节目，很受欢迎。接着，连续放映的多半是法国、美国影片，但内容多是一些片段情节记录。

1902年1月，又一名外国人携带了影片、放映机和发电机，在北京前门打磨厂的福寿堂放映了《黑人吃西瓜》《脚踏赛跑车》等影片。接着，中国商人林祝三从欧美带回一套放映设备，从此，北京开始了中国人在国内放映外国影片的尝试。慈禧过70寿辰时，她专门把英国公使进献给皇宫的一架放映机拿出来，放映影片，以添乐趣。但偏偏事不凑巧，影片在宫内刚刚放映了三片发电用的磨电机突然发生炸裂，使当时观看的慈禧受惊，她不听任何人的解释，只认为放映机是"不祥之物"，规定宫内不准放映电影。此后，1905年，还发生过清大臣端方出国归来时以"演电影自娱"，结果放映机猛然爆炸，大臣何朝华等人被炸死的事件。尽管如此，清政府的再三禁映也没有能阻挡电影的不断引进，电影的放映仍在北京城内慢慢增多。

皮影戏的演出

皮影戏和其他剧种一样，包括绘画、雕刻造型、音乐、舞蹈等，是一种综合性艺术。从宋代起就盛行这种民间艺术，深受广大城乡人民群众的喜爱。

各地皮影戏叫法不同，有的叫牛皮影，有的叫驴皮影，也有的叫影子戏。它是以牛皮、驴皮、马皮作为材料，模拟人形、动物、生物、自然景物等精雕细刻而成。经过染色，安装，贴近小布亮子，经过灯光照射时在布亮子上显出影像。人物栩栩如生、山川风景、花鸟虫鱼，犹如一幅优美的诗画，给人以美的享受。

皮影戏能够巧妙地运用散点透视与焦点透视相结合的手法，使图案和花纹都有立体感，它需要双人或三人，如果配合默契，可使艺术更加线腻，生动、丰富、传神，反之则会乱了套。

皮影戏的操纵和配合在熟练精通后，也可另创一套更新颖、更有艺术价值的手法和技巧丰富皮影艺术事业。

做皮影忌用驴皮，因为人们为用驴皮当影是不吉利的，而皮影戏作敬神、祝福等，故驴皮是绝不可用的。

皮影人物的造型和设计都是依照历史人物和剧情人物形象精雕细刻、艺术加工而成的，其形象、神态惟妙惟肖，活灵活现。

为了便于手工操作和表演，艺人在制作过程中，把人物分解为头、身、腰、大小臂、前后腿等九个小件，然后进行组合。动物如牛马等，一般将上骨骼、头、身、尾、四肢分开，飞禽将颈部、两翅膀分开制作。道具以桌椅用具为主要。帝王上场以龙桌龙骑设摆，元帅出场以虎桌虎骑为舞市，其他文武官员均以官桌官椅为陪衬，一般小民则以便椅作摆设。花园则以各种花卉、山石、树木为布景。还有金銮殿、帅帐、楼阁、名山等背景，用来衬托环境。

皮影戏尽管场面小，但和其他剧种一样，生丑净旦，文武齐全，刀、枪、剑、棍样样都有。提袍甩袖，翻转武打，栩栩如生。

皮影戏中的道具与其他剧种不同的一种叫亮子，是用透明布或罗网做成吊方形，演唱时牛皮人通过亮幕活动，显现出牛皮人的形象，达到皮影的视觉效果。

挑线手，也叫线子手，有的地方称"掌线手"，这是演戏中的关键人物，皮影戏演得好坏，主要看挑线手的技术如何。一般来说，挑线手都是技术拔尖既能唱又能耍，表演娴熟的人，如把武打影人的肩棍，分在四个指头缝中，一手可拿四个影人，两手可拿八个影人对打。观众在亮幕上看到满是人影，混杀一场，其场面杀气腾腾，腾云驾雾，其实是一个人的把戏。

牛皮影戏小而简，只有六七名演员，自拉自唱自打。道具小，一箱可装完。舞台小，几根木椽、几页大板、四条绳子、几页席子即可。所用的乐器，主要以皮影、铜锣、唢呐、板胡、二胡为主。

皮影群众性、地域性较强，朴实自然，深受群众喜爱。

西吉皮影，历史悠久，源远流长，是当地群众喜闻乐见的一种古老传统的民间表演艺术，深受群众的喜爱。它是深深植根于民间土壤中的一朵艺苑小花。

西吉皮影，独具特色，异彩纷呈。皮影艺人，一般都具备表演和吹拉弹唱的本领，当地称其为"把式"，每到农用季节，或者节日、庙会。他们搭起班子，通常有三四人。晚上，艺人们在屋檐下，架起一块透光度好的纸糊屏幕，在幕后点上几盏油灯表演皮影。一人主演主唱，两班人马，配合默契、洒脱自然。皮影戏的布景道具和影人都是用羊皮或牛皮加工刻成的。其造型近似剪纸艺术，人体比例夸张，头大身长，手臂过膝。男影人眼大额高、女影人眉弯眼小，通天鼻子，小嘴巴，镂刻十分精细，刀法犀利多变，纹样华丽而疏密得体，造型各异，形象生动，着色鲜艳，反差分明，对比强烈，影人有五大部分，12小件组成，表演时可按剧情需要调换增减。那些挑线把式，手夹竹签。可以表演出物象的正、侧、仰、俯等多种角度的特征，给人以"曲从口出，动自其身"的艺术效果。

西吉皮影唱腔大都采用秦腔，也有用眉户的曲调演唱的。音乐独具特色，节奏明快，高亢激越，清脆悦耳，宛转动听，其中道自大都采用地方土语，诙谐幽默，听后使人忍俊不禁，捧腹大笑。

影戏的剧目大都取材于《三国演义》《列国志》《封神榜》《水浒传》《杨家将》等历史故事和神话传说，传统剧目有200多本（折）。

皮影的制作

皮影的制作过程是：先将羊皮、驴皮或其他兽皮的毛、血去净，然后经药物处理，使皮革变薄，呈半透明，涂上桐油，然后把皮革镂刻成所需的人物形象。皮人的头、四肢、躯干等各自独立，同时，用线连成一体，分别以连杠由演员操纵，令其活动。皮人涂有各种颜色，表达人物的善恶美丑。演员在半透明的白布后，贴近幕布熟练地操纵皮人活动，并有说唱、乐队伴之，有声有色地表演剧情故事。尤其表演民间神话故事、武打片、古人，可以腾云驾雾，做出各种高难动作，变幻莫测，这是其他戏剧难以做到的，因此深受观众喜爱，尤其是儿童百看不厌，广泛流传于民间的戏曲艺术，其演出时所执影人和衬景，则属民间工艺品。皮影戏表演时，一般在夜晚设帐幕，隔帐点灯烛，帐后表演人员操纵皮影进出动作，并伴以唱曲道白和乐器。有的皮影戏班由把式（演唱者）、上手（也称鼓匠）、下手、中手、箱主等人员组成。所携影箱装有影人，影人配备头像200个，身子80个，环境景片若干。头像依净脸（阳刻造型）、肉脸（阴刻造型）的生、旦、净、丑分类放置，有金雕纱帽包、大小神头包、高盔包、巾包、旦头包、扎巾包、雉尾包、扎头包等；身子有28件男女靠、8件蟒龙靠、8件官衣、8件敞衣、2件道衣、2件水衣、4件老生衣、6件女旦衣及数十件花旦、老旦、挎剑莽、披风、青衣、罪衣、僧衣、大圣衣、龙套、箭衣、背槌、背鞭、背剑、背刀、背斧、神靠等。

西吉皮影戏班子

据有关资料记载，西吉皮影在20世纪20年代初，发展十分兴盛，几乎大一点的村子都有皮影班子。一个班子有6到8个演出人员，大多为当地庙会演出。在当时很有名气的皮影班子有新营乡的"乡人乐"，第一代传承潘艺人、庞艺人（名字不清），他们是甘肃通渭县人。第二代传承李岐，新营乡街道人。这个皮影班子现有皮影身20多幅，头扎较多，道具较全，演出剧目较少，文武乐队伴奏人员不全，直接影响影演出质量。王民乡谢克选皮影班子，第一代传承人是隆德县关庄乡维德刚、固原县张易乡的皮润洁，该皮影队影身、头扎、道具、文武乐器齐全，演出剧目、场次较多，演出质量较好，但演出人员包括司鼓、操作影子人员却是外地人，如有演出、临时聘用。第二代传承人是谢克选，西吉县王民乡人，他还兼皮影制作，近年有成百件皮影新作出售。将台乡谢家湾皮影班子和平锋镇陈滩皮影班子，是20世纪50年代发展起来的。陈滩皮影班子现有皮影影身20幅，头扎不到30幅，而且做工粗糙，色彩不均，皮子较厚，皮影道具只有一个龙椅和一个桌子，演出剧目较少，文武乐队不全，无扩音设备，该队急需培养一名司鼓和影子操作人员。将台乡谢家湾皮影班子，设备齐全，特别是皮影影人、头扎、道具齐全，做工精细，皮子柔软，雕刻完美，但目前既没有文武乐队，也没有影子操作人员和音响设备，基本上处于瘫痪状态。

皮影戏作为西吉民间文艺中的一个重要门类，具有民族民间性、艺术性、集体性、民俗性和传承性等特征，深受广大群众喜爱。

西吉皮影具有浓厚的地方特色，可丰富人民群众的文化生活，提高人民群众的文化素质。发掘、搜集、整理和保护皮影戏，对于传播优秀民间文艺、了解民俗民情，吸引年轻的观众、熏陶和培养一批爱好皮影艺术的人才，扩大皮影戏的影响，丰富偏远地区人们的精神文化生活，有着重要的、任何艺术不可替代的作用。

目前，西吉皮影已列入宁夏第二批非物质文化遗产保护名录。

西吉县皮影戏的现状及传承保护措施

近年来，随着经济的繁荣社会的进步发展，皮影戏在西吉县部分乡村面临着生存危机，已到了失传、灭绝的境地，为了有效保护传承，繁荣发展，文化馆有针对性地深入部分乡镇、村落、民间艺人家中，深入细致，调查发掘，整合现有的皮影艺术资源，抢救性地恢复皮影艺术原有特色，吸引一批现代年轻的观众，培养一批爱好皮影艺术的人才，扩大影响，以展示皮影艺术的巨大魅力，丰富人们的精神文化生活。

经初步对新营、苏堡、平峰、硝河、将台、王民等乡镇皮影戏调查了解，目前普遍存在设施老化、陈旧，表演人才流失等诸多问题：如表演影人残缺不齐，年代久远、丢失和损坏，皮影演出艺人青黄不接，导致皮影演出市场萎缩，观众消失等，是造成皮影戏目前面临失传的重要因素。

以此新营乡"乡人乐"皮影队，现有皮影身20多幅，头扎较多，道具较全，演出剧目较少，文武乐队伴奏人员不全，直接影响演出质量。需要培训文武乐队人员，补充完善皮影影人，提高皮影戏的演出档次。

震湖乡"曹师"皮影队，现有皮影影身40多幅，头扎80多幅，其中有20多幅是自己用塑料加工而成的，9幅影人和26幅头扎是外借的，皮影道具较全，但演出剧目少、文武乐队不全，该队还需对文武乐队培训，影子操作，音响设备补充，不断提高演出剧目的质量。

平锋镇陈滩皮影队，现有皮影影身20幅，头扎不到30幅，而且做工粗糙，色彩不均，皮子较厚，皮影道具只有一个龙椅和一个桌子，演出剧目较少，文武乐队不全，无扩音设备，该队急需培养一名司鼓和影子操作人员。

将台堡镇谢家湾皮影队，该皮影队设备齐全，特别是皮影影人、头扎、道具齐全，做工精细，皮子柔软，雕刻完美，但目前既没有文武乐队，也没有影子操作人员和音响设备，基本上处于瘫痪状态。

王民乡谢科选皮影队，该皮影队影身、头扎、道具、文武乐器齐全，演出剧目较多，演出质量较好。目前，演出人员包括司鼓、操作影子人员却是外地人，如有演出，临时聘用，需要在本地培养。

　　面对上述调查情况，我们不得不尽快采取有效抢救措施加以保护和传承。

　　一是尽快举办有关专业人才的短期培训，来解决目前的燃眉之急，如影子操作、武乐的司鼓，文乐的板胡等培训。

　　二是在设备或经费上给予各皮影队的适当扶持，或有针对性地给予支持，来解决目前设备残缺不齐的现状，通过扶持达到演出节目的更加完善和演出质量的提高。

　　三是在条件成熟时，选择最佳时节，举办全县皮影戏调演，通过调演，给皮影队创造一个互相交流、取长补短的学习机会，让更多的观众了解皮影戏的历史沿革，发展现状，使人人喜爱皮影戏，关注皮影戏，传承保护皮影戏，不断扩大演出市场。

　　四是尽快组织人力、财力对流散于民间皮影进行征集，让这些沉睡多年的皮影戏动起来，活起来，发挥应有的社会效益。

　　五是组织西吉县皮影演出人员3—5名去甘肃环县参观学习，环县是全国非物质文化遗产皮影戏保护传承最好县，已列入第一批国家级非物质保护传承项目名录。该县皮影戏保护传承搞的最好，加工皮影道具人员多，演出团队多，多次去京演出，是全国学习的典范。

　　六是命名西吉县皮影戏班及演出老艺人，并多方争取经费给各戏班购置皮影道具及音响设备，补助一次活动经费，利用农闲组织活动，使西吉县皮影戏得到传承保护。

西吉民居民俗

刘成才

六盘山区居民盖房、打院、开窑都十分讲究。择宅基地要看风水，特别忌讳宅基地修在"阴庄"（死人睡过的地方）上，如果发现墓穴或死人骨骼就得另选宅基。

修房打院，都有一定的仪式。

看院：择选确定院基。农村多请风水或阴阳先生，认定院基后，择吉日"开方"。开方时，要在院基的四角定下四个桃木橛子（桃符），在院中挖一个小坑，埋下五谷杂粮和神砂、辛红等药物，然后焚烧纸表，燃放纸炮，举行简单的奠基仪式。最后插上一根木杆上面挂上一只竹筛，表示所选院基。待百日后，择吉日举行"退方"仪式，退方后开始动土打院墙或筑房基。

修房：住户根据情况，或先打好四围院墙，或只打好修房的一面院墙，开始修房。砌好房墙，装好门窗，就要"上梁"了。上梁时，要贴喜对，正梁上要挂八尺红（表示吉庆），木工师傅还要念唱吉祥如意的"上梁曲"，鸣放爆竹。

进火：院落建成，房屋布置就绪，就要搬迁住人，开始新居地的生活，称为"乔迁"。"乔迁"为人生一喜，亲朋好友，邻里邻居都要前来恭贺乔迁之喜，并举行乔迁新居的"进火"仪式。选庄里有威望、子女多家底殷实的长者多人，各拿一样生活用品，如五谷杂粮、清油米面、水、酵子盆、浆水罐、食盐等，由一人从旧灶点燃一把火，引向新居，众人随后。到新居厨房，持火者将灶眼里柴火引燃，众人将所有用物置于厨房。随后，主人邀他们到上房，热情款待，吃新灶做的饭，叫"吃百口福"。新居的第一顿饭必须丰盛，意味着新居生活日日如此，好吃好喝常有。

居住禁忌

四合院所有的配房都不得高过主房，以主房为重心，分开左右。左厢房要比右厢房高。和主房相对的一面房最低，否则就会说后来必然是"奴欺主"；相对的两面房子的梁头不能对准对面房子的门窗，否则是"木箭伤口"，将来"人丁不旺"。大门不能与主房门相对，不然便象征"喧宾夺主"，"家规不清"。厨房不能与大门相近，否则，"男弱女强"，"阴盛阳衰"。人行道（包括大门）与水道不可成一个字头，否则家庭开销大过收入，聚不住财帛。房后水不得流入前院，否则必有祸水患家，而遭横祸。宅院前不能建坟，否则"鬼背人"，而招邪气损人。院子里不安放碾子、石磨，不然"白虎压户"，而不发家。安灶置东西，最忌南北。东灶家顺人和，西灶畜禽兴旺，五谷丰登。南北灶多为凶煞，强要建造必定伤人。

宅基下忌埋人畜尸骨及石磨、石碾、废铁等物。院中忌随便挖掘取土，以防冲犯"太岁"而遭祸。亦忌狐狸、狼等野兽闯入，忌打杀野兽于家中，蛇出宅中，则要焚香化表祈祷送出。忌猫、狗死于宅中。忌窑眼（窑墙面）上泥。

挖窑的忌俗

窑在挖掘时，伴随有很多禁忌，比如不许打口哨、响爆竹、抢鞭子，不许空土车推上跑，不许从崖上往窑口丢东西，不许随便丢镢头等在窑脚地，不许见有大土块掉落时说"塌"字，等等。仔细品味这些忌俗，大半是营造窑洞经验的概括，是减少震动、避免伤人的措施。窑的营造艰难，使用期却长久。所以，俗话说"苦死老子，美死儿子，闲死孙子"。

按照不同的居住和生产需要，窑的种类很多。但是，最常见的是明口窑。明口窑，又名分肩窑、挑肩窑、肩窑，因窑口外露显而易见，故名。明口窑的山墙，在窑口进深半米到一米的地方。被窑口包容的山墙，无单调与严肃的感觉，突出了线、面的丰富变化，给人轻松愉快的感受。山墙的厚度，一般在60厘米左右，上下笔直，没有收分。因此，即使是板筑土墙，也要刮去余土，然后用草泥抹平。窑主人习惯把门窗安在山墙孔洞的边缘，修得四棱见线才心满意足。比较少见的是高窑，高窑因建造在两明口窑的间肩上部，距地面在八米以上，故有此名。高窑与明口窑的区别，还在于不是从门口入内，而是从明口窑的侧壁，掘斜坡形通道，拾级而上，在高窑的脚地进入。也有在院里置长梯，直抵高窑口的。高窑的功能，因易守难攻，居高临下，故多用来存放珍贵物品，防匪防贼。

摆设习俗

六盘山区群众生活简朴，家庭陈设都比较简单。近年来，陈设逐步向新颖美观现代化方向发展，一般家庭，室内陈设基本相差无几。

箱子：用木、皮、人造革等材料制作的矩形盛衣物的家具。

柜子：木制，内有架板，可以盛物。有两斗两门的立柜，有一端高一端低的高低柜、五斗橱，农村还有三五柜、四条腿柜、六条腿柜，少数家庭已添置组合柜。

桌子：木制，用以盛物、吃饭、写字的家具。有一面四腿的方桌，条桌，窄长形，腿有云纹的几桌、两斗桌、炕桌等。今有写字台、三斗桌、单斗柜桌、双斗柜桌及独脚台等。

靠子：椅子。有老式新式两种，老式靠子，靠背与腿笔直，有扶手，靠背中有镂空的福字或云纹；新式靠子背稍弯曲，坐子有软硬两种。

沙发：用木头或金属等材料做成。形式有三人、双人和单人沙发等，样式不一。

字画：六盘山区的许多地方旧时誉称文化之乡，生活在这里的人酷爱书画已成传统。特别是近年来，群众的物质生活改善后，追求精神文明之风蔚然兴起，家庭的主房，厢房均贴或挂有字画。在泥土飘香之地，翰墨芬芳更浓。

字画的形式有：屏条，有四条、八条、十二条等；还有横批、横幅、书、画均有；条幅，书、画均有；对联，纯为书法。

家用电器

电视机：百分之五十以上农户有，以黑白居多。丰富了群众业余文化生活，且开阔了眼界。进入新千年后，电视已普及。

录音机：农家较少，城镇家庭居多。洗衣机农家较少，城镇家庭居多。进入新千年后随着多媒体的冲击已悄然退出了火极一时的历史舞台。

此外，还有家电灶具、自行车、缝纫机也很普遍，摩托车为数不多，那时没有私家汽车。

家具的实用与艺术

家庭家具的最大功用是实用。近几年，西吉随着居住条件的极大改善，居民对于家具的选择，除了实用之外，对于它的工艺也越来越看重，把它作为一种文化产品欣赏。除了其本身的使用价值外，它还蕴含着历史知识、艺术审美价值。比如室内古典家具的陈设，就是其中的一例。大多有着深刻历史沉淀的古典家具，消费者在享受舒服的同时，也品尝着工艺美感的精神愉悦。家具商家也把传统精华和时代特征结合起来，打造着家具的经济价值和文化艺术价值。

锦绣新家园

——自治区级刺绣代表性传承人姚占桂

胡　刚

姚占桂，1946年出生，宁夏固原市西吉县火石寨乡人。2010年被认定为自治区级非物质文化遗产项目（刺绣）代表性传承人。

姚占桂出生在宁夏西吉县火石寨乡石山村，一直在这里生活了70多年。山村的妇女们都喜好刺绣，自古以来有着浓厚的刺绣氛围，她母亲就是一位刺绣能人，正如姚占桂描述："头顶飞过去的、身边能看见的，母亲回来就能剪出花样并且绣上。"姚占桂兄弟姐妹七人，她排行老二，贤惠勤劳的姚占桂从小就帮助母亲拉扯弟妹，操持家务，挖苦苦菜，捡羊粪，拾干草，到生产队干活挣工分。因此，姚占桂没有机会上学，也不识字。但是她心灵手巧，从小喜爱刺绣。受母亲及村上妇女的影响，八九岁就开始跟随母亲及村里的女性长辈及邻里学习刺绣技艺。姚占桂的母亲绣花技艺高超，两个女儿自小耳濡目染，深得真传。姚占桂12岁时就已经能够独立绣制枕顶、枕套、门帘、苫被单、鞋垫等生活用品。她刺绣作品的图案几乎都取材于乡间动物、植物，身边的花鸟鱼虫都是她创作的源泉。姚占桂特别擅长绣鸳鸯、莲花、牡丹、荷花、竹子、燕子等，充满乡土气息，真切地反映出她对家乡、对大自然、对美好事物的喜爱和向往。姚占桂绣制的枕头顶、针扎、鞋垫等十多件精美的绣品被西吉县文化馆选中收藏，现展示于文化馆非物质文化遗产展厅。

5年前，姚占桂随着儿子搬到宁夏银川市永宁县闽宁镇。这里过去是一个"天上无飞雀，地上不长草，风吹沙石跑"的荒芜之地，1997年，福建和宁夏启动了对口扶贫协作，建立了闽宁村，使这片地广人稀的戈壁荒滩成为一个扶贫移民区，主要安置来自宁夏南部贫困山区的移民，姚占桂家就是其中的一户。如今，在各级政府的大力扶持下，这里已经发展成为常住居民数万人的特色小镇，以及现代化的生态移民示范镇，6万多名曾经生活在贫困山区的农民走出大山搬入闽宁镇，通过移民搬迁走上了脱贫致富之路。古稀之年的姚占桂随着儿子从老家西吉县火石寨乡村搬迁到这里安享晚年，成了闽宁镇的一位新居民。

姚占桂是一位慈祥而坚强的母亲，生育了9个儿女，两个早逝。丈夫去世时，只有两个女儿出嫁了，给她留下了5个未成年的孩子，她硬是挑起抚养孩子的重担，靠着种庄稼，含辛茹苦把孩子们都抚养成人。现今，7个儿女都已成家立业，儿孙满堂，尽享天伦之乐。然而，她不甘于享清福，心里总是惦记着非遗传承人的职责。一方面，为上学的孙子做饭，为儿子排忧解难；另一方面，在天气晴好、光线充足的日子里，在明亮的阳光下，拿起绣花针，精心制作刺绣作品。笔者在她家观赏了一系列精美的绣品，有掇绣的苫被单、古老的四方形枕头顶、对鸡针扎等。其绣品技艺精湛，设色鲜丽而过渡协调自然，造型新颖美观，富于变化，颇具欣赏价值。她在火石寨乡派出所当厨师期间，所绣鞋垫等被记者发现，并被采访拍摄。如今，当移民村的妇女前来观看她的绣品时，她会耐心讲解，并希望村里有妇女愿意学刺绣，她将努力为她们教授刺绣技艺。目前，姚占桂正在积极培育自己的外孙女学习刺绣技艺，期望早日培养出接班人。

西吉县非物质文化遗产保护现状及其对策

杨汉钰

我国是历史悠久的文明古国，在几千年的历史长卷中，中华民族创造了丰富多彩、弥足珍贵的文化遗产，这些文化遗产体现了中华民族优秀的文化价值和审美情趣，展现了中华民族永不枯竭的创造力，是我国优秀传统文化的重要组成部分。2005年，我国发布的《关于加强文化遗产保护工作的通知》中对非物质文化遗产有了明确的定义："各种以非物质形态存在的与群众生活密切相关、世代相承的传统文化表现形式，包括口头传统、传统表演艺术、民俗活动和礼仪与节庆、有关自然界和宇宙的民间传统知识和实践、传统手工艺技能等以及上述传统文化表现形式相关的文化空间。"因此，通过对非物质文化遗产的欣赏和理解，可以领略地方民间文化精华。由此，应对非物质文化遗产的保护问题进行深入研究和探讨。

概　况

西吉县位于宁夏南部六盘山西麓，总面积3130平方公里，现辖4镇15乡295个行政村8个居委会，总人口47.5万人，其中农业人口40.4万人，是革命老区和国家乡村振兴重点帮扶县。

西吉历史悠久，文化灿烂。早在四五千年前，就有原始人群居住。他们傍依发源于此的葫芦河、清水河、马莲河、唐家河、十字路河等河谷地带繁衍生息，创造着人类文明。月亮山西南麓的三滴水新石器时代文化遗址散布于地表和文化层中的大量陶片、白城子古城遗址、马莲河沿岸的秦长城遗址、众多的汉墓群、好水河沿岸的西夏古战场遗址等，都在印证西吉这块黄土地远古的文明和悠久的历史及丰富的文化内涵。1936年10月，红军二万五千里长征胜利会师西吉将台堡，1996年江泽民同志为"中国工农红军长征将台堡纪念碑"亲笔题词。西吉县是"全国文化先进县"、中国首个"文学之乡",也是华夏古钱币收藏第一县。

西吉非物质文化遗产保护工作取得的成效

近年来,按照《宁夏非物质文化遗产保护工程实施方案》,西吉县大力开展了非物质文化遗产保护工作,一批珍贵、濒危的非物质文化遗产得到记录、抢救和保护。

完成了"社火脸谱""西吉春官词""民间刺绣""民间劝力歌""花儿"等项目任务书,普查乡镇19个,村组320多个,认定了西吉县非物质文化遗产部分项目传承人。编辑出版了《西吉民俗大观》《西吉民间建筑图释》《西吉民间戏剧脸谱》《西吉非遗图录》《西吉民间谚语》《西吉民歌精选》《西吉民间饮食》《西吉春官词》等10部非物质文化遗产保护丛书,建立了西吉县非物质文化遗产陈列展室。

完成全县非物质文化遗产保护档案资料数据库的建设。拍摄录像资料58小时、录音35小时、图片5000多张。向自治区非遗中心上传文字10多万字,图片200多张。普查了非物质文化遗产项目39项。征集服饰132件,建筑构建66个,生产用具95件,工艺品820个(其中刺绣、鞋垫、荷包等500多个,口弦120个,剪纸120多幅)。六盘山区春官送福被国务院认定为第五批国家级非物质文化遗产代表性项目,砖雕传承人马风章被认定为国家级非物质文化遗产代表性传承人;剪纸、木雕、花儿等7个项目被列为自治区级非物质文化遗产代表性项目,李凤莲、马少云、王汉军等17人被认定为自治区级非物质文化遗产代表性项目传承人;民间社火、劝力歌等11个项目被列为市级非物质文化遗产代表性项目,安周玲、马彦连、吕瓅等11人被认定为市级非物质文化遗产代表性传承人;玻璃画、布贴画等41个项目被列为县级非物质文化遗产代表性项目,李金山、汪雪莲、刘德胜等98人被认定为县级非物质文化遗产代表性传承人。

非物质文化遗产保护存在的问题

近年来,西吉的非物质文化遗产保护工作取得了一定的成绩,但是随着时代的进步和生产力的发展,西吉在发展经济的同时也改变着传统的社会生产及生活方式,使那些无形而又源远流长的代表民族意识形态的精神文化遗产不同程度受到影响。就目前西吉非物质文化遗产保护的现状来看，主要存在以下问题。

保护意识淡薄。当前，更多的群众对什么是非物质文化遗产不明白，特别是在年轻人眼中，认为这些都是没有用的、过时的东西。由于缺乏正确的认识，加快了当地非物质文化遗产的消亡速度，增加了保护难度。对待非物质文化遗产，相当多群众的态度常常是"漠视"或是"无所谓"，缺乏主动保护非物质文化遗产的文化自觉。但我们知道，非物质文化遗产是人类通过口传心授，世代相传的无形的、活态流变的文化遗产。保护非物质文化遗产，就是守护一个国家、民族的精神家园，也是修复民族的记忆。因此，提高非物质文化遗产保护意识，就是留住一个民族古老的生命记忆和活态文化基因的前提。

传承面临断代。随着当前经济全球化和城市化进程及新农村建设的加快，许多珍贵的非物质文化遗产受到严重冲击，特别是不少传承人因年龄已高或后继乏人，其所掌握的技艺随时都有可能失传。比如"皮影戏"是流传于六盘山区的一种具有民族风格的传统戏种，它用牛皮制作，由专业的民间艺人演出。和其他剧种一样，皮影戏生丑净旦、文武乐队、刀枪剑棍样样都有，提袍甩袖、翻转武打，栩栩如生，体现了六盘山地区民间文化的内在本质，具有浓厚的地方特色。但受电影、电视、网络等新兴媒体的冲击，加上皮影戏没有经济收益，会演皮影戏和会制作皮影人的艺人越来越少，而且大都是七十多岁的老人，最小的也有四十多岁，这些人一旦谢世，皮影戏也将濒临失传。非物质文化遗产的传授方式基本上是口传心授，这种文化的继承与扩散方式的持续性本身就很容易受到外界因素如继承人的影响。

文化生态恶化。当前非物质文化遗产面临的最大威胁就是逐渐失去其赖以产生、发展的文化生态环境。随着人们生存环境、生活方式和生活理念的变化及影视、网络、自媒体等外来文化的冲击，旧的民风民俗已经很少被年轻人所接受和欣赏，尤其是城市化使城市的经济关系和生活方式广泛持续地向农村渗透，造成农耕文明所遗传的文化符号、信息资源潜移默化地人为变异和溶蚀，破坏了非物质文化遗产发展的土壤。另外，随着社会条件的变迁、技术的发展使一些非物质文化遗产不能适应社会发展的需要而逐渐被人们所忽视。

人力财力不足。非物质文化遗产的保护工作是一项复杂的系统工程，需要投入大量的人力、物力和资金。宁夏文化和旅游厅在《关于加强我区非物质文化遗产保护工作的意见》中提出："自治区财政要设立自治区非物质文化遗产保护工作专项资金。市、县（区）级非物质文化遗产代表作名录的保护所需经费由各级政府分级承担。"但目前西吉县地方财力有限，特别是非物质文化资源丰富的固原地区经济相对落后。在这种情况下，很难为非物质文化遗产保护提供必要的财力、物力支持。因此，没有足够的非物质文化遗产保护专项经费，难以对濒危、珍贵的非物质文化遗产进行优先抢救保护。非物质文化遗产保护工作需要大批具备一定专业素质、吃苦耐劳的人才，特别是专家，而西吉目前这方面的人才严重不足。丰富的非物质文化遗产资源和薄弱的保护力量之间的矛盾，严重影响了西吉非物质文化遗产保护工作的质量和效率。

非物质文化遗产保护的策略

加强宣传动员。保护民间传统文化是每一个炎黄子孙应尽的责任和义务，政府要加强非物质文化遗产保护的宣传工作，尤其是对县内的宣传。首先，从学校开始向学生宣传和介绍本地非物质文化遗产的基本情况和价值，让学生从小了解县内非物质文化遗产的深厚底蕴。其次，组织民俗学专家和有关专业人员以图文并茂的方式编写出西吉非物质文化遗产小册子发放给群众和游客，介绍当地非物质文化遗产。组织非物质文化遗产传承人广泛参与县内外的文化交流活动。在县内可以通过电视、广播、网络、报刊等手段进行广泛的宣传。因为人民群众是非物质文化遗产的创造者、传承者和发扬者，尤其要在非物质文化遗产保留较完整的乡镇农村广泛宣传。

重视人才培养。文化的传承离不开行政管理人员和专业人员的参与。对于一个地区非物质文化遗产健康、有效的传承，必须加强对当地行政管理人员和专业人员的教育培训。为了更好地保护西吉非物质文化遗产，必须建立系统的管理非物质文化遗产的行政人员的培训体系，定期实地考察非物质文化遗产的原生态环境，由专家进行指导，并组织学习国内外非物质文化遗产保护的新趋势、新动向、成功的经验与方法，以及我国相关法律、法规和政策。另外也可以通过网络授课的方式，对专业保护的知识进行宣传和普及。

保护传承人。所谓非物质文化遗产传承人，是指在文化遗产传承过程中直接参与制作、表演等文化活动，并愿意将自己的高超技艺或技能传授给其他人或政府指定的自然人及相关群体。他们被称为"人类活财富""人类活珍宝"。非物质文化遗产正是依靠他们的传承才得以延续。传承人是非物质文化遗产的重要承载者和传递者，保护传承人就是保护非物质文化遗产。由于种种原因，西吉县出现了不少非物质文化遗产后继无人的现象。因此，县、乡两级政府要积极采取各种措施，保护传承人，建立传承机制，培养一批非物质文化遗产的传习人，确保西吉非物质文化遗产不会因为传承人的逝去而消逝，使西吉的非物质文化遗产得以延续。

保障资金投入。非物质文化遗产保护工作是一项长期的、大投入、公益性的事业，必须要有可靠的经费作保障，因此，需要建立一个比较完善的投入机制。要明确文化保护经费在县级财政支出中所占的比例。这样可以解决财政的长期投入问题，而且对非物质文化遗产保护工作产生持久性的影响。但事实证明，地方政府很难承担起长期的投入，因此从自治区到市、县要建立一个比较稳定可靠的、相互补充的投入机制。首先，各级政府要发挥主导作用，建立起明确的、量化的从自治区到市、县三级地方经费投入配套机制。其次，自治区政府要采取优惠的经济和税收政策，鼓励社区、企业、群体和个人参与非物质文化遗产的合理开发、建立地方博物馆或进行文化旅游开发，充分调动市场的力量推动保护项目的实施。最后，引入市场机制推进西吉非物质文化遗产保护。自治区政府可以发行非物质文化遗产彩票募集资金，各市、县（区）则可以对一些非物质文化遗产保护项目实行招商引资，通过股份合作等方式吸引社会资本参与非物质文化遗产的保护工作。

西吉悠久的历史遗存，独特的人文环境，创造出了灿烂的民间文化，成为中华民族文化瑰宝的一部分，绚丽多彩。但随着城市化和新农村建设的进程等诸多因素的影响，使西吉非物质文化遗产保护面临着许多困难。为此，从西吉实际出发，采取有效的保护措施，坚持"保护为主、抢救第一、合理利用、传承发展"的指导方针和"政府主导、社会参与、长远规划、分步实施"的保护工作原则，西吉的非物质文化遗产保护工作将迈上新的台阶。

传承非遗文化　助力乡村振兴

王汉军

广为流传的六盘山区春官词，2021年被国务院列为国家级非物质文化遗产代表性项目。这既是西吉县文化事业的一大成就，也是宁夏文化事业的一大成果。

春官词的历史渊源和基本内容

唐朝初年，皇帝为了让百姓把田种好，专门设立了"春官"，让他们到各地去送"节气表"（春帖），春官们认为，既然深入乡村送帖，就得说些吉利话，送给辛勤耕作的农民，随之兴起说春之俗，此后，春官词便应运而生，流传甚广。六盘山区春官词传承历史悠久，乡土风味浓郁，涉及范围广，传承特色鲜明。现已挖掘的古老春官词有2000条，创新创作的现代春官词3000多条。随着时代的变迁和社会的发展进步，春官融入进民间社火中，以典型的口头文学传承于民间。传统春官词受传统诗体文化濡染，其结构、格式近似古风绝句，但形式不拘一格，骈体自由，语言应用不受韵律词牌束缚，灵活自如、朗朗上口，深受广大群众欢迎和喜爱。

越是民族的，就越是世界的。宁夏固原六盘山区的春官词，历史悠久，源远流长，以方言为特色，是一种民间口头创作的歌谣，类似七绝，通常为四句七言，以方言形式表现，说词合辙押韵顺口，悦耳动听，欢快活泼，通俗易懂，乡土气息浓郁，具有独特的民间艺术和民俗风格，常以比喻、拟人、夸张等各种不同的口头语言和幽默诙谐的段子给人们送上新春祝福，把仁义道德、社会公德、家庭美德、个人信德的精神文明教化于人，启发思想，发扬传统，丰富知识。春官词传承具有大众性、群体性、口头性、变异性等显著特征，说词内容包罗万象，题材广泛，种类繁多，大多为祝福、喜庆、和谐、歌颂、赞美之类，多伸张正义，褒扬风尚，针砭时弊，鞭挞丑恶，劝善醒世，常常是触景生情，直抒胸怀，通过质朴、通俗、明快、诙谐的语言把最美好的希望和祝福带给广大群众。春官词在六盘山区民间流传久远，它深深扎根于民间，经久不衰，代代相传。

春官词的传承现状和区域规模

西吉县位于宁夏固原市六盘山西麓，与甘肃静宁、会宁两县为邻，总面积3144平方公里，总人口31.58万人，是宁夏人口第一大县和少数民族聚居县。县辖19个乡镇，8个社区，295个行政村。春官词主要流行于吉强镇、新营乡、红耀乡、马建乡、震湖乡、田坪乡、平峰镇、将台堡镇、火石寨乡等乡镇。以上各乡镇自古以来就有春官唱春的习俗，改革开放以来，随着社会主义文化大繁荣，春官词的分布区域也在不断拓展，内容更加丰富多彩。近年来，西吉县吉强镇龙王坝村、苟庄村、李沟村、套子湾村、大滩村，新营乡陈阳川村、二府营村，震湖乡震湖村、党岔村、孟湾村，红耀乡红耀村、张家沟村，马建乡马建村、台子村、刘垴村、周吴村，将台堡镇牟荣村、民台村等乡村的春官词创作、演艺、传承深受广大群众欢迎，得到了社会各界的认同。自党的十八大之后，随着社会主义文化大发展、大繁荣，西吉县的春官词传承如雨后春笋，茁壮成长，队伍迅速壮大，着装打扮焕然一新，业务水平不断提高，人气旺盛，声誉日增。县内现有自治区级传承人2名，市级传承人4名，县级传承人12名，无级别传承人近百人，传承人上至70多岁老者，下至10多岁的青少年。传承队伍逐年扩大，传承水平不断提高，传承地域不断拓展，社会反响不断增强。2020年，经全体传承人员多方努力，成立了西吉县诗联和春官词学会，争取了活动场地，开办了春官词工作室。布置了醒目的农耕文化展室，建立健全了学会章程和工作制度。开启了我县春官词非遗文化传承的新征程。2022年春节，在区文化馆举办的"文化进万家·视频直播家乡年"春官词非遗短视频展播评选活动中，被自治区文化馆评为一等奖。

我的春官词传承经历

笔者与春官词颇有缘源，我的二祖父和我父亲在20世纪五六十年代乡村春节耍社火时都扮演春官，当时虽是童年时期，但也喜闻乐见。改革开放后，随着古装戏剧的复出，春官词也日益再现，成为乡村春节期间文化、文艺活动的一道风景。每逢年末岁首，我积极开展春官词的创作和春官的扮演，把吉庆祥和用喜闻乐见、悦耳动听的顺口段子送给人民群众。自20世纪90年代初至今，从事春官词创作传承已长达30余年，带徒传承已有两代人。包括上两代传承人，我的家族已有五代传承历史。多年来一贯坚持在传承中创新，在创新中传承。

对春官词传承发展的思考

春官词传承作为我国非物质文化遗产的一个项目，必将随中华文化的繁荣兴盛而兴盛，这是不可阻挡的，也是毋庸置疑的，是历史的必然。我们一定要坚定文化自信，以融媒体网络为平台，挖掘古代春官词，创新现代春官词，用群众喜闻乐见的说辞，提振广大群众干事创业的精气神，为繁荣社会主义文化鼓与呼，助力乡村振兴。

西吉非遗综述

刘力群

西吉历史悠久，文化底蕴深厚。其中非物质文化遗产更是西吉多元文化不可或缺的一部分。随着国家对非物质文化遗产的重视，西吉县加强对非物质文化遗产研究保护队伍的建设，加强了对非物质文化遗产知识的学习及人员的培训，强化了普查力度，拓宽了普查范围，厘清了普查思路，确定了普查人员，摸清了非物质文化遗产的基本情况，使普查工作取得了显著的成效。其中民间故事、神话、寓言、谚语以及绘画、剪纸、社火、春官词、泥塑等民间艺术千年流传；花儿、口弦、剪纸、刺绣等普遍受到青睐和社会关注，其优秀成果已成为非物质文化的精髓得以保护、传承和发展。

西吉县非物质文化遗产项目分布于吉强镇、新营乡、将台堡镇、震湖乡、火石寨乡。其中分布区域主要有吉强镇、新营乡的"民间社火"，将台堡镇的"地摊戏"，震湖乡的"民间书法"，火石寨乡的"砖雕"、各乡镇的"民间故事"和"剪纸"。火石寨乡石山村的"民间木雕"，白崖乡白崖村、吉强镇、火石寨乡、西滩乡、兴平乡的"山花儿"，吉强镇万崖村的"春官词"，新营乡、将台乡的"皮影"，县城境内的"戏曲脸谱"，马莲乡、将台乡、沙沟乡及各乡镇的"劝力歌"，马建乡的"民间祭祀"等项目。

西吉县先后对马莲、将台、田坪、兴隆、吉强、火石寨、白崖7个乡镇26个村组100多户人家进行了有代表性的重点普查，申报了"山花儿""春官词""刺绣""剪纸""砖雕""木雕""皮影戏""民间故事"8项自治区级代表性非物质文化遗产，其中"春官词"被认定为国家级非物质文化遗产保护项目，普查申报了24位60岁以上的濒危民间艺术传承人，认定了西吉县非物质文化遗产优势项目代表性传承人，主要有：国家级砖雕代表性项目传承人马风章，自治区级山花儿代表性项目传承人李凤莲、马少云、李淑霞；自治区级春官词代表性项目传承人王汉军、胥劲军；自治区级木雕代表性项目传承人杨志中、谢强军；自治区级民间故事代表性项目传承人刘成才；自治区级剪纸代表性项目传承人张淑芳、李银德；自治区级皮影戏代表性项目传承人安维善、谢克选、曹志勤、李岐；自治区级刺绣代表性项目传承人施满意、马兰等。申报和命名一个非物质文化遗产艺术之乡即187项目实施村——火石寨石山村。完成全县非物质文化遗产保护档案资料数据库的建立，上传文字10多万字，图片200多张。完成自治区民研所交办的1982—2007年西吉"民间舞蹈""民间戏曲""民间民歌"3项12个普查任务；完成自治区级非物质文化遗产名录7个、县级名录41个、征集服饰12件、建筑构建10个、生产用具5个、工艺品60个；拍摄录像资料20小时，录音5小时，拍摄图片2000余张，整理布展非物质文化展室一处，出版了《西吉春官词》《西吉民间谚语》《西吉花儿汇编》《西吉民间故事精选》《西吉戏剧脸谱》五部西吉非物质文化遗产系列丛书。

近年来，西吉县文化部门遵照"保护为主、抢救第一、合理利用、传承发展"的指导方针，从历史文化、特色文化、民间文化、现代文化中寻觅、挖掘本土非物质文化遗产。西吉县人民政府先后分别于2008年、2014年、2017年和2020年命名了四批县级非物质文化遗产名录。成功申报了国家级非物质文化遗产保护项目1项（六盘山区春官送福——西吉春官词），省级保护项目7项（"山花儿""皮影戏""春官词""砖雕""木雕""刺绣""剪纸"等），具有重要历史、文化和科学价值的市级非物质文化遗产名录10大类11项，县级非物质文化遗产名录41项，马风章等18人被认定为国家级和自治区级非遗保护项目代表性传承人。

为了传承保护非物质文化遗产，西吉县先后成立了花儿、口弦、春官词等保护传承基地，推动了西吉县非物质文化遗产的活态传承和发展。同时，拍摄了10集大型非遗纪录片《西吉非遗》，编辑出版了《西吉民间故事》《西吉民歌》《西吉谚语》《西吉花儿》《西吉春官词》《走进西吉》等非遗史料十余部3万多册。

迄今为止，西吉多次组织非遗传承人参加区内外非遗展演活动，有力地宣传展示了西吉县深厚的文化底蕴和丰硕的非遗保护成果，提高了全民的文化自觉和理论认识水平，增强了全民非遗保护意识。

非物质文化遗产是各族人民世代相承、与群众生活密切相关的各种传统文化表现形式和文化空间。非物质文化遗产既是历史发展的见证，又是珍贵的、具有重要价值的文化资源，也就是我们所称的民族民间文化遗产。

近年来，党中央、国务院把文化遗产保护提到保持民族文化传承，连结民族情感纽带，增进民族团结和维护国家统一及社会稳定的高度安排。国务院决定从2006年起，每年6月第二个星期六为我国文化和自然遗产日。宁夏回族自治区也制定了《宁夏回族自治区非物质文化遗产保护条例》等，加强文化遗产保护。挖掘、抢救、保护、传承文化遗产，便成了这个时代的最强音。

西吉山川秀美，人文荟萃。悠久的历史，使得民族民间文化积淀深厚，各民族在长期的生产生活中，创造、积累了丰富多彩的民间文化艺术——非物质文化遗产，这是西吉县民族民间文化的瑰宝，是西吉人民情感寄托和民族精神的重要载体。加强西吉民族民间文化保护，对增强民族团结，保持社会稳定，建设先进文化，打造特色文化名县，推进全面建成小康社会有着深远的历史意义和现实意义。

随着全球化趋势和现代化进程的加快，西吉的文化生态也发生了巨大变化，非物质文化遗产受到现代文化和多媒体越来越大的冲击。一些依靠口授和行为传承的文化遗产正在不断消失，许多传统技艺濒临消亡，大量有历史、文化价值的珍贵实物与资料遭到毁弃或流失境外，随意滥用、过度开发非物质文化遗产的现象时有发生。因此，加强非物质文化遗产的保护传承，已经刻不容缓。

西吉作为古丝绸之路上的重镇，文化底蕴浓厚，早在125万年前（三滴水古人类遗址），就有人类在此繁衍生息。战国秦长城、杨河汉墓群、武家庄摩崖石刻、羊牧隆城等文化遗址都印证了这块黄土地上悠久的历史和灿烂的文化。县域内流传于民间的口述文学、传统的戏剧、曲艺、音乐、舞蹈、美术、社火、春官词、皮影、剪纸、编织、雕刻等非物质文化更是异彩纷呈，丰富和活跃着广大群众的文化生活。

西吉县的非物质文化保护工作起步较早，从20世纪80年代开始，文化部门组织工作人员编写了《西吉民间故事》《西吉民歌》《西吉花儿》等，并先后开展了春官词大赛，民间社火调演、展演等活动。就组织了民间艺术之乡、民间工艺大师等评选活动，使一批非物质文化遗产得到了保护。2005年，根据自治区、固原市民族民间文化保护工程工作要求，组织专业人员深入乡镇村社，对全县非物质文化遗产进行全面普查。在普查的基础上积极申报省级、国家级非物质文化遗产保护项目。目前，共有六盘山区春官送福（西吉春官词）一项国家级非物质文化遗产保护项目，山花儿、春官词、砖雕、木雕、剪纸、刺绣、皮影戏7个项目被列为自治区级非物质文化遗产保护项目。另有11个项目列入市级非遗项目，29位民间艺人被列为国家、省、市级非物质文化遗产代表性传承人。

虽然我们的非物质文化遗产保护工作取得了一些成绩，但与西吉县非物质文化遗产的丰富性和多样性相比，非物质文化遗产保护工作仍然任重道远。

非物质文化遗产是千百年来中华民族智慧的结晶，是中华文化的根脉，是中华民族精神的象征。作为一种与广大群众生活密切相关、具有重要意义的活态文化，非遗的传承不能离开传承人而独立存在。

非物质文化遗产保护工作是一项长期的工程，涉及面广，工作要求高，需有必要的专用设备、资金和一定专业知识的工作人员。由于经费困难和专业人员缺乏，西吉县的保护工作管理机构尚不健全，缺乏制度要求、保护标准和目标管理，收集、整理、调查、记录、建档、展示、利用、人员培养等工作薄弱，缺少必要的保护经费和设备。同时，面临失传的口头文化抢救工作十分紧迫。虽然语言口头文化经过多年的努力，在很大程度上得到了有效抢救和保存，但是口头艺术、民间戏剧、民间传说故事等，随着它们的生存土壤的破坏和文化生态的变迁而日渐式微，抢救保护工作迫在眉睫。有些传承人目前独一无二了，有些已到高危年龄，将面临人亡歌息、人去艺绝的威胁，形、声、文并举的主体保护工作已时不我待。

民间文化作为空间艺术与视觉艺术相结合的造型文化，西吉县类型众多，艺术精良，分布广泛。如比较突出的民间剪纸、砖雕、民间编织等，虽然有一批丰富的历史遗存，但保护状况令人担忧，传承更为困难，研究仍处于自发状态，许多珍稀民间技艺将伴随着老艺人的逝去而销声匿迹。

非遗产业潜质优厚，实质性推进力度不大。全域旅游时代，挖掘、保护、弘扬非遗文化，具有广阔的产业发展空间，这不仅是对它本身的保护传承，而且也是经济发展新的增长点。西吉县非遗产业有着良好的发展前景，譬如以火石寨为依托的火石寨地质公园，在国内具有独特的古迹优势和人文资源优势，它的文化内涵和活动空间的潜力还远没有体现出来。文旅融合，先要加速推进人文发掘和产业发展，并以此为重点拓宽丰富多彩的产业链，从而留住游客。

非物质文化遗产是一方水土独特的产物，是城市文化的源头根基，是城市的个性特征和精神气质的重要表征，保护和珍爱非物质文化遗产，就是对民间文化和历史文化传统的尊重，是发展社会主义先进文化的必然要求，是增强全县人民文化自尊和民族自信的重要精神支撑。因此，各级文化部门要进一步创新工作机制，形成工作合力，集中一切人才资源优势和积极因素，保护好非遗文化瑰宝，使之发扬光大，这也是每一个西吉人的责任和义务。

　　非物质文化遗产，是西吉文化历史长河中一颗璀璨夺目的明珠，是古老的黄土大地上一座高大的精神丰碑。

火石寨的殊胜

张宗奇

中国，宁夏，西吉，这样我们就可以探访这个独特的地方了——火石寨。

那是一千多年前的魏晋时期的某一天，一支驼队自东向西沿着西北黄土高原的崇山峻岭行走了好多天。他们已人困驼乏，忽然，眼前一亮，驼队停下来了。眼前的山峰怎么一个个都好像燃烧起来，到处一片通红。正在此时，神光显现了，虔诚的商人以及驼队中的高道大德，默默地向脚下的土地跪了下去。但当他们再抬起头时，神光消失了，周围除了通红的山峰外，就是向他们一点点逼来的夜幕。每一个人都异常欣悦，于是驼队当晚就在那里最雄伟的一座山岭下过夜。

又有一些时光过去了，像丝绸之路上的敦煌石窟、须弥山石窟等一样，这座山岭上以及其他离此不远的一些山中，一批又一批的洞窟开凿了出来……一直到清朝同治年间，数不清的高道、高僧于此修行，探索宇宙、人生的奥秘。人们将此处视为神圣的道场，怀着清净心投足这里。于是，这一带大片的原始白桦森林保存下来。片片的灌木丛自古以来一直隐藏着其间的秘密。漂亮的野鸡一代一代繁衍生息，吉祥的麋鹿穿梭于林间草地，"凶恶的大灰狼"不但在孩子们的童话书中、传说故事中出现，也在他们的眼前奔跑。数不清的动物，一直以此地为乐园，鸟在唱，梅花鼠在跳，猪獾、兔子在赛跑。珍贵的中草药如玉竹、百合、知母、黄精、沙参、秦艽、佛手、赤芍、黄芩、黄芪、仙鹤草等等生长在草丛林下。——火石寨这个地方，也是物种的圣地。

驼队看到的燃烧的山峰，其实并未燃烧，只是一座座完整的红色大石峰，而且往往是一峰一石，一石一峰。它们有的如雄狮，有的如飞鹰，有的像奔马，有的像卧牛，还有的或如圣人讲经，或如师徒对弈。他们宿营其下的最雄伟的山岭，也是一块完整的大红石。改革开放后，现代科学技术气息逐渐吹到这里，火石寨神秘的面纱也得以慢慢揭开。开始时，地质学家们将这种地貌定为喀斯特地貌。后来又发现这种地貌与喀斯特地貌不同，权威的地质学家遂将其命名为丹霞地貌。

火石，燃烧的石峰；丹霞，火红的朝霞、晚霞。宗教信徒将这些与神光联系起来很有道理。那座最雄伟的山岭上开凿的石窟最多，属于佛教的如"大佛殿"等；属于道教的如"玉皇阁"等。石窟开凿后，有了一个独特的名字——扫帚林。林有道家洞天、佛家丛林之意。至于为什么称"扫帚"，或因为其形似？或因为山中出现扫帚？那就不得而知了。扫帚林。在志书上还有另外两个名字，一个叫云台山，一个叫西武当山。从魏、晋开凿以来，经南北朝，到隋唐时期，扫帚林达到了鼎盛。那时各洞之间都有连接。上山的路上，也倚山修建了层层的楼阁走廊，今天还依稀看出当年栽椽搭檩的窝眼，密密地排列在石崖上。

在茫茫荒寒的黄土高原，有这么一处丹霞净土、物种乐园，真让人叹为观止！记者们来到这里，说：仿佛身处在南美。医药专家探访这里，寻求新的药种。更别说地质学家的足迹。2002年北京大学第一医院教授、我国著名的中医针药专家胡海牙先生以90岁的高龄探寻到了这片热土，他环顾周围的群山万壑，感慨地说："这里气势磅礴，真是大雄宝地。论风景，南方诸山相匹，但没有这种气势；论气势，北京诸山相称，但缺少这种秀色。真是难得啊！"

火石寨，沉睡百余年，被人们遗忘了百余年，又醒了。知道她听说她的人们从四方带着与驼队一样惊喜、欣悦的目光，开始到这里指指点点了。

火石寨以寨命名，顾名思义，她后来又与战争联系起来。明朝时，移居在此屯田的蒙古族后裔，不堪官吏的盘剥，在一个名叫满四的人带领下揭竿而起，与官军辗转作战，最后在离扫帚林不远的一处石岭上全军覆没。他们就义的处所，今人称"大石城"。石岭上依然保留着起义军当年开凿的几处收集雨水的石窖，石窖里积聚的雨水似乎是那时义军盈盈的眼泪。据说，义军主要是因为山上没水而失去战斗力的。几百年后，扫帚林也毁于兵燹。人们讲，战乱中被杀死的僧道们的遗体垛在一起，多少天以后，还有血水从火红的石峰上嘀嗒下来。从此以后，扫帚林以及与此相隔不远的禅窑、板石窑、黑窑等洞窟的钟声遥远了，消失了。

1985年以来，我曾多次探访火石寨的殊胜，人文遗迹参谒了大半，但听当地的司机师傅讲，最美丽的自然风景还藏在扫帚林的其他几座山岭后。进入新世纪以来，西吉县委、县政府加大对火石寨的保护力度，并积极对外宣传。国务院已将其列为六盘山国家级旅游开发扶贫试验区的一部分。2003年伊始，西吉县积极向国土资源部、国家林业局申请，希望将火石寨列为国家地质公园和森林公园，将其资源永久保护、利用起来。

浅谈农村文化大院在西吉县乡村振兴中的作用

李 怡

西吉县属宁夏南部山区的一个人口大县，也是黄河文化繁衍和发展的摇篮地带、红色革命圣地。2020年摘掉贫困帽子，退出贫困序列。党的脱贫攻坚政策，使广大农民得到实惠，农村在教育、基础设施等方面有了很大的进步和改善，农村生活环境发生了翻天覆地的变化，城乡差距逐渐缩小。

全县文化大院基本情况

2016年，西吉县总结多年来基层文化工作经验，以文化惠民、服务民生为导向，制定并印发了《西吉县文化大院创建实施意见》，作为全县文化大院创建发展的指导性文件，提出在全县范围内建设文化大院，因地制宜，突出重点，先后建成文艺戏曲表演大院、红色文化收藏大院、民俗文化展示大院、书画创作交流大院、特色体育项目大院等各类文化大院100多家，培养骨干成员3000多人，每年组织各种演出近千场次，参与群众超过30万人次。

文化大院在乡村振兴中的作用

文化是一个地方的灵魂，文化更是一种精神、一种思维方式，文化能改变一个人的精神世界。中国有百分之八十的人在农村，由于城乡发展不平衡，方方面面还存在一定的差异。党的十九大提出了乡村振兴战略，其中文化振兴是乡村振兴的重要内容，要实现乡村振兴，首先文化要振兴，文化振兴为推动乡村振兴提供了有力的支撑，农村文化大院的建设给农村文化带来了勃勃生机。

转变乡情民风，促进乡村经济社会发展

近年来，随着国家对农村各项惠民政策的不断实施，农村公共文化服务体系逐步完备，我县农村经济和文化服务业不落后尘，全面实现了广播电视进千家、自来水上锅台、村级道路硬化到门前，农村也有了图书阅览室、文化活动室或文化大院，人们可以在茶余饭后进文化中心翻阅图书，唱唱戏，跳跳舞，生活富裕闲适，新农村文化建和环境整治，使农民的居住环境和生活环境有了很大的改善，人们的精神面貌非同往昔，广大农民对精神层次的追求有了更高的期望。党的十九大提出了乡村振兴战略，而文化振兴则是乡村振兴的重头戏，它为乡村振兴注入强大的精神动力，激发农民的积极性和主动性，只有加强乡村文化振兴，以文化凝聚人，以文化提振精气神，以文化引领群众向好向上发展。农村文化大院的应运而生，为乡村文化振兴注入新的活力。文化大院发挥其阵地凝聚作用，以百姓喜闻乐见的方式让我国优秀传统文化深入人心，对改善文明乡风、良好家风、淳朴民风、转变乡情等各方面起到推动作用，文化大院已发展成为农村文明的幸福家园。农村文化大院一般建在村子中心，或者直接启用村民的闲置房，因此，只要有闲暇，群众就会三五成群聚集在大院，开始娱乐活动。如吉强镇龙王坝村文化大院、偏城乡大庄村文化大院、新营乡金山文化大院等。有的文化大院以村或组为单位，组建起小剧团，编排出集趣味性、观赏性的戏曲或文艺小品节目，常年开展活动。节日期间还出庄巡演，交流技艺，不但增进了乡邻之间的友谊，提高了演唱技艺，而且丰富了群众的节日文化生活。农闲时节，全村大人娃娃齐上阵，跳广场舞、唱秦腔戏，编戏剧，演小品，整天丁丁当当，欢声笑语像过年似的，农忙时节都不放过热闹。拿平峰镇秦腔戏迷樊冬珠的话说，"每天能在大院里吼几声秦腔，一天的疲乏也就解除了，心情也好了，干活都就有劲了"。如西吉县震湖乡刘垴村、张撒村、杨璐村等村文化大院，里面都有西吉县文化部门提供的秦腔设备、器材、广场舞服装、道具等，一应俱全。有文化能人的村子，一般都有自己编排的节目，内容包括精准扶贫、危房改造、新农村建设、新农合新农保、道路硬化、自来水入户、高标准农田等，有迷胡剧、碗碗腔、秦腔、小品、快板等形式多样，让群众沐浴在党的好政策带来的幸福生活中，身心愉悦，身体健康。许多国家政策信息，先进事迹等潜移默化地走进千家万户，乡情

民风得到了改变，村庄形象得以提升，抓生产、促经济有了信心。

文化搭台，建设和谐稳定新农村

文化大院搭建平台，吸引群众出来唱戏。农村文化大院让农村人有了用武之地，八仙过海各显神通，让每个人敢于展示才艺，有机会遇见最美的自己。如西吉县平峰镇庙坪村张苟湾组，处在甘宁两省和西吉、静宁、会宁三县交界处，全组共有51户300余口人，这里尤其盛行秦腔。在文化能人胡刚的带动下，张沟湾组建了自己的文化大院，文化部门陆续配备了文化活动器材。平常茶余饭后或每逢周末，村文化大院里就热闹了起来，不分男女老少齐上阵，吹拉弹唱，班子齐全，乐翻了天。每到春节，村子里还会举办拔河、篮球、踢毽子、丢窝、打毛牛等丰富多彩、贴近农民生活的文体赛事；大年初一的"迎喜神"传统年俗活动更是热闹非凡，全村男女老少聚在一起吃团圆饭，照全家福，共同欢度春节。端午节，张沟湾村文化大院组织了一场空前规模的民俗文化节，邀请甘宁两省的十几支广场舞队参加表演，观众人山人海。村里的妇女们用五颜六色的丝线和布片，做成几千个各式各样的香包点缀活动场地，家家户户都准备了甜醅、凉粉、花馍馍等，花馍馍上面还写有"庆祝建党100周年"、"脱贫攻坚"、"乡村振兴"等字样，让所有参加盛会的客人免费品尝，场面热闹壮观，节日氛围浓厚祥和，悠久的民俗文化在这里得以延续和传承，增进了团结友爱的邻里关系，使社会更加和谐，人心更加纯净平和，社会更加稳定。

挖掘乡村文化旅游业，促进农户可持续增收

当前乡村旅游业呈活跃状态，挖掘和创造具有地方特色、满足市场需求的旅游产品和特色旅游项目，是发展高质量乡村旅游战略的有效途径。农村文化大院作为农村文化的主阵地，在发展和促进乡村振兴事业中起到不可忽视的作用。对于旅游者，文化需求是旅游的重要动因之一，一次难忘的旅游也是一次文化之旅，让游客可以寻根乡愁，体验农家生活，吸引更多人去旅游。如西吉县吉强镇龙王坝村文化大院，是典型的文旅结合的大院。它建设在龙王坝村美丽乡村景点中心，为当地和周边文娱爱好者、外地游客等提供随时可以体验休闲娱乐场所，那里有一帮子常年坚持吹拉弹唱的

农民艺人，每天都有拿手好戏随时奉献游客，龙王坝村传承了淳朴的民风，打造了优美的环境，窑洞保持了黄土高原的原生态场景，在这里，特色文化和民俗文化有机结合，打造出具有西北边塞特色的乡村旅游文化，让更多的城里人到龙王坝村下乡"安家"，通过摘草莓，睡窑洞，住农家屋，吃农家饭，干农家活，享农家乐，极大地提升了游客的好奇心、参与性和体验欲。为了满足游客的需求，文化大院内专门开设了旅游产品专柜，摆放了图书杂志等；龙王坝村文化大院还与非遗文化结合，发挥非遗传承人作用，研发生产销售文化旅游商品，推动苗绣、银饰、剪纸、农民画等非遗文化向旅游商品转换，让民风、民俗、饮食文化背景下的特色工艺品、非遗产品融入民宿、展演、休闲娱乐等各个方面，通过多元化的旅游商品实现农户创收增收。龙王坝村文化大院成为西吉县文旅融合大院的榜样，也是对乡村振兴战略的有效尝试。

距西吉县城35公里的国辉文化大院，是西吉县具有典型博物馆式的民俗文化大院，位于震湖乡陈岔村震湖边上，是固原市唯一一家民间博物馆式的农耕民俗文化大院，收藏各类农耕农具、民俗藏品若干件，有各个时期的陶器和瓷器。自2016年开始对外展出，每年接待游客3000多人，因为大院坐落在小家碧玉似的震湖旁边，所以游客愿意入住周边农户家，随时可以观看震湖风光，体验农家生活。国辉农耕民俗文化大院的建成，对开发震湖旅游、打造民宿、带动当地农民脱贫，提高西吉知名度，传承西吉历史起到重要作用，成为对外宣传西吉的一个窗口。

存在的问题

农村文化大院基础设施建设比较薄弱。后备资金的不足和乡镇领导对文化大院的重视度不够，使得一部分文化大院在正常开展文化活动时，缺乏资金和活动场地，演出器材单一不全，且质量较差；部分文化大院建设标准低，大院内外部环境脏、乱、差，有些甚至没有活动场地，从根本上制约了村文化活动的正常开展。

文化队伍素质偏低，对外交流学习的机会较少。农村文化大院带头人和团队大部分是当地农民，文化层次较低，只是文化爱好者当中的一分子，由于没有工资待遇，所以难以引进具有较高文化水平的人才到农村文化大院服务群众。大院与大院之间缺乏相互参观、交流学习的机会，一定程度上制约了文化大院的演绎和发展。

文化大院形式单一。文化大院的建设已经投入了不少资金，取得了一定的成绩，但从西吉县实际现状来看，曲艺类占比百分之九十，且内容不丰富，形式比较单一，活动范围不广，主要以秦腔演唱为主，只有很少一部分与文旅、非遗、生态类相结合的文化大院。农村经济走向多元化，形式单一的文化大院已不能满足社会经济发展的需要。

意见或建议

建立评优罚劣制度和年终评审制度。每年通过检查，对全县文化大院进行评比、评审，对经常开展文化活动，群众反响好、发展效果显著的文化大院进行奖励，加大扶持力度，重点建设，并将其作为服务示范类大院，给予一定的激励机制；对常年不开展活动的文化大院进行处罚甚至取消。充分发挥文艺团队的模范带动作用，调动文艺骨干、文化能人的主动性，引导当地村民积极参与文化大院举办的各项文娱活动，让广大农民群众在文化娱乐中汲取有用的文化知识，掌握一定的农业科学技术，学习发家致富思路和方法，为巩固脱贫攻坚成果，实施乡村振兴战略奠定了坚实的科学技能基础。

加大资金投入，拓宽政府扶持路径。文化大院作为公共文化服务体系的有益补充，今后应在资金、人才和技术等方面不断加大扶持力度，建立健全经费保障机制，切实落实《西吉县文化大院创建实施意见》中"资金扶持"部分中"依据考核情况，由县财政每年分别给予1万~3万元活动经费支持"等政策，同时引导社会力量积极参与文化大院建设，为乡村振兴出主意、找路子。

加大培训力度，创造对外交流学习的机会。文化馆应加大对文化志愿者和文化大院带头人培训，通过请专家授课，组织文化馆和各乡镇文化站专业人员下乡指导，提高文化能人的服务能力，通过请进来、走出去等各种方式进行交流学习，扬长避短，创建具有当地特色的文化大院。

加大创建集民俗、非遗、文旅融合类为一体的多元素的文化大院。民俗、非遗、文旅融合是近几年所提出的全新概念，其目的是加强地方文化与旅游业之间的关联，通过丰富的文化底蕴来吸引更多游客。利用红色旅游资源，让文旅融合成为趋势，最大力度宣传西吉的地方文化，以红色文化大院作为宣传点，将对西吉县的红色历史作为吸引游客的重点，充分利用当地资源，做到文化与旅游的深度结合。创建集文体、书画、民俗、非遗、文物收藏等多元素的文化大院，满足群众对美好生活的新期待，守住优秀传统文化，紧跟时代步伐，为乡村振兴助力。

总之，日益蓬勃兴起的农村文化大院是时代进步和社会发展的需要，它集群众性、娱乐性和普同性为一体，通过农民自筹、政府投入、社会捐助等方式建设农民自己的文化大院和业余演出团队，可演出，可自编自演，有广泛的群众基础。文化大院的兴起，是顺应农村社会经济发展的"必需品"。习近平总书记在《摆脱贫困》一书中提到，真正的社会主义不能仅仅理解为生产力的高度发展，还必须有高度发展的精神文明。乡村振兴离不开乡村文化振兴，乡村文化振兴离不开乡村文化大院的引领和传播。

关于对西吉花儿保护与发展的思考

吕　璨

"花儿"又称"少年"，是流传在甘肃、宁夏、青海、新疆等地区汉语歌唱的、以爱情为主要内容，旋律和歌唱方式都相当独特的一种高腔山歌。在花儿对唱中，男方称女方为"花儿"，女方称男方为"少年"，这种对人的昵称逐渐成为当地山歌的名称，统称为花儿，也叫"山歌""情歌""野调""漫花儿""漫少年"等。

一、西吉花儿现状分析

1. 西吉花儿基本情况

西吉花儿是当地人民群众的一种口头创作，产生背景和内容多与劳动、生活方式、礼俗、娱乐等有关。西吉县一直就有唱花儿的习俗，它植根于人民生活的土壤，富有极强的生命力，其优秀作品不仅具有较高的艺术价值，还反映了不同时期的社会面貌和人民心理，具有重要的认知价值。西吉县的花儿内容丰富多彩，博大精深，在长期的发展过程中，逐渐形成了具有当地特色、充满民族风情和浓厚乡土气息，抒情色彩极强，主要分布在吉强镇、兴隆镇、沙沟乡、白崖乡等地。

2. 西吉花儿的形式与内容

西吉花儿的形式有两句花儿、三句花儿、四句花儿，六句花儿，每一种形式的花儿都有一定的韵律，非常讲究节奏；在音乐上讲究令调，有牡丹令、马莲令、情歌令、探妹令、对花令、尕马令、长工令、劳动令等五十多种；形式多样，有独唱、对唱，也有齐唱，调子既有传统套曲，也有即兴编就的新曲；题材包括天文、地理、人物、民众、山川、草木等；内容丰富，主要有爱情花儿、时政花儿、仪式花儿、生活花儿等。花儿真实地反映了当地人民群众的生活，具有强烈的感染力。

3.西吉花儿的分类与发展

西吉花儿以歌唱爱情为主，也有反映生产劳动的。曲调自由，演唱节奏婉转，悠声缠绵，优美动听。可分为以下几种类型：

劳作歌，以与劳动动作想配合的强烈声音节奏和直接促进劳动的功用为其基本特征；山歌，俗称"漫花儿"，一般在高山、崖畔、空旷的地方居高而高音唱；花儿有调令花儿和干腔花儿之别；新编新花儿，也是花儿中的一类，如《毛主席好像太阳》《英雄的解放军来了》，歌词大都是反映劳动人民过上了新生活的喜悦和感激之情等内容；民俗小调和戏曲小调，如酒令《十杯酒》《尕老汉》《南桥担水》《控情郎》等。

4.西吉花儿的艺术特点

（1）西吉花儿用词鲜明生动，口语化，多用比兴手法，幽默诙谐。比兴手法是西吉花儿中最常见的修辞手法，有些比喻微妙传神，这种艺术特色篇篇俱到。如西吉县流传的花儿就多以该县的地方名作比兴。

> 西吉有个月亮山，
>
> 盘盘路儿（者）上哩；维了个花儿赛貂蝉，
>
> 一天（么）三回（者）浪哩。

（2）西吉花儿粗犷豪爽、热烈奔放，深邃而恬淡，遥远而亲近，空旷而密集，欢乐中夹杂着惆怅，苦闷中表露出欢乐。

"阿哥的肉，面片子，稠地舀上。"这是西吉男女老少都唱的花儿。这本是"臊（情歌）花儿"中的一句副歌，但在蔬菜代食的年月，却成了人们呼唤主食的心声。"清油辣子醋调上，面片子稠稠地舀上，阿哥吃了上新疆，你把尕妹子领上。"

（3）西吉花儿融入了人们劳作的快乐。麦黄六月，壮实的小伙子排摆在滚滚的麦浪间，花儿飞出心窝窝，借以引起姑娘们的注意，也借此来缩短一眼望不到边的庄稼。

> 青稞大麦穗连穗，
>
> 豆角儿没有个秕的；
>
> 天下十三省我游到，
>
> 没有顶住尕妹你的。

（4）西吉花儿多以爱情为主要内容，形式有独唱和男女对唱。小伙的花儿常常撩拨得姑娘、媳妇春心萌动，不能自已，于是便羞答答地对唱起来。

> 男：大山洼里花儿红
>
> 照花了阿哥的眼睛；
>
> 看着尕妹子怪心疼，
>
> 花衣裳穿了个紧称。
>
> 女：墙头上一对红公鸡，
>
> 我当是一对老鸹；
>
> 阿哥唱歌好声音，
>
> 我当是吹响的唢呐。

（5）西吉花儿流传范围广。历史上，西北是先民活动的重要区域。花儿与先民在同一个历史时期、同一片土地上生长、繁衍，花儿与先民之间存在着密切关系，这种关系主要表现在先民对花儿的传播上，随着西北先民的生产活动与贸易活动，逐渐将花儿传播到各地。

二、西吉花儿的发展

西吉花儿和其他民间艺术形式一样，具有鲜明的地域特色和民族特色。在漫长的历史长河中，传承着西吉地域文化特色和浓厚的民间艺术风格。

20世纪70年代初，西吉县文艺宣传队一些年轻的演员们汲取花儿艺术营养，积极创作，丰富舞台艺术，创编了第一部花儿剧。从此，一种新的剧种"花儿剧"诞生了，这一新的剧种一经诞生便被载入《中国民间艺术大辞典》，极大地丰富了宁夏的舞台艺术。

近年来，西吉县委、县政府高度重视花儿艺术品牌的培育和发展，大力培养和扶持花儿艺术人才，深入挖掘、拓展传统文化的优秀内涵，努力弘扬优秀民族文化，突出本地特色，突出以民族风俗和民族风情为主的文化，打造花儿文化品牌。

2008年，"西吉花儿"成功入选自治区级非物质文化遗产保护名录，誉称"花儿皇后"的李凤莲被自治区命名为自治区级非物质文化遗产传承人。为了激发群众喜欢花儿、传唱花儿的热情，2008、2009年县文化部门组织举办了两次花儿歌手大赛，并筛选花儿歌手参加六盘山"花儿漫六盘"电视歌手大赛。

三、西吉花儿发展与思考

第一，县人民政府应当在年度财政预算中安排专项资金，用于花儿文化的保护、传承与发展，专项资金用于下列项目：花儿文化民间普查、花儿文化的抢救、花儿文化传承和传播活动、花儿文化重大项目的研究、花儿文化珍贵资料和实物的征集和收购、花儿文化的宣传教育、花儿文化活动开展、优秀剧目创作。文化、财政等部门应当加强对花儿文化保护专项资金的管理，确保专款专用。

第二，建立花儿传承人管理办法，出台一些支持保护传承的措施。对传承人要给予政策的支持，使这些传承人能够保证一定的生活来源，一定要给传承人提供很好的条件，提高他们传承花儿的积极性。

第三，开办花儿展厅。从继承和弘扬中华民族的传统文化和培育民族精神的高度认识非物质文化遗产花儿保护的重要性，要加大宣传，通过开办花儿展厅，保护大量的器物、艺术作品，发动全民参与传承保护。

第四，将花儿歌手大赛办成传统节日。花儿传承和传统节日相结合，丰富群众的文化生活，营造浓郁的节日氛围，提炼与发展花儿文化，创作花儿精品，使广大群众来深切感受中华民族这些丰富多彩的传统文化。

第五，鼓励文艺团体创排花儿精品剧目，提升花儿文化品质，打造花儿文化精品，在人才使用与选拔上，创新思维，多渠道、多方位给予支持。对花儿歌舞剧《花儿四季》重新打磨搬上舞台。

通过采取一系列对西吉花儿的保护措施，相信西吉花儿将绽放于西吉县的广大农村，必将对西吉文化事业的发展起到推动作用。

（作者系西吉县文化馆干部）

西吉文工团
——黄土高原上的乌兰牧骑

樊平义

西吉县文工团是由原业余文艺宣传队沿革而成为公办文艺团体。1973年12月文教局安排，由县文化馆举办"毛泽东思想文艺宣传学习班"，学习班学员19人，来自农村、林场基层，还有农场下乡、回乡知识青年。翌年4月，经县革命委员会批准，以学习班为基础成立西吉县业余文艺宣传队。1978年传统历史剧开始上演，丁兴国、丁彦荣、袁世英、孟乐民、刘进宁等老艺人为西吉文工团秦腔历史剧的发展奠定了一定基础。1979年成立文艺工作队，从文化馆分出，原亦工亦农的演员转为集体工。1982年招收10名歌舞学员，1984年招收10名秦腔学员，分别派送到宁夏艺术学校和陕西咸阳戏剧学校脱产学习两年，学习期满后招为正式演员。1988年12月文艺工作队更名为文艺工作团，设秦腔、歌舞两个演出队。因县文工团演员老化，1997年为文工团补招10名学员，统一送往宁夏艺术学校培训1年后转为文工团正式演员，2002年4月，为补充新生力量，从专业院校招聘专业人员11名。

西吉县文工团自组建伊始，四十年如一日，坚持"二为"方向和"双百"方针，扎根于民间沃土，贴近实际、贴近生活、贴近群众，不断推陈出新，与时俱进，为广大人民群众奉献丰富的精神食粮。

多年来，文工团挖掘民族民间文化遗产，为弘扬民族优秀文化传统作出了巨大的贡献。以地方花儿为基础，创作出了花儿歌舞剧作为新剧种被收入《中国民间艺术大辞典》。共编创演出具有浓郁地方特点和民族特色的花儿歌舞、戏曲、音乐、花儿等各种剧目286个，其中花儿联唱《春色洒满河山》、舞蹈《送粮路上》《抓发菜的尕姑娘》、器乐曲《数花》、表演唱《土豆变金豆》等8个剧目参加全国文艺汇演并获奖；舞蹈《火红的山丹花》《育林曲》，花儿剧《金鸡姑娘》《情暖人家》、舞蹈《猴子玩灯》等剧目在自治区文艺调演中获创作、编导、音乐等多种奖项。有10多个节目分别在中央电视台、中央人民广播电台、宁夏电视台、宁夏人民广播电台演出。

文工团一直坚持歌舞、秦腔两条腿走路的方针，在歌舞创编取得丰硕成果的同时，为满足地方群众对文化艺术欣赏的不同要求，积极排练秦腔传统剧目，并常年组织送戏下乡演出，满足基层群众对文化的迫切需求。先后编排了160多本（折）历史剧和现代剧，其中《血泪仇》《卷席筒》《三岔口》《审鸡》等剧目获自治区和固原地区会演一、二、三等奖。自建团以来共演出12000多场次，观众2400万人次，其中大多数都是在偏僻的乡村演出。无论严寒，还是酷暑，团队同志们都抱着舍小家为大家的工作态度常年奔波在山乡僻壤，田间地头为当地的百姓送去最需要的精神食粮。

文工团曾8次晋京演出，50次参加区、地（市）各类文艺会（调）演。1980年创编了现代戏《血泪仇》《审鸡》，传统历史剧《卷席筒》《三岔口》参加自治区、固原地区中青年演员文艺汇演，获得一、二、三等奖；1982年创编了花儿剧《金鸡姑娘》，参加自治区文艺调演；1983年，创编了舞蹈、表演唱、花儿等节目，参加全国"乌兰牧骑式"文艺汇演，其中舞蹈《送粮路上》《抓发菜的尕姑娘》获得优秀节目奖、先进集体奖，并授予西吉文工团"全国乌兰牧骑式先进团（团队）"的荣誉称号。获奖节目演员代表受中央统战部、国家民委、文化部邀请于1983年10月1日下午2点，出席了在民族文化宫舞餐厅举行的国庆茶话会，全体演职人员受到了党和国家领导人的亲切接见并在人民大会堂合影留念。1987年，创编了花儿歌舞《林草情》参加固原地区文艺调演；1988年，参加固原地区首届"民族团结杯"文艺汇演，选送的舞蹈《吆骡子》《阿哥与尕妹》获奖比赛一等奖；1991年创作演出大型花儿歌舞《花儿四季》参加了中国·宁夏国际黄河文化节，并应文化部艺术局邀请进京演出；1992年2月文工团创编的舞蹈《五十六个民族五十六朵花》代表自治区赴云南参加第三届中国艺术节获得表演奖；1997年再次被文化部授予"全国乌兰牧骑"先进（团队）称号；1998年5月，该团创排的表演唱《土豆变金豆》获全区"群星杯"文艺汇演金奖，同年，文化部授予宁夏回族自治区西吉县"文化先进县"称号；1999年6月，表演唱《土豆变金豆》赴京参加"爱我中华"表演唱大赛荣获一等奖，同年创编的民族体育舞蹈《羊响板》参加了第六届全国少数民族传统体育运动会，荣获表演项目类二等奖，同时参加了新中国成立五十周年国庆联欢晚会的演出；并被国务院授予固原地区西吉县文工团"民族团结进步模范集体"称号；2001年创作的表演唱《夸家园》参加全区文化旅游节会演荣获一等奖；2003年《牧童鞭》参加第七届全国少数民族传统体育运动会，荣获表演项目技巧类金奖；《牧童鞭》是西吉县文工团根据宁夏南部山区民间流传的对麻鞭、耍鞭杆、斗斗吃、拔硬腰等一系列具有地方特色传统体育活动为原型创作改编而成，这一创作和演出是集体多年来孜孜以求不断进取所结出的丰硕果实。2004年以劳务经济为主题创排的大型民族舞蹈《走出黄土地》在市、县专场演出后受到广大群众和各级领导的高度评价；2005年团领导调整思路，积极组织创作人员，挖掘新题材，创排新剧目，推出现代花儿剧《情暖农家》参加宁夏首届文化艺术节，获得最新剧目奖、作曲奖、编导奖，九名演员获得表演一、二、三等奖；2006年6月创编的民族体育舞蹈《牧童鞭》参加宁夏第六届少数民族传统体育运动会荣获表演项目技巧类金奖；2007年西吉县文工团将该节目进行改编后参加第八届全国少数民族传统体育运动会，又一次获金奖殊荣。至此，已连续3次获全国少数民族传统体育运动会表演项目金、银奖。西吉县文工团凭借自身努力不断创佳绩，为宁夏回族自治区600万人民，更为西吉人民赢得骄傲和自豪。2010年5月参加自治区第七届民运会获表演项目一等奖。2010年10月份，以"走出去，请进来"为工作新思路，向外宣传宁夏西吉文工团的同时，经过向外推介和联系，最后以一台花儿歌舞专场文艺节目，赴陕西省西安市参加了大明宫国家遗址公园开园庆典商业创收演出。跨省市演出大力传播弘扬了西吉县的民间文化艺术。

2012年初，为了大力宣传全区南部山区生态移民工程工作，在自治区党委、政府的高度重视下，在县委、县政府和文化旅游广播电视局的正确引导和大力支持下，文工团和县移民南部办紧密配合，请国家级的编剧张宗灿和区级编剧李小渊，作曲王华元，区级著名导演肖强等联合打造了一台大型花儿歌舞剧《大移民》，在西吉建县60周年庆典活动中搬上了舞台，深受广大观众的喜爱和好评，分别为自治区和固原市两会进行了汇报演出。2012年，西吉县文工团排练厅里，随着音乐声起，台上演员真情投入，台下导演注目观看。他们对新编排的花儿歌舞剧《花儿漫六盘》进行最后打磨，这台以生态移民为主题、以地方特色花儿为艺术形式的歌舞剧在西吉亮相。2013年初，在市委宣传部的安排部署下，该剧目又在固原市四县一区及部分学校进行了巡演，受到了社会各界人士的一致好评。

2014年，为大力宣传党的十八届三中全会精神，以认真贯彻党的群众路线教育实践活动，组织全团的业务骨干力量，利用两个多月时间，精心创排了话剧《大学生村官》，在全县范围内汇报演出，得到了县委、县政府及上级主管部门和广大观众的高度赞扬和评价。

2015年对文工团而言又是不平凡的一年，7月份编排广场舞蹈《火了、火了、火》和《小苹果》参加了"全市第三届广场舞蹈大赛"最后以一等奖的好成绩摘掉了大赛的桂冠，也是连续三届广场舞大赛的冠军得主。在县委、县政府和文广局的高度重视和工作上的大力支持下，从2015年年初就一直加班加点地组织编排民族体育舞蹈《六盘响鞭》，经区民委选拔筛选之后代表固原市在6月份赴自治区参加了全区"第八届少数民族传统体育运动会"表演项目类大赛，最终以一金一银的好成绩被自治区民委高度肯定，后被选为代表代表全区参加"全国第十届少数民族传统体育运动会"的得力表演项目类节目。在8月赴内蒙古鄂尔多斯市参加全国赛上又以一金一铜的优异成绩为宁夏代表队争得了佳绩。目前，结合文化部对全国文化体制改革的相关要求和政策规定，正忙于以大力宣传我县旅游产业，反映当地民族风情为特点，邀请区内、外在文化演艺圈的部分知名人士，以火石寨独具特色的自然景观和浓郁的风土人情彰显民族和谐大团结为创作题材，精打细磨创排大型花儿歌舞剧《神奇的火石寨》，为"弘扬西吉民族文化、发展旅游特色产业、促进演艺市场化运作、吸引游客走进西吉"，精心创编、力争最短时间内将该剧完整地搬上舞台与观众见面。

西吉文工团现有国家专业级别的演员及演奏员34人，平均年龄42岁，在全国文化体制改革的实施过程中，在全区及各市县文艺团体发展面临各种困难的时候，西吉县文工团顶着在工作中遇到的种种困难和压力，认真负责对待各项工作，坚持以丰盛的文艺节目、不断学习创新和发展。在每项工作中都倡导"三早"意识，以"穷得响丁当、偏要丁当响"的对文艺工作的酷爱和热情，在这块贫瘠的黄土地上唱响了主旋律，开拓了一片广阔的文化艺术天地，为西吉县的文化艺术宣传事业争当排头兵。

2015年，在第十届全国少数民族传统体育运动会上，由西吉文工团创编排的《六盘响鞭》等两个体育表演节目在综合类表演项目中获得金奖和铜奖。这是该文工团自第六届全国少数民族传统体育运动会以来，第4次代表宁夏参加全国少数民族传统体育运动会，并获得金奖。2015年，西吉县文工团创编排演了"花儿唱法治"文艺节目，其中创编的方言小品《拆迁》在参加自治区法治文艺节目会演时被评为全区优秀法治文艺节目。"花儿唱法治"文艺演出团体每年以"大篷车"的形式深入全县19个乡镇街道和集市开展巡回演出，深受群众喜爱。结合移民法治宣传，深入移民点举办移民宣传法治文艺节目专场演出，小品《生态移民暖民心》等优秀节目受到群众好评。

在穷得"丁当响"的西吉县，有个同样穷得"响丁当"的文工团。这个在贫瘠土地上扎根的剧团，常年活跃在田间地头、农家院落，锣鼓一直"响丁当"，整整响了40余年！这个团成为常开不败的山丹花。就是这个被誉为乌兰牧骑式的小剧团，8次进京，一次出国，连连获奖，创造了许多大团都没有的业绩。先后担任文工团团长的有王顺天、冉志珍、薛维民、王明朗、李世峰、苏元福、冯亚新、尹德智、张明、樊平义、王武刚。

40余年来，这个小小的剧团里走出了剧作家、市报总编辑、杂志主编、大剧团演员、省级剧团团长、市文联主席……有近百人先后从这里走出，成为宁夏演艺界的骨干力量。但仍有许多创办文工团的元老还留在团内。现在，在团里干了二三十年的仍有三分之一。他们已经成为文工团的中流砥柱，成为传帮带的老师。走的人多，要求来的人更多。因为这里虽然清苦，但有强大的吸引力。这个团之所以能坚持到今天，是因为演职人员都能以剧团为家，都把演出当作一个十分热爱的事业，始终秉承自力更生、艰苦奋斗的创业精神。西吉县文工团贴近实际、贴近生活、贴近群众，创作演出推陈出新，与时俱进，为广大人民群众奉献了丰富的精神食粮，为发展文化强县，提高人民群众精神文化生活作出了巨大贡献。

2015年11月30日，根据全国文化改革有关精神，西吉县委、县政府决定，文工团实行全面改制并入县文化馆，县上同时成立文化传媒信息有限责任公司。至此，西吉县文工团完成了他光荣的历史使命，走向新起点。

网络环境下的非遗项目著作权保护研究

张虎胜

我国已经全面步入"互联网＋"时代，网络已经成为社会大众的必需品，互联网用户数量逐年增多且呈现低龄化趋势，随着数字网络的不断普及，文化的产生与传播呈现出新的发展趋势，非遗项目著作权已经打破了原有载体的束缚，非遗项目著作权侵权事件的发生更加普遍，传统的非遗项目著作权保护制度已经不能满足现实需求，为此，应当将视野聚焦网络环境并积极探究非遗项目著作权的有效保护措施。

网络环境下非遗项目著作权保护的概述

狭义的非遗项目著作权指的是版权，即文学、艺术及科学作品的作者及相关非遗项目著作权人对这一作品依法享有的人身权及财产权等法定权利，非遗项目著作权具有一定的法定有效保护期限，而广义的非遗项目著作权包含了狭义的非遗项目著作权，同时还包含著作邻接权。版权强调保护作品的财产性权利，而非遗项目著作权同时还强调了精神方面的权利，虽然在外延方面与版权还存在一定差异，但在我国现行的非遗项目著作权法中两者是可以互相替代的。非遗项目著作权具有一定的独占性，即非遗项目著作权人可以享有特定的利益，未经他人允许而随意处分作品的行为都可以视作侵权行为。非遗项目著作权受我国法律保护且具有较长的保护期限，侵权行为者应当立即停止侵权行为并积极消除影响，同时肩负起赔礼道歉及损失赔偿等相关民事责任。

网络下的非遗项目著作权以非遗项目著作权为基础，随着网络技术的发生与发展而形成，虽然业界并未形成统一的概念，但普遍以网络非遗项目著作权来进行相关描述。网络环境下的非遗项目著作权以网络环境中传播的作品为保护对象，就作品本身内容及情感表达方面而言，并未因网络等传播方式的改变而改变，只是由纸质文字转变成为数字化的二进制，或者依靠网页、软件等数字化技术产生的作品。

网络环境下的非遗项目著作权保护存在的问题

我国已经全面迈入信息技术时代，网络非遗项目著作权的发展就是与高新技术互动而来的结果。我国网络信息的传播技术正在经历重大革新，关于非遗项目著作权的保护也存在很多需要完善的机制，以纸质书刊等载体进行有形传播的方式已经无法跟上时代的脚步，作品的传播与利用给非遗项目著作权保护带来了极大的挑战。首先是数字网络技术的产生与发展使得原有作品数字化，可以实现在全球范围内的快速传播，与此同时保持较高的传播质量。除此之外，给数据库、信息管理、深度链接及游戏软件等相关经济权益也带来极大的冲击，都将被纳入重点保护范围。

非遗项目著作权保护的现状

（一）呈现的特征

网络环境中的非遗项目著作权不仅是保护传统意义上具有单独版权的作品，网络环境下的作品承袭了其独创性，同时也是作品享有非遗项目著作权的重要前提，经复制等处理后其思想内容并不会改变，遵守法律法规，不会损害社会公共利益。网络环境中的作品对报刊等有形载体的依赖程度逐渐减弱，作品可以数字的方式进行储存与识读，这就加快了信息传播的速度，大众在获取信息时也更加便捷。网络环境中的作品界限越发模糊，作品本身又具有极强的集成性，这是传统作品无法比拟的优点。信息技术的发展促使多媒体创作形式得以迅速崛起，某一作品是否符合非遗项目著作权的保护范畴也变得更加模糊。如一些网站专门设立了文学专栏，文学作品的大量发布，网站为了满足一些读者的阅读需求，文章往往不经过深思熟虑，而是采取快捷地"复制""粘贴"，模仿、窃取他人作品的现象时有发生。

（二）地域局限的突破

据相关经验可知，地域性特征是判断非遗项目著作权法适用范围的重要途径之一，但网络环境下的非遗项目著作权打破了传统非遗项目著作权在地域问题上的局限性，即非遗项目著作权不再仅仅在所属国家及区域间受到法律保护，人们都可以自由地在网络空间中上传或下载作品，由于科技的发展，智能机器人可以和人类进行简单的对话，如微软小冰，可以模仿歌手进行演唱，但是对生成内容的属性和其成果背后权利的归属尚未界定分明。在一定程度上增加了侵权行为发生的可能性，这一问题也因此成为当前非遗项目著作权保护的重点关注问题之一。

（三）权利归属的复杂性

传统非遗项目著作权中的权利主体相对明确，但网络环境中各类作品的传播速度更快且传播范围更广，为此，在全民创作浪潮的推动下，网络环境中权利归属问题更加复杂。各类自媒体平台的应用与发展促进了创作方式的创新发展，每个普通群众都可以成为创作者、加工者及传播者，非遗项目著作权人在这种情况下很容易失去对作品的控制权。以互联网网站为例，网站管理员作为非遗项目著作权的主体之一为了能够扩大网页流量一般会在网页设计上花费更多人力、物力及财力，但随着复制等科学技术的发展，国际非遗项目著作权的保护工作面领更大的挑战。区别与印刷、复印、录音及录像等传统载体，网络环境下的数字化电子符号具有成本更低、储存量大、传播迅速等优点，复制技术因此得以广泛应用，但网络环境下非遗项目著作权侵权事件的发生可能也因此增大，在一定程度上增加了非遗项目著作权法律保护的工作难度。

非遗项目著作权侵权行为特征

网络环境中的非遗项目著作权侵权属于一种集体的无约定行为，非遗项目著作权人的损失难以估量，即使有相关法律也难以追究到每一个侵权用户的身上。我国非遗项目著作权法中详细地说明了侵权行为的主要几种形式，而网络环境下的侵权形式主要可以分为以下几种。

（一）超文本链接

如一些网站创作者挪用不同的影视文本中的镜头，创建属于自己的作品，这是目前小网站与大网站或平台之间的合作关系，其根本目的是提高小网站的知名度，这种技术可以将互联网上的各类信息进行紧密联系，虽然为众多网络用户提供了方便，但同时也引发了非遗项目著作权人与链接网站之间的各种冲突。

（二）擅自处理行为

未经非遗项目著作权人允许擅自发表、转载及传播都可能构成侵权行为，其中发表权是非遗项目著作权的基础，但一定要注意，如果非遗项目著作权人或授权的网站并没有标注禁止转载即视为允许状态。如有些人为了追求个人的一己私利，从资源网站上寻找矢量图片或已发布的署名作品，根据自己的需要进行重新修饰、调整来混淆视线，这些"疑似侵权"的现象时有发生。

（三）网页剽窃行为

虽说网页只是网站对外进行服务工作的一个窗口，但这个窗口的制作在一定程度上决定了点击率及经济收益，直接剽窃他人网页用于自己的网站也属于侵权行为，给非遗项目著作权人造成相应损失。

经总结可知，网络环境中的非遗项目著作权侵权行为具有一定的普遍性特征。网络具有虚拟性特点，侵权主体在网络环境中以虚拟身份存在，与此同时侵权的对象也是虚拟角色。为此大多数侵权人在侵权过程中并没有任何犯罪感，甚至可能并未意识到正在进行侵权行为，社会对于网络环境中的侵权行为的道德谴责普遍较轻，法律对这类侵权行为的惩处力度也有待增强。

非遗项目著作权在网络环境下受侵犯的原因分析

（一）非遗项目著作权人的维权意识相对淡薄

维权意识在互联网发展之初并未完全形成，许多非遗项目著作权人在面对侵权问题时只是选择自己承担相关经济损失，著作人维权意识的提高远远赶不上互联网的发展速度，有可能非遗项目著作权人还没意识到自己被侵权就已经发生了侵权行为，加之著作人大多将精力用于创作，对网络环境下的侵权保护并无深入了解，放任了侵权行为一件又一件的发生。

（二）非遗项目著作权人的维权成本相对较高

"盗版""山寨"等侵权行为并不需要向非遗项目著作权人支付相应的费用，成本相对较低，在网络环境下的侵权行为易如反掌，甚至通过复制粘贴的方式借由网络迅速传播，而非遗项目著作权人选择维权时需要付出的诉讼成本与侵权成本构成鲜明反差。非遗项目著作权人在维权过程中既需要确定侵权主体的身份，又需要搜集相关侵权证据，但这些证据很容易被更改或清除，即操作难度较大，许多非遗项目著作权人及时花费了大量的金钱及精力其维权效果也可能不尽如人意。

（三）网络服务商并未肩负相应责任

网络侵权事件的发生与网络服务商及内容提供者等信息传播中介密不可分，面对网络环境越来越混乱的局面并没有采取积极有效的措施，过于注重从网络中获取自身所需要的经济利益，以至于让利益蒙蔽了双眼，对侵权行为不闻不问甚至视而不见，加剧了网络侵权行为。

（四）道德准则并不能起到规范作用

虽说网络不是法外之地，但在网络环境下以法律对大众的行为约束本身就存在一定困难，更遑论使用道德约束大众的思想观念及行为举止。与此同时，网络环境下的身份大多为虚拟的，侵权行为也是在虚拟的条件下进行的，网络环境越发复杂，相关保护设施还不算完善，且网络中的信息具有共享性与开放性，许多人自由享用这些资源已经成为习惯，甚至并不认为自己存在侵权行为，道德要求的门槛相对较低。

（五）非遗项目著作权相关法律法规并不完善

法律法规中明确规定了网络环境中的正确行为，是调整并规范社会大众意识与行为的重要手段之一，但其更新速度赶不上快速发展的网络变化趋势，逐渐显现出一定的滞后性，对我国非遗项目著作权相关法律的制定提出了更为严峻的挑战。已有的相关法律法规对侵权行为的打击力度仍然有待提升，尤其是对于一些法律中并未有明文规定的侵权行为不得定罪处罚，且某些传统的刑事法律并不适用于网络环境的侵权行为。

网络环境下非遗项目著作权保护制度的完善

（一）加强宣传力度，强调维权意识

网络发展之初，包括非遗项目著作权人在内的社会大众的维权意识普遍不强，随着互联网的快速发展，我国不断强调非遗项目著作权的保护法律，但这种习惯及状态很难转变，为此加强普通群众的维权意识是一个漫长的过程。由于网络信息具有开放性，大众在获取与应用共享信息的同时，可能并未意识到已经侵权，为此侵权现象屡禁不止。促进社会大众的意识转变，需要在道德及法律方面加大宣传力度，使其清楚地知晓侵权行为对自身利益及社会带来的危害，从而帮助他们转变思维，尽可能减少以"私权自由"或"合理使用"的借口施行侵权的行为。

（二）规范法律制度，加强立法保护

法律的存在就是为了规范社会大众的行为举止，从而帮助社会大众解决实际生活中可能出现的各种冲突与矛盾。目前，加强对网络非遗项目著作权的保护工作已经成为国际发展趋势，在国际通力合作的前提下，网络环境下的非遗项目著作权保护标准正在日益完善，并朝着协调统一的方向不断发展。恶意的侵权行为不仅会影响网络正常秩序，同时，还会损害非遗项目著作权人的根本利益，为此需要对侵权行为采取系列行政或刑事手段，强调侵权人民事责任的同时，还要说明其应当承担的刑事责任，明确网络环境下的主要侵权行为及其判定标准，从而才可以针对侵权行为不断完善相关法律。基于我国提倡的利益平衡及网络健康发展的观念，相关部门应当加强网络立法保护，尽快形成科学且系统的网络非遗项目著作权益保护机制。

（三）提高技术保障，加强网络监督

虽说网络环境的建设有赖于健全的法律法规，但先进的技术手段也是减少负面影响的重要因素，为此，相关人员应当针对网络侵权行为加快科研技术的开发与应用，目前市面上以各类杀毒软件及防火墙技术的应用最为常见，越来越多的软件及网页加强了密码的设置，同时完善并引入身份识别系统及数字化追踪系统，加强了对防复制程序的应用并对访问权限加以再次验证。除专门的网络监管部门外，网络环境下的侵权行为主要依靠广大网民的主动检举，在加强网民非遗项目著作权意识的同时，鼓励网络向相关部门及时检举，从而保障非遗项目著作权人的根本利益，相关部门应当给予回应并立即开展警告或惩处措施，以此彰显互联网的良好环境及风气，并鼓励更多网民一起建设网络健康秩序。

（四）开展专权登记，统一编码管理

非遗项目著作权的本质就是保障文化、艺术及科技等相关作品不会在未经允许的情况下被他人随意复制、编辑及转载，为防止以上网络侵权事件，非遗项目著作权人可以向相关非遗项目著作权登记机关申请作品登记，明确作品归属权，以便在发生纠纷的时候便于搜集侵权相关证据。根据国家版权局《作品自愿登记试行办法》可知，凡是享有非遗项目著作权的公民及法人等都可以申请作品登记。非遗项目著作权登记所涉及的作品可以包含文字作品、口述作品、音乐作品、影视作品甚至是工程产品设计图，所有登记过程都遵循自愿原则，但无论作品登记与否，作者及其相关非遗项目著作权人所有的非遗项目著作权并不受影响，数字作品的版权也可以在行业协会等相关第三方平台进行登记备案，登记后自然人作品非遗项目著作权将为非遗项目著作权人保留终身并在其死亡后50年也同样享有相同权利，对作品本身而言也有利于作品的许可、转让及其传播。

（五）建立组织平台，完善集体管理

网络环境下的非遗项目著作权保护工作应当尽快建立网络非遗项目著作权集体管理制度，由于个人自身能力十分有限，为此借助集体管理模式才可以真正保障非遗项目著作权人的根本利益。集体管理工作既可以由网络服务商进行组织，同时也可以挑选专门的人员组成管理小组，我国非遗项目著作权法中对这一部分有相关说明，但实际管理工作应当根据实际情况再加以规范。非遗项目著作权集体管理组织接受众多权利人的授权，其基本工作是利用先进的科学技术及时发现侵权行为并以诉讼当事人的资格向法院提起诉讼，有利于众多非遗项目著作权人在网络环境下维护自身的财产权，且有助于充分利用网络环境中的各种信息资源，对促进国际性的非遗项目著作权保护及文化交流也具有重要意义与价值。

（六）借鉴国外经验，接轨国际趋势

网络环境下非遗项目著作权保护工作不仅是国内非遗项目著作权人所关注的内容，同时也是各国及多个国际组织急需解决的问题，以《世界知识产权组织版权条约》为代表的一系列公约相继出台，致力于解决国际互联网中应数字技术广泛应用而产生的一些非遗项目著作权保护新问题，我国也以这些国际公约为基础开展相关的版权立法工作。由此可见，要想实现国内网络环境中的非遗项目著作权保护必须借鉴外国成功经验，尽可能与国际形势接轨，再结合国内实际情况强调一些非遗项目著作权保护的根本原则，并将传统非遗项目著作权保护措施迁移至网络环境下的非遗项目著作权保护工作。

综上所述，积极探索网络环境下的非遗项目著作权保护措施已经刻不容缓，相关人员应当借鉴成功经验并结合实际国情，通过加强宣传以增强国民维权意识，不断完善以登记制为代表的相关制度及法律法规，努力建立管理平台并开展集体管理，再从集体与个人的角度加强对网络环境的监督，努力解决当前网络环境下非遗项目著作权侵权等问题，最终为保护非遗项目著作权人的根本利益并共同建设健康良好的网络环境而不断努力。

第五章
保护与传承

非遗展馆

西吉县非物质文化遗产展馆

西吉县文化馆非物质文化遗产展馆于2021年8月中旬建设完成，内设春官词、砖雕、木雕、剪纸、刺绣等非遗项目展区，依托数字化建设，使文化与科技相融合，引进触摸互动屏、全息雾幕、体感设备等先进技术，围绕文化馆的业务需求和智能服务，将本地区的非物质文化遗产和文化馆业务相整合，让更多人了解非物质文化遗产的独特魅力。

首先映入眼帘的是西吉县地理风貌的电子沙盘，可以看到，西吉县地势北高南低，有葫芦河、滥泥河、祖厉河三条水系，沙盘上不同颜色的灯牌代表不同的非遗项目代表地——红色代表口弦、花儿，黄色代表皮影戏，蓝色代表春官词。截至2021年6月，西吉县共制作了10集非遗代表项目专题片，共申报完成了16项非遗名录和127位非遗传承人，其中国家级的名录1项——六盘山区春官送福（春官词），国家级传承人1名——马风章。

文化馆全景图

展室用传统手工艺泥塑打造出来了具有西吉地方特色的三个场景，第一个场景是西吉的母亲河——葫芦河，发源于月亮山南麓，是渭河上游第一大支流。第二个场景是国家4A级旅游景区火石寨，是我国迄今发现的海拔最高的丹霞地貌群，被誉为"中国的科罗拉多大峡谷"。第三个场景是月亮山，海拔2633米，是西吉县最高的山脉，我国西北水源涵养林保护最典型的地区之一，墙上配备的图片展示了月亮山的草甸草原区，上面风车林立，林草丰茂。

在传承人展区，砖雕国家级传承人马风章，火石寨乡新开村人，作品多吸收中国画的技巧，展出作品《荷塘》《天安门》等；木雕传承人谢强军，将台堡人，作品风格奇特，屡获荣誉，展出作品《豺》《金蟾》《盘蛇》等；剪纸传承人张淑芳、李银德等，展出作品《钟南山院士画像》《龙抬头》《春暖花开》等；皮影戏传承人谢科选、曹志勤等，展室设置了皮影戏表演区与观摩区，演出道具有鼓、二胡等。非遗展室还运用了现代全息雾幕投影技术，通过雾化设备产生一个雾化屏，将皮影戏投射在雾化屏上时，就会有相应的影像出现，雾幕所产生的负离子对于空气具备一定的净化作用。作为一种全新的显示媒体，雾幕成像技术是传统文化与现代科技的结合，为打造数字化展室增添新创意。

展馆介绍了西吉县的两个自治区级传承基地与一个示范点：马兰刺绣非物质文化遗产传承基地、西吉县乡土文化创意产业有限公司及宁夏金山文化产业园。非遗传承人风采展区，有接骨术传承人李志民、武术传承人刘德胜、春官词传承人肾劲军等，还介绍了西吉的流年风俗与节日活动图片。本区还展出了王文科的《丹顶鹤》等草编构建系列作品，张志虎的根雕作品《梅花鹿》，民间器乐——埙，婺州窑陶器《瓷盘》，刘文刚打造的手工铁器，程芳华的石贴画作品《梅兰竹菊》以及驼绒画，老馆长周再斌的《脸谱》，马淑芳的布贴画与蛋贴画等。

西吉是一块孕育着勃勃生机的文化绿洲，非遗文化源远流长，非遗展馆会不断完善和加强创新保护机制，积极采取保护措施，努力营造保护环境，让非物质文化遗产薪火相传。

非遗重点项目有：

1. 六盘山区春官送福（2021年列为第五批国家级非遗项目名录）

春官词俗称"社火仪程"。表现形式有跑驴、舞狮、龙灯、旱船、高跷、榔头车子、大头娃娃、钱鞭、秧歌和腰鼓等。社火作为民间传统优秀文化艺术被保留和继承下来，并随着时代的发展被发扬光大。春官，人们常称为仪程，是社火的灵魂。春官词是春官扮演者触景生情，风趣幽默，随口而成的押韵口头唱词，西吉社火春官参与人数多、群众基础广，深受广大群众的喜爱。主要传承人有王汉军、胥劲军等。

2. 砖雕（自治区级）

西吉砖雕，历史悠久，风格独特。其立意新颖、构图严谨、造型生动、雕工精湛。以立物纹样、回云纹样等为主题内容。传承人马凤章。

3. 山花儿（自治区级）

山花儿为民歌，又称"少年""山曲""野花儿"。数量多、流传广，尤其是西北一带甚为流传。

西吉山花儿是西吉一带最重要的民间文化内容，具有很强的群众性和艺术性。它主要流行于西吉地区的广大农村，源远流长，文化背景深厚。传承人李凤莲。

4. 口弦（自治区级）

口弦又称"口琴""响蔑"或"弹蔑"。

口弦历史悠久，大约起源于新石器时代，口弦同花儿一样也濒临失传，发掘、抢救和保护口弦艺术，不仅对中国的音乐史，甚至对世界的音乐史的丰富和完善，都将产生一定的积极作用。传承人李凤莲、马女子等。

5. 剪纸（自治区级）

西吉剪纸作为一种民间传统装饰艺术，散发着浓郁的黄土高原泥土气息，题材广泛，内容极其丰富。传承人张淑芳、李银德等。

6. 刺绣（自治区级）

西吉刺绣题材新颖，内容丰富，具有独特地方民俗色彩，种类有香包、挂饰、衣饰等，式样繁多、寓意深刻，托物寄情、寓情于乐、寄语美好的愿望。传承人马兰、施满义等。

7. 木雕（自治区级）

西吉木雕艺术继承了我国木雕艺术的传承技法，吸收了民俗文化特色，形成了本土地域的独特艺术风格。传承人杨志中、谢强军等。

8. 皮影戏（自治区级）

西吉皮影戏，历史悠久，源远流长，是当地人民群众喜闻乐见的一种古老传统民间表演艺术，是深根于民间土壤中的一朵艺苑翡翠。常用牛皮、驴皮、羊皮、鱼皮为原料。表演者在有灯光下显露影子，民间古称"牛皮灯影"。传承人谢克选、曹志勤等。

9. 西吉戏曲脸谱、地摊戏、饮食等（县级）

非物质文化遗产是先民留给我们不可再生、无法替代的宝贵财富，也是民族文化的精髓、民族精神的结晶。保护文化遗产是功在当代、利在千秋的伟大事业，2020年文化馆在全县范围内向社会进行公开遴选项目和传承人申报工作经过严格的资料、作品、政审环节，成功申报第四批县级非遗传承人43名，其中新增加了非遗项目饮食、地摊戏。

10. 西吉民间故事（自治区级）

西吉县是个文化大县，文化底蕴深厚，民间民俗文化丰富灿烂，民间传说故事精彩纷呈、长久不衰，收集整理民间故事、歌谣、花儿等是一项长期而复杂的工作。民间故事传承人刘成才、李柱等。

西吉县的非物质文化遗产保护工程，在政府主导和社会共同参与下，在西吉县文化工作者的不懈努力下，一批珍贵、濒临灭绝的非物质文化遗产得到记录、抢救和保护。非物质文化遗产项目代表性传承人得到重点保护和扶持。非物质文化遗产保护机制基本建立，机构和队伍不断加强。非物质文化遗产保护的政策法规不断完善，保护意识深入人心。

而在抢救保护西吉地区丰富的文化遗产这项承前启后的宏伟事业上，我们只是开了一个头，以后的工作任重而道远，但我们会立足现实、持之以恒、再接再厉，不断完善保护机制，积极采取保护措施，努力营造保护环境，使非物质文化遗产薪火相传，源远流长。

传承基地

施满义刺绣传承保护基地

施满义刺绣传承保护基地以刺绣、编织、剪纸、演艺等项目为主，集民间手工艺、文化艺术展览于一体的民间文化组织。广泛流传于民间的精湛手工艺品，有传统之美，雅俗共赏，怡情悦性，成为展示民族民风民俗和民间传统文化艺术的重要阵地。在这里能体验到"西吉民俗文化"的特殊魅力。

2020年，为了让西吉非遗手工作品"走出去"，传承保护基地多次参加手工作品展销、展示会，积极对接展商引资。通过县政府引导，与上海《大飞机》杂志社有限公司签订了常年销售手工艺作品的订单，现已对接12次订单，合计金额38.6万元。吸纳了基地培训后的待业妇女82人。其中，建档立卡户占30%以上。

中国民俗文化丰富多彩，非遗文化基地的建成，有利于群众和游客充分利用民俗文化陶冶情操、净化心灵，培养美德。对促进西吉县文化产业的提升，弘扬民俗文化，挖掘和培育具有浓郁地方特色的文化，抢救性保护优秀民间非遗传统项目，更能激发群众对民俗文化"去除糟粕，取其精华"的创造热情。

基地常年聘用传授民间刺绣、编织、剪纸的专业教师9名，非遗传承人1名。根据不同季节，通过调查摸底，有针对性地开展非遗传承培训，还可以通过组织座谈、入户走访，全面掌握文化传承状况，因地制宜，有重点地拟定培训计划，合理设置课程内容。自培训以来，非遗培训总人数达1000多人，通过典型户的示范带动了一部分农村妇女对传统文化的传承认知并激发出创业积极性，基地对培训人员作品进行质量筛选后，以收购、包装、销售的模式进行运作，这样不仅给贫困家庭带来一定的经济收入，而且改善了农村妇女对生活和自身价值观的认知。

2012年参加了中国（宁夏）黄河善谷慈善博览会；2012年、2013年参加中国（宁夏）国际投资贸易洽谈会暨第三届、第四届中国—阿拉伯国家经贸论坛会；2013年11月被固原市科学技术协会评为"优秀农村科普示范基地"；2013年11月，赵静刺绣作品《火

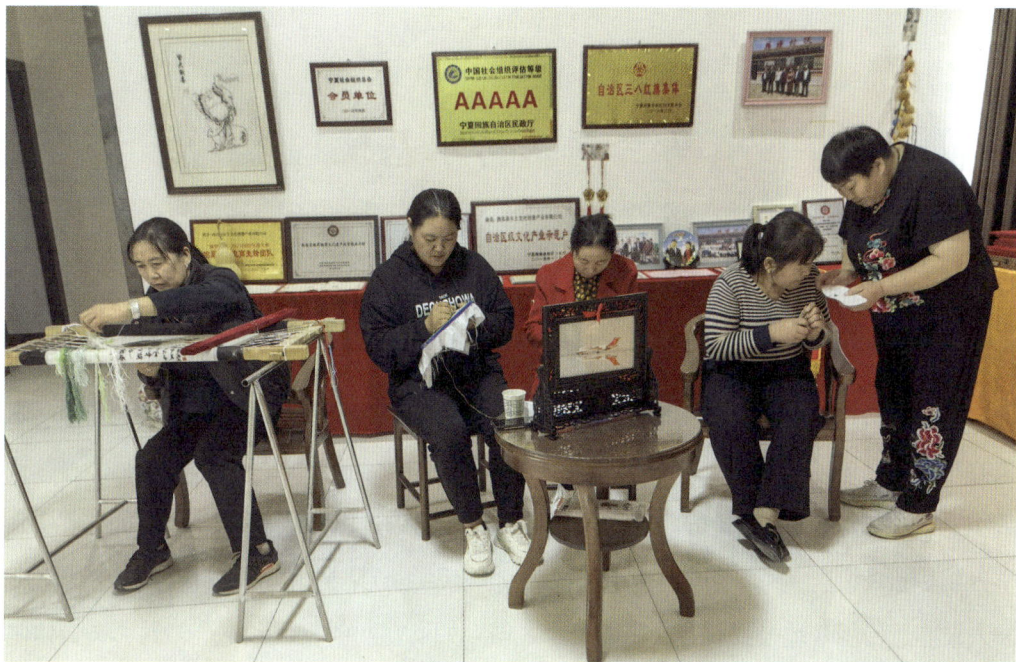

施满义刺绣传承保护基地

石寨》获得宁夏首届文化创意设计大赛三等奖；2014年3月，施满义被授予"巾帼创业之星"的荣誉称号；2015年3月，施满义被评为"民族团结进步创建活动模范个人"；施满义个人刺绣作品《马铃薯之乡》和《新时代农家乐》分别荣获2017年和2018年自治区金奖。2020年3月被自治区文化和旅游厅评为第七批自治区级非物质文化遗产保护传承基地。

马兰刺绣传承基地

马兰刺绣非物质文化遗产传承基地在区、市、县各级政府的正确领导和相关部门的关心帮助下，非遗保护基地开展助残疾人、失业青年、待业大学生、留守妇女，刺绣、编织、"万里红"千层底老布鞋等手工艺品制作和培训工作。截至目前，已面向全社会举办培训班288期，培训学员1.4万人次，培训残疾学员7期学员313人，从学员中优选出30人被非遗传承基地吸收就业，带动千余名城乡妇女就业创业，形成产、供、销一体化服务模式，使手工艺制品成为西吉县乃至周边地区城乡妇女增收致富的主要产业。

马兰刺绣代表作品有《宁夏全景》《宁夏黄河风光》《中国工农红军长征将台堡会师纪念碑》《六盘山红军长征纪念碑全景》《火石寨丹霞地貌风光》《西吉震湖》等。马兰项目代表作品有《校企牵手绣出她时代》《尕女人的那些花儿》等。收藏作品有《旭日东升》等。作品先后参加2014年首届宁夏女职工手工艺制作大赛暨优秀作品展览会，2016年第十一届中国（莆田）海峡工艺品博览会，2017年第十四届深圳文博会、助力推动精准扶贫等诸多参展会、交流会、评选会、竞赛等。多家报纸杂志刊登了马兰刺绣作品和她的先进事迹。

在参加2014年首届宁夏女职工手工艺制作大赛暨优秀作品展中，马兰被宁夏回族自治区总工会、自治区妇联评为"优秀组织奖"，被中国老区建设促进会评为"筑梦老区出彩女性光荣称号"、被宁夏回族自治区总工会授予"五一劳动奖章"，被国务院扶贫开发领导小组授予"全国扶贫先进个人"；2015年被宁夏回族自治区人民政府授予"自治区劳动模范"；2016年固原市人民政府认定为市级非物质文化遗产项目（刺绣）代表性传承人；2016年第十一届中国（莆田）海峡工艺品博览会优秀作品评比中马兰刺绣《宁夏全景》作品荣获"银奖"。2017年被中国老区建设促进会评为"老区脱贫巾帼标兵"，被全国总工会评为"全国五一巾帼标兵"，被固原市总工会授予模范"劳模服务基地"，被宁夏回族自治区扶贫开发办公室评为"先进培训学校"，被宁夏回族自治区扶贫开发培训中心评为"精准扶贫技能培训基地";2017年被宁夏回族自治区妇女联合会评为"马兰手工创意工作室"、被中华全国总工会评为"全国职工教育培训示范点";2018年马兰"校企牵手绣出她时代"参赛项目在宁夏巾帼创新大赛中荣获黄河银行杯宁夏巾帼创新大赛创客实战组金奖;"马兰刺绣产品"被宁夏回族自治区质量和商标战略工作领导小组评为"宁夏名牌产品";2020年,全县疫情防控工作中被共青团西吉县委员会评为"爱心企业"。

典型经验和亮点工作:

一是通过优秀传承基地的带动,可以孵化相关产业共同发展,有效改变宁夏旅游景区、大型卖场缺乏文化产品的单一发展模式,满足不同消费者对刺绣文化的需求,形成新型文化产业发展趋势。

二是能够带动贫困地区和残疾人妇女脱贫致富,提高自身社会价值,找回自尊、自爱、自强的尊严,形成"绣娘经济""炕头经济",对于全国贫困地区的妇女树立了可复制、可推广的典型致富之路。

三是能够带动一大批贫困地区的妇女和残疾人通过双手和辛勤劳动实现就地就业、就地生产、就地形成效益的目标,对于建设特色小镇,形成小镇特色产业具有重要的现实意义。

四是与当地旅游景区、国内大型卖场密切合作,形成美观实用的特色旅游产品,能够在更大的范围内,满足人民群众对刺绣文化消费的需求,美化居家环境,对于不断丰富老百姓的文化内涵,提高非遗文化水平具有重大意义。

学员展示刺绣作品

社团工坊

西吉县春官词学会

　　西吉县春官词学会，成立于2017年11月，是经行政审批注册登记的社会团体法人组织，是以促进中华优秀传统文化发展，弘扬传承国家级非物质文化遗产春官词为宗旨的非营利性专业学术组织。西吉春官词学会拥有独立的官方公众号平台"六盘山区春官送福"，是学会对外进行学术交流和文化推广的窗口，也是参与地方文化建设的主要平台。学会充分利用现代便捷的网络资源建立了学员学习交流群，开办了春官词空间课堂。春官词空间课堂的开通运行为在新时代如何很好地传承非遗文化找到了一条新路径。近年来，利用空间课堂共培养春官词非遗传人10人，骨干成员30多人，优秀学员50多人。学会积极引导学员力所能及地参加各种形式的春官词活动及大赛，获得了多种奖项和赢得了广大观众的好评。

　　坚定文化自信，传承非遗薪火。学会自觉承担起"六盘山区春官送福"国家级非遗项目保护传承的责任担当，充分利用学会资源优势积极开展春官词流行区域间的学术交流活动，持续加强窗口传播推广力度，不断强化内部管理机制规范化、专业化，加强队伍建设，锤炼一支素质良好的春官词传承铁军，把始终坚持"二为"方向和"双百"方针作为学会的行动指南。近年来，挖掘整理出传统春官表演堂口有《三元堂》《五福堂》《十全堂》《十盏灯》《十杯酒》等广为流传并一度失传的宝贵资料；经过数十年的挖掘整理，现已完成《西吉春官词》草稿近20万字；2016年组织导演了第一部全面反映西吉春官民间活动的现场纪实视频《西吉春官》上下两集；2016年应邀参加了由宁夏师范学院组织的关于六盘山地区春官词的国家课题研究项目；2019年参加了西吉春官词入选国家级非遗名录的申报工作；2021年编导制作了由文化和旅游部非遗司线上推出的"非遗过大年，文化进万家——视频直播家乡年"活动系列视频作品；2021年12月应邀参加了中国首个"文学之乡"10周年庆典演出；2022年1月参加了西吉县新春联欢晚会线上演出并获得"优秀组织奖"；在新时代如何很好的传承春官词非遗文化方面探索出了一条利用现代便捷网络资源开辟"春官词空间课堂"开放式传承新路径；不断提升春官词表演艺术从传统地摊走向现代舞台的实践，并在"秉承原生态，融入新元素"深入推广传承新理念方面也取得了很好的经验总结。

组织机构

艺术总监：王汉军

会　长：胥劲军

副会长：刘　钊　蒲满堂

秘书长：陈少飞

理　事：刘　刚　冉朋章　马建明　李振西　王四红　方志军　张俊奎
　　　　火　智　赵　龙　马红武　王旺军　胥永红　冯建明　胥勇军
　　　　安　彪　王小伟　潘拴虎

中共西吉县诗联和春官词学会联合支部委员会

支部书记：冉朋章

支部副书记：刘　刚

组织委员：陈少飞

党　员：王汉军　张丰收　冯建明　张　彦　任建成　司勤武

西吉县非遗扶贫就业工坊

西吉县乡土文化创意产业有限公司成立于2015年9月，2021年4月被宁夏回族自治区文化和旅游厅评为"国家级非物质文化遗产扶贫就业工坊"。办公场所1200平方米，经营地址西吉县吉强东街399号。经营范围：特色文化产业研发、手工艺制作和培训，非物质文化遗产开发，美术工艺创新，旅游产品生产。服务项目：培训、制作、销售，解决喜爱刺绣的部分妇女就业。特色优势：工坊配合西吉县妇女发展培训中心技能培训学校以培训手工刺绣、手工编织、剪纸、养老护理、农艺工为主。有教师12名：6名教学理论教师，6名教学实操教师。每位老师具有丰富的教学经验和良好的教学素养。工坊培养了一批工艺娴熟、分工明确的传统手工艺从业者。

荣誉及获奖作品：2015年12月被自治区文化厅授予"自治区级文化创意示范户"；2017年被固原市委宣传部、固原市文广局授予"固原市文化大院"；2019年被评为"自治区级文化大院刺绣传承保护基地"。2019年9月建立了"西吉县扶贫车间"现在，2020年3月16日被宁夏回族自治区文化和旅游厅评为第七批自治区级非物质文化遗产基地。2020年5月被宁夏回族自治区文化和旅游厅评为"自治区级非物质文化遗产扶贫就业工坊"。2021年4月被宁夏回族自治区文化和旅游厅任命为"国家级非物质文化遗产扶贫就业工坊"。

经营情况：具有以帮助妇女为目标的商标"助妇牌"。工坊还建立了一系列传承人晋升培养计划、管理制度、激励制度和财务制度等管理机制。让非遗传承人能真正将民族文化精髓传承与发扬。工坊目前产品共有刺绣、手工编织、手工布鞋三类，共有16款产品，刺绣产品主要有刺绣鞋垫、荞皮枕头、香包、框画、靠枕、刺绣拖鞋、丝巾、双面绣摆件、双面绣团扇、桌旗等。而手工编织主要以编织拖鞋、钩织拖鞋等为主。2019年7月与"上海《大飞机》杂志社有限公司"签订了销售手工艺作品的订单，截至2022年3月，已对接21次订单，合计金额90万元，共有16种产品，销售手工艺产品24000余件。工坊吸纳了培训后的待业妇女共计86名（专职16人），其中建档立卡户10人，贫困户4人，残疾者6人，专职人员月平均收入1600元。2021年销售收入达到53.9万元。西吉县乡土文化创意产业有限公司非遗扶贫就业工坊建设。带动当地300多人实现就业，人均年增收10000元以上。

发展规划：扩建工坊场地、给残疾人员更方便的就业环境和提供更好的做工场地、打造手工体验馆、让更多的孩子和大人了解中国传统文化和体验民族技能的智慧。计划吸纳培训后的待业妇女300多人。

国辉农耕民俗博物馆

　　为了展现农耕民俗文化的博大精深。戴辉曙同志历经20多年，跋山涉水，走遍西吉山山水水，村村户户，收集了一部分传统农耕工具和民俗用品，经过多年的修复与整理，在当地政府和文化旅游部门的帮扶下，自筹资金50多万元，终于于2018年5月18日在震湖边建造落成国辉农耕民俗博物馆。

　　国辉农耕民俗博物馆距西吉县城35公里处震湖乡陈岔村。从2018年5月开始对外展出，是固原市县区唯一一所民间博物馆，国辉农耕民俗博物馆大体分三部分，馆里收藏各类农耕具民俗藏品5000多件。120平方米的"博物馆分馆"，馆内藏有新石器时期的石器、汉、宋、元、明、清、民国时期解放初到改革开放时期的农具以及陶器、瓷器等各种老物件2000多件，其中国家三级文物30多件，馆藏以农具、文物为主，较系统地反映了黄土高原震湖一带农耕民俗历史的脉络，民俗器物以小见大，以物证俗，

国辉农耕民俗博物馆

馆内一隅

重现了百余年间黄土地风情，展现西吉山区农耕民俗文化的广博魅力；120平方米"地震馆"现藏地震遗物40多件；120平方米的"乡村非遗馆"收藏当地皮影、百岁老人刺绣、剪纸艺术等200多件非遗文化藏品。

　　国辉农耕民俗博物馆里的藏品展示了西海固农耕民俗文化历史的变迁，展示了西北地区农耕文化的概况，彰显了西海固历代劳动人民顽强生存、不懈进取的精神。国辉农耕民俗博物馆连续三年来被西吉县评为"优秀文化大院"，2019年被固原市评为固原市文化大院，2020年9月被评为"自治区级文化大院"。4年来，农耕民俗博物馆先后接待了上海复旦大学组织的"亲子团"，北京、南京、银川、兰州等地学者游客来农耕民俗博物馆参观、入住周边农户家庭，体验农家生活。三年以来，共接待游客13000多人，给震湖周边农户带来裙带经济收入。

　　国辉农耕民俗博物馆建成后，展示了西吉人民在中国共产党的领导下生活发生了翻天覆地的变化。特别是近年来在"脱贫攻坚""闽宁协作"帮扶引领下，使沉睡百年的震湖变得山清水秀，当地农民逐步脱贫，走向富裕。拉动了当地和震湖以旅游观光为载体的震湖旅游经济。对开发震湖旅游、打造民宿、带领当地农民脱贫，提高西吉知名度和传承西吉历史起到重要作用，也是对外宣传西吉的重要窗口。

后 记

中国著名民俗学家冯骥才说："非遗大都根植于田野、村落，大批村落的消失会使非遗陷于无本之木的境地。"一定要把非遗保护和传统村落保护结合起来，这样才会留住传承人，才能保护村落的文化空间、文化土壤、文化生态。随着城镇化步伐的加快和非遗传承人的相继老去或逝世，一些缺乏有效保护措施的项目也随之灭绝。抢救性挖掘整理，紧迫性、科学性保护传承，已然迫在眉睫，这是我们非遗工作者的历史使命！

多年来，刘成才、周彦虎、胥劲军、刘力群和西吉县非遗保护中心的杨汉钰、李翠琴、苏正花等，致力于非遗文化的挖掘整理和研究。他们常年奔波于这块黄土地上，足迹遍及西吉的山山水水。在炎热的骄阳下，在泥泞的盘道上，进村普查，入户调研，溯源远、访传人，风里来雨里去，汗水洒过的地方便是一道风景。

吹净狂沙始得金。在出版了堪为西吉文化史的《走进西吉》一书后，今天，我们又迎来了《西吉非遗概述》的付梓。从2021年初，县文化馆就开始筹划编辑出版第一本关于西吉非遗保护传承成就的专著，命名《西吉非遗概述》，并组织编辑专班，广泛收集整理出一千余份文字材料和几百张珍贵的图片资料，多次认真修订纲目，去粗取精，旨在打造一卷经典之作传世于人，造福桑梓！

由衷地向周彦虎、刘力群、胥劲军、王力、胡刚等编委会成员致敬！

由衷地向为这本书里提供资料的讲述者、记录者、整理者致敬！

由衷地向全县所有代表性传承人致敬！

也由衷地向关心和支持《西吉非遗概述》编辑出版工作的西吉文化广电旅游局致敬！由衷地向直接组织编写本书的西吉文化馆馆长刘成才致敬！

相信通过这本书的出版，一定会让更多的读者了解和热爱西吉这片热土上古老而又鲜活的非物质文化遗产。

《西吉非遗概述》编委会